昆仑信托
KUNLUN TRUST CO.,LTD.
贺千行百业盛世气势雄
祝新朋老友虎年精神壮
信
信有成者，行天下
人以言立，是为信
信誉无价 托付有道
地址：北京市西城区金融大街1号石油金融大厦B座
邮编：100033
地址：浙江省宁波市鄞州区民安东路268号
宁波国际金融服务中心北区E座28－31层
邮编：315042
理财咨询电话：北京 010－63597777/63597666
宁波 0574－87031714/87031730
昆仑信托
公众号
昆仑信托金融
理财中心服务号

2022年中国信托公司经营蓝皮书

清华大学法学院金融与法律研究中心　编著

战略合作伙伴：中航信托股份有限公司

中国经济出版社
CHINA ECONOMIC PUBLISHING HOUSE
北京

图书在版编目（CIP）数据

2022年中国信托公司经营蓝皮书/清华大学法学院金融与法律研究中心编著. --北京：中国经济出版社，2022.10

ISBN 978-7-5136-7121-7

Ⅰ.①2… Ⅱ.①清… Ⅲ.①信托公司-经营管理-研究报告-中国-2022 Ⅳ.①F832.39

中国版本图书馆 CIP 数据核字（2022）第 189272 号

责任编辑　严　莉
责任印制　马小宾
封面设计　任燕飞装帧设计室

出版发行　中国经济出版社
印 刷 者　北京艾普海德印刷有限公司
经 销 者　各地新华书店
开　　本　787mm×1092mm　1/16
印　　张　15　**彩页印张**　0.25
字　　数　278千字
版　　次　2022年10月第1版
印　　次　2022年10月第1次
定　　价　198.00元
广告经营许可证　京西工商广字第8179号

中国经济出版社网址 www.economyph.com **社址** 北京市东城区安定门外大街58号 **邮编** 100011
本版图书如存在印装质量问题，请与本社销售中心联系调换（联系电话：010-57512564）

前　言

截至2022年4月30日，受各类风险事件以及监管要求的影响，68家信托公司中有61家按照规定时间披露了年度报告，61家信托公司绝大部分实现盈利。信托公司2021年的经营业绩依然令人振奋，信托业务结构加速调整，转型步伐不断加快，信托业管理的信托资产规模平稳回落，全行业信托资产管理规模仍保持在20万亿元左右，在严峻的疫情影响和国内外极其复杂多变的环境下保持了平稳发展。

2021年，新冠肺炎疫情仍在全球蔓延，并出现了传染力更强的变异毒株。在国际经济环境更趋严峻、国内宏观经济压力加大、房地产行业遭遇空前重挫的同时，行业监管环境更趋严峻，房地产信托规模总量受到控制，非标融资类信托业务持续压降，信托公司面临空前的挑战和竞争压力。信托业作为仅次于银行业的第二大金融行业，受宏观经济等诸多因素影响。2021年全年，信托全行业营业收入总规模和全行业利润增幅都呈现回落趋缓的态势，个别指标较上一年出现负增长，甚至出现数家公司经营亏损的情况。信托业必须转型创新，走标品化、净值化、基金化的发展道路已成为行业共识。多项信托监管新政亦在酝酿之中，监管部门不断搭建出与时俱进的监管框架，为未来信托业实现健康持续发展铺平了道路。

面对2021年以来泛资管市场和监管部门密集出台的系列监管新政，以及变化多端的新常态市场环境，信托公司经受住全面的考验，信托业整体大盘仍然基本稳定，增长幅度进入稳定期，核心指标实现平稳增长。就信托公司的整体经营而言，综合业绩仍然骄人。

本报告是清华大学法学院金融与法律研究中心精心打造的系列报告，迄今已经连续出版了18部。2022年的报告，在总结前17部经验的基础上，进一步改进和提升了实证分析模型和研究分析的方法与手段。强调横向分析与纵向比较相结合，通过财务状况实证分析、经营成果实证分析、盈利能力与收益水平分析、经营效率与经营质量以及风险分析等多个方面几十个具体指标进行了系统、全面、深入、规范、客观、真实的归纳、汇总、概括、提炼、分类、排序和分析。报告突出运用实证分析的方法，客观公正地反映了当前我国信托公司较为完整的概貌，力求为各信托公司和广大投资者以及监管部门提供一部系统全面、客观真实的研究报告。

本报告对于进一步加深社会各界和投资者对信托业的了解，全面提升信托公司整体形象，促进各信托公司之间相互了解、加强交流、相互借鉴、取长补短，都是一部不可多得重要学术研究报告和业务参考书。

本报告所引用数据严格依据各信托公司年报所公开披露的资料，或在披露数据基础上加以计算。本报告对各公司所披露年报中数据资料的真实性、口径方法的适用性及内容指标的完整性原则上不做主观评判。报告采集数据原则上以银保监会规定的信息披露截止日2022年4月30日为最后期限。

本报告力求全面、真实、准确反映行业全貌，但由于本报告时效性极强，编纂时间紧张，所涉及数据十分庞杂繁复，在数据采集过程中难免有疏漏之处，故所有原始数据最终均以各信托公司公布的年报及年报摘要原文为准。

在本报告的编纂过程中，我们得到了中国银保监会信托监管部、中国信托业协会、中航信托股份有限公司、昆仑信托有限责任公司、国投泰康信托有限责任公司以及中国经济出版社毛增余总编辑、严莉编辑的大力支持，在此一并表示衷心的感谢。

清华大学法学院金融与法律研究中心

2022年7月

目　录

第一章　2021 年信托公司经营状况纵览

截至 2022 年 5 月底，共有 61 家信托公司披露了其年度财务报告。在 2021 年宏观经济下行、疫情冲击以及监管政策趋严的背景下，信托行业积极适应新的监管要求，不断追求业务转型以及差异化发展战略。整体来看，2021 年信托行业发展呈现出以下几个显著特征：第一，信托行业业务规模有所扩张。2021 年信托资产与自营资产规模均值和 2020 年相比有所上升。第二，信托行业创收和盈利能力有待进一步加强。2021 年信托业务收入与自营业务收入均值和 2020 年相比有所下降，这表明如何实现信托行业的高质量发展仍然是整个信托行业未来要面临的主要问题。第三，信托公司之间的差异化程度日趋显著。以信托资产规模为例，已披露年报的信托公司中有 9 家信托资产增幅超过 20%，增幅最高的达到 63.69%；有 15 家信托资产降幅超过 20%，降幅最大的为 46.46%。信托资产排名前 10 的公司信托资产规模总额为 979202543 万元，占行业总额的 49.29%。由此可见，行业内业绩分化的现象较为明显。第四，信托公司的业绩结构在持续调整，在 2021 年的新增信托项目中，集合类信托项目与主动管理类信托项目的比重较以前年份有所提升。

一、信托公司资本实力不断提升，净资产规模持续扩大

2015—2021 年信托行业注册资本变动趋势如图 1－1 所示。近年来，多家信托公司基于业务转型需要进行了资本规模的扩张。信托公司资本实力的增强对信托行业的发展壮大起到了积极的促进作用。2021 年底，信托行业注册资本总额为 2965.27 亿元，同比增长 7.01%。注册资本均值为 48.41 亿元，同比增长 8.32%。通过数据对比可以发现：第一，2021 年信托公司注册资本规模和 2020 年相比有显著提升；第二，2021 年信托公司注册资本增长速度和 2020 年相比也有所加快。信托行业资本实力的增强一方面为整个行业发展提供了一定的物质基础，另一方面也体现出资本市场对于信托行业未来发展的良好预期。

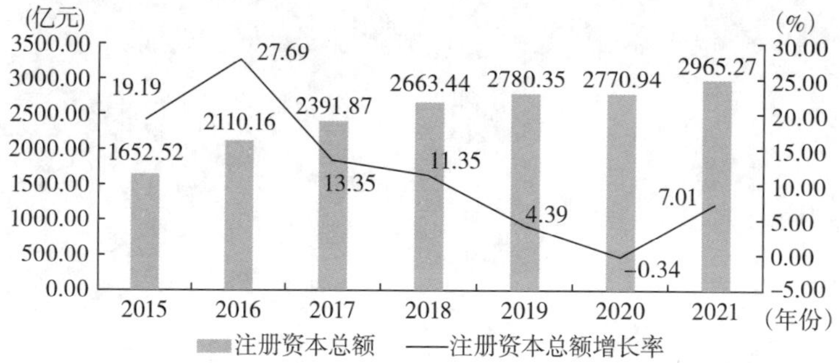

图 1－1　2015—2021 年信托行业注册资本变动趋势

2015—2021 年信托行业自营资产变动趋势如图 1－2 所示。2021 年,信托行业自营资产总额为 8203.64 亿元,同比增长 5.48%。信托公司平均自营资产为 134.49 亿元,同比增长 7.20%。

图 1－2　2015—2021 年信托行业自营资产变动趋势

2015—2021 年信托行业净资产变动趋势如图 1－3 所示。2021 年,信托行业净资产总额为 6629.16 亿元,同比增长 5.50%。信托公司平均净资产为 108.67 亿元,同比增长 7.24%。

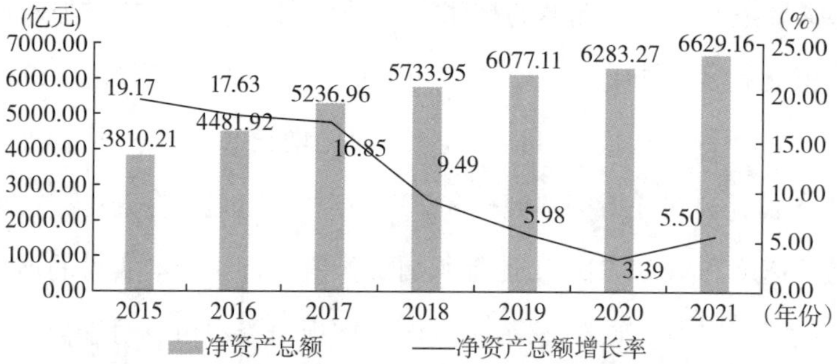

图 1－3　2015—2021 年信托行业净资产变动趋势

从行业内部来看,2021 年信托行业注册资本、自营资产总额与净资产均有所上升,表明信托公司的资本实力在 2021 年均有所增强。2021 年有 9 家信托公司实现增资,合计增加注册资本 119.43 亿元。此外,行业内资本扩张的差异有所减小。如表 1－1 所示,2021 年,排名前 10 的信托公司注册资本均值为 115.05 亿元,增长率为 2.06%;自营资产规模均值为 289.55 亿元,增长率为 4.23%;净资产规模均值为 247.71 亿元,增长率为 5.64%。通过数据对比可以发现,行业内领先公司在注册资本、自营资产规模以及净资产规模方面的优势地位仍然较为明显,但在增速方面却明显低于行业平均水平。

综上所述,2021 年信托行业资本实力表现为以下三个显著特征:首先,2021 年信托公司资本实力增强的态势没有发生变化,但三大指标的增速呈现出非对称性。2021 年注册资本的增速要显著高于 2020 年,自营资产规模与净资产规模在 2021 年的增速有所上升。其次,信托行业净资产的增长速度高于自营资产总额的增长速度,表明 2021 年信托公司在增强资本实力的同时也在逐步提升信托资产比重,降低自营资产比重,最后努力回归信托本源。最后,在信托行业资本实力普遍增强的状况下,公司间个体差异仍然较为明显,对于各个信托公司而言,如何适应内外部环境的变化和保持自身的资本实力与竞争能力,成为未来一段时间内影响其发展的关键因素。

表 1－1　　2021 年领先信托公司与行业均值资本实力对比分析

	注册资本		自营资产规模		净资产规模	
	金额(亿元)	同比增长(%)	金额(亿元)	同比增长(%)	金额(亿元)	同比增长(%)
排名前 10 的信托公司均值	115.05	2.06	289.55	4.23	247.71	5.64
行业均值	48.41	8.32	134.49	7.21	108.81	7.37

二、信托资产规模止跌回升,头部效应日趋明显

2015—2021 年信托行业平均信托资产变动趋势如图 1－4 所示。2021 年信托资产规模整体有所上升,平均信托资产规模为 3256.96 亿元,相比于 2020 年上升 2.51%。值得一提的是,2009—2014 年,平均信托资产规模以 30% 左右的速度迅速增长。2015 年开始,平均信托资产规模进入波动区间,该指标在 2015 年大幅下跌后,2016 年与 2017 年持续增长,2018 年至 2020 年,平均信托资产规模连续 3 年处于下行区间。而在 2021 年,平均信托资产规模实现了反弹。

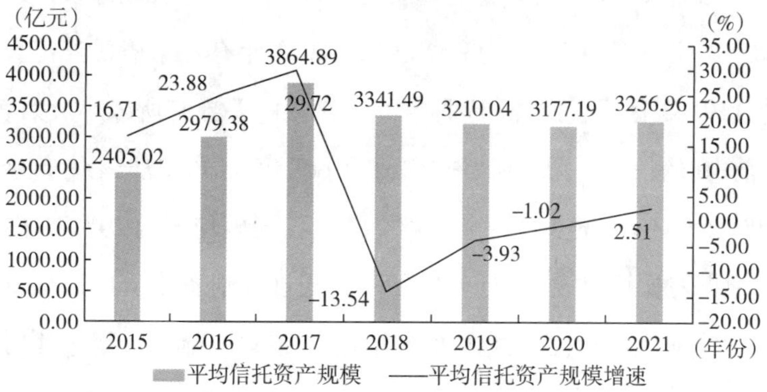

图1－4　2015—2021年信托行业平均信托资产变动趋势

2021年信托行业信托资产增速分布如表1－2所示。公布该数据的60家信托公司中，有22家信托资产相比于2020年有所上升，有38家信托资产相比于2020年有所下降。因此，有将近63.33%的信托公司信托资产规模在2021年出现下降。信托资产规模增长的信托公司中，有4家增长幅度达到30%以上，有12家增长幅度在10%～30%，有6家增幅在10%以内。而信托资产规模下降的信托公司中，有4家下降幅度超过30%，下降幅度在10%以内以及在10%～30%的均为17家。信托资产规模行业均值以及信托资产规模下降公司数的同时上升表明行业内大部分公司在2021年缩减了信托资产规模，但是部分领先公司大幅度扩大了信托资产规模，从而拉动了整个行业均值的提高。

表1－2　　2021年信托行业信托资产增速分布

增速分布	公司数量（家）	占比（%）
增长30%以上	4	6.67
增长10%～30%	12	20.00
增长10%以内	6	10.00
下降10%以内	17	28.33
下降10%～30%	17	28.33
下降30%以上	4	6.67
合计	60	100.00

三、信托资产结构不断优化，集合类信托与主动管理类信托规模增速显著

信托资金按来源可以分为集合类信托、单一类信托和财产权信托。表1－3为2021年新增信托资产规模分析。如表1－3所示，2021年新增信托资产规模相比于2020年有

所扩大。其中,新增集合信托规模由 2020 年的 3. 50 万亿元上升至 2021 年的 5. 73 万亿元,占比也从 2020 年的 50. 14% 上升至 2021 年的 56. 73% 。值得注意的是,2021 年集合信托的投资比例和收益率相比于 2020 年均有所提升。新增单一信托规模由 2020 年的 1. 42 万亿元降低至 2021 年的 1. 28 万亿元,占比也从 2020 年的 20. 34% 降低至 2021 年的 12. 67% ,出现了较为明显的下滑。新增财产权信托则由 2020 年的 2. 06 万亿元上升至 2021 年的 3. 09 万亿元,占比也从 2020 年的 29. 51% 上升至 2021 年的 30. 59% 。由此可见,2021 年集合类信托与财产类信托新增规模均有所增加,而单一类信托新增规模则有所降低。

表 1 -3　　2021 年新增信托资产规模分析

项目	2021 年		2020 年	
	规模(万亿元)	占比(%)	规模(万亿元)	占比(%)
集合	5. 73	56. 73	3. 50	50. 14
单一	1. 28	12. 67	1. 42	20. 34
财产权	3. 09	30. 59	2. 06	29. 51
合计	10. 1	100. 00	6. 98	100. 00

2020 年 6 月,银保监会下发《关于信托公司风险资产处置相关工作的通知》,要求逐步降低信托通道业务规模。单一类信托以通道类业务为主,在资管新规的影响下,单一类信托规模和占比持续下降,表明信托行业业务转型的成果日趋明显,业务结构得到了进一步优化。

整体而言,2021 年信托公司主动管理能力持续提升。表 1 -4 列示了 2021 年信托行业主动管理类信托资产的规模与占比变化情况。2021 年,披露相关数据的 60 家信托公司中,有 11 家主动管理类信托资产规模占比超过 80% ,与 2020 年相比有所下降。2021 年主动管理类信托资产规模占比在 50% ~80% 的公司为 24 家,与 2020 年持平。而 2021 年主动管理类信托资产规模占比在 50% 以下的公司总计为 25 家,显著多于 2020 年的 18 家。

表 1 -4　　2021 年信托行业主动管理类信托资产规模与占比分析

项目	2021 年		2020 年	
	公司数量(家)	占比(%)	公司数量(家)	占比(%)
占比 80% 以上	11	18. 33	18	30. 00
占比 50% ~80%	24	40. 00	24	40. 00
占比 30% ~50%	20	33. 33	8	13. 33

续表

项目	2021 年		2020 年	
	公司数量(家)	占比(%)	公司数量(家)	占比(%)
占比 10% ~30%	4	6. 67	6	10. 00
占比 10% 以下	1	1. 67	4	6. 67
合计	60	100. 00	60	100. 00

在信托公司披露的年报中,分别列示了证券投资、股权投资、融资、事务管理和其他 5 大类功能。图 1 – 5 列示了 2021 年信托公司主动管理类信托的 5 大功能的发展情况。其中,融资类信托、事务管理类信托和其他类信托的规模分别为 574. 87 亿元、55. 15 亿元和 311. 53 亿元,分别下降 23. 63%、2. 14% 和 17. 87%,融资类信托的下降幅度最大,这进一步体现了"两压一降"政策的结果。而证券投资类信托和股权投资类信托的规模分别为 711. 91 亿元和 288. 27 亿元,增长率分别为 108. 39% 和 66. 59%,这表明 2021 年信托公司主动管理类信托的增长主要依赖于证券投资类信托和股权投资类信托的拉动作用。

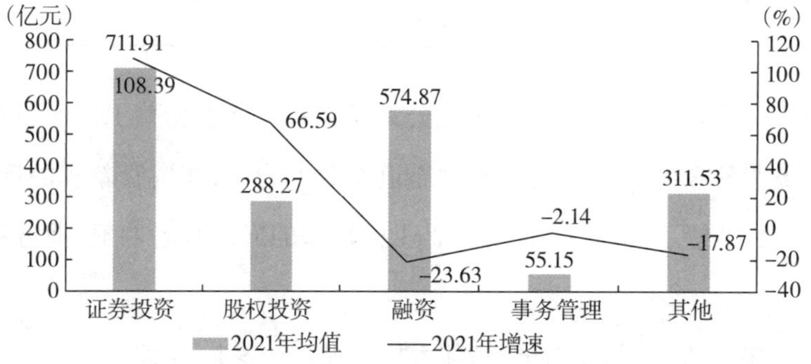

图 1 – 5　2021 年信托公司主动管理类信托功能分析

四、信托行业营业收入有所下滑,盈利能力有待提升

图 1 – 6 列示了 2015—2021 年信托行业平均信托收入变动趋势。2015 年开始,信托行业平均信托收入进入波动区间,呈现出上升与下降交替出现的局面。2018 年信托行业平均实现信托收入 1624831 万元;2019 年增长至 2217505 万元,同比增长 36. 48%;2020 年信托行业平均实现信托收入 2327407 万元,同比增长 4. 96%;2021 年信托行业平均实现信托收入 1953229 万元,相比于 2020 年下降了 16. 08%。在 2021 年信托资产均值上升的同时,信托收入均值出现下降,表明信托行业的创收能力还有待进一步提升。

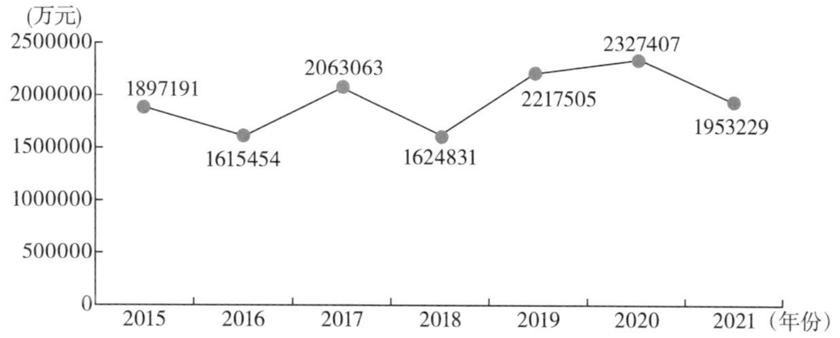

图 1 -6 2015—2021 年信托行业平均信托收入变动趋势

图 1 -7 列示了 2015—2021 年信托行业平均资本利润率变动趋势。作为衡量信托公司盈利能力的主要指标,资本利润率主要反映企业所有者剩余权益的获利水平。2009 年以来,以 2012 年为拐点,信托公司的资本利润率经历了两个阶段的波动, 2009—2012 年小幅持续上涨,2012—2019 年持续小幅下降至 2019 年的 9. 55% 。2020 年与 2021 年,该指标分别下降至 8. 68% 和 7. 56% 。由此可见,信托行业单位资本盈利能力弱化的现象在 2021 年没有得到根本转变。

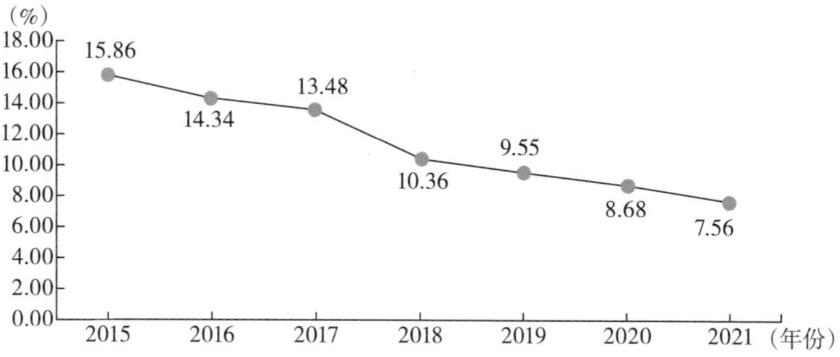

图 1 -7 2015—2021 年信托行业平均资本利润率变动趋势

图 1 -8 列示了 2015—2021 年信托行业平均信托报酬率变动趋势。如图 1 -8 所示, 2015 年各信托公司平均信托报酬率为 0. 69% ,2016 年上升至 0. 74% ,2017 年再度下降至 0. 62% 。2018 年至 2020 年信托行业平均信托报酬率均低于 0. 60% ,分别为 0. 52% , 0. 56% 和 0. 56% 。值得注意的是,2021 年该指标重新回升,达到 0. 64% 。虽然平均信托报酬率在 2021 年有所提升,但信托公司如何提高自身的盈利能力仍是未来一段时间需要解决的重要问题。

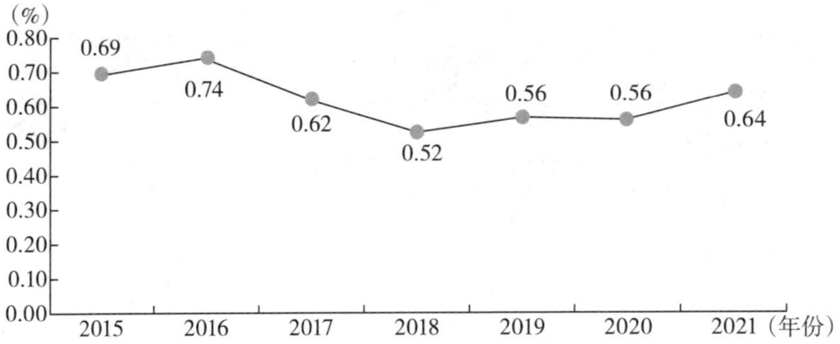

图1-8 2015—2021年信托行业平均信托报酬率变动趋势

图1-9列示了2015—2021年信托行业平均人均净利润变动趋势。受国际金融危机影响,2008年信托公司平均人均净利润大幅下跌。2013—2015年,各信托公司平均人均净利润持续小幅增长。2016年,人均净利润出现了近8年以来第二次大幅下跌。值得注意的是,2015年各信托公司平均人均净利润达到427.14万元的历史最高值,2016年在2015年的基础上出现大幅下跌,已经恢复到4年前的水平。2017年与2018年,平均人均净利润分别下降至369.20万元和323.13万元,持续下降的态势并没有得到改善。2019年,信托行业平均人均净利润为311.92万元,2020年,该指标小幅上升至320.76万元。2021年,信托行业平均人均净利润再次下降至280.30亿元,降幅为12.61%,为近年来最大幅度的下降。

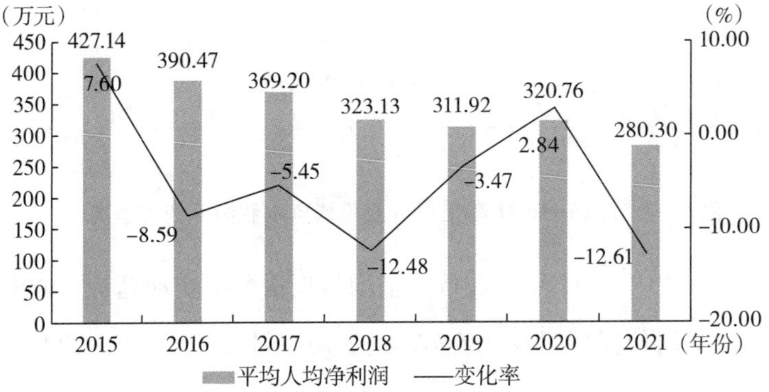

图1-9 2015—2021年信托行业平均人均净利润变动趋势

第二章　主要财务指标分析

财务指标是信托公司整体业绩表现的衡量标准，信托行业的财务考核指标主要包括资本利润率、信托报酬率以及人均净利润。

第一节 资本利润率

从本书截至2022年6月3日（以下统计时间口径相同）获得的2021年的年报披露情况来看，除安信信托、陕西国信、雪松国信、四川信托、新时代、新华信托、华信信托、国元信托、山东国信、吉林信托和民生信托以外，其余57家公司披露了资本利润率这一指标。

资本利润率的主要统计数据如表2－1所示。作为反映信托公司盈利能力的重要指标，全行业平均资本利润率由2020年的8.68%下降至2021年的7.56%，小幅下降1.12个百分点，平均资本利润率已经连续六年持续下滑。资本利润率的下降，主要是由于信托公司注册资本的增加，使得资本增长幅度远大于净利润增长幅度。从行业整体来看，在这57家公司中，共有20家的资本利润率在10%以上，占比35.09%。其中，资本利润率超过20%的信托公司有2家，占比3.51%。

从资本利润率排名来看，陆家嘴信托2021年资本利润率达到21.23%，较2020年的18.89%有较大幅度提升，成为2021年资本利润率最高的信托公司。2020年排名第2的万向信托在2021年资本利润率有小幅上升，以20.22%的资本利润率继续保持行业第2名。

综观信托行业整体情况，2021年各公司资本利润率标准差为6.83%，相比2020年各公司资本利润率离散程度有所上升，该指标近几年基本维持集中的态势，具体数据见表2－1。

表2-1　　2017—2021年信托公司资本利润率统计分析表

项目	2017年	2018年	2019年	2020年	2021年
平均值(%)	13.48	10.51	9.55	8.68	7.56
平均值增长(百分点)	-0.86	-2.97	-0.96	-0.87	-1.12
公司数目(家)	64	66	64	60	57
最大值(%)	30.96	30.92	22.37	20.58	21.23
最小值(%)	0.80	-11.03	-5.88	-8.95	-28.79
标准差(%)	5.54	6.20	5.48	5.25	6.83
变异系数	0.41	0.59	0.57	0.60	0.90

2021年,资本利润率表现比较优异的前5名信托公司为:陆家嘴信托(21.23%)、万向信托(20.22%)、粤财信托(16.55%)、华能贵诚(15.52%)以及华融国信(15.21%)(见表2-2)。而2020年资本利润率表现比较优异的前5名信托公司为:光大兴陇(20.58%)、万向信托(19.44%)、陆家嘴信托(18.89%)、华能贵诚(17.57%)以及五矿信托(17.47%)。与2020年相比,前5名公司的组成有较大的变化。从行业整体来看,资本利润率水平也呈现一定的下滑趋势。与此同时,2013年资本利润率在15%~30%的公司为42家,2014年则为34家,2015年达到37家,2016年为28家,2017年为24家,2018年为11家,2019年为10家,2020年为6家,而2021年为5家。由此可见,自2016年起,在信托行业整体资本利润率不断下滑的同时,行业中的中坚阵营的企业数量也出现了持续下降。

从资本利润率增幅来看,2021年,资本利润率增幅排名前5的信托公司为长城新盛(4.75%)、中粮信托(3.61%)、粤财信托(3.40%)、国通信托(2.68%)和陆家嘴信托(2.34%)(见表2-3)。

信托公司资本利润率是净利润与平均资本的比率,因此公司净利润与注册资本规模的变化均会对资本利润率产生影响。信托公司通过增资或者股权资产出售等方式获取大规模资金后,通过有效的资产管理,可以使业绩得到大幅提升。

表2-2　　资本利润率序列表(2021年)　　(%)

序号	公司简称	2021年	2020年	2019年
1	陆家嘴信托	21.23	18.89	12.37
2	万向信托	20.22	19.44	21.24
3	粤财信托	16.55	13.15	12.42
4	华能贵诚	15.52	17.57	16.42

续表

序号	公司简称	2021 年	2020 年	2019 年
5	华融国信	15.21	未披露	2.47
6	紫金信托	13.99	13.53	13.49
7	国投泰康	12.86	13.57	15.13
8	华润信托	12.71	11.67	13.81
9	厦门国信	12.26	11.08	10.56
10	英大信托	11.84	12.92	11.13
11	爱建信托	11.76	15.38	17.77
12	华鑫信托	11.70	12.29	10.30
13	云南国信	10.75	10.04	14.29
14	中航信托	10.73	14.82	15.76
15	光大兴陇	10.36	20.58	21.11
16	五矿信托	10.35	17.47	16.01
17	北京国信	10.31	10.43	10.11
18	中粮信托	10.25	6.64	2.92
19	建信信托	10.19	8.19	11.62
20	苏州信托	10.19	9.57	10.04
21	财信信托	9.98	9.24	3.43
22	国通信托	9.88	7.20	未披露
23	西藏信托	9.13	8.92	16.31
24	华宝信托	8.99	8.37	9.03
25	中信信托	8.90	6.76	12.61
26	交银国信	8.89	9.57	9.80
27	江苏国信	8.77	9.09	12.64
28	国民信托	8.56	7.78	7.13
29	外贸信托	8.45	7.74	11.82
30	天津信托	8.43	8.45	10.64
31	上海国信	8.17	9.85	10.45
32	百瑞信托	7.90	11.52	12.52
33	西部信托	7.85	7.76	6.95
34	中铁信托	7.67	10.66	9.48
35	国联信托	7.34	8.58	18.41
36	华澳信托	6.91	9.77	7.70
37	中融信托	6.85	6.56	8.79
38	长安国信	6.74	6.88	7.00
39	工商信托	6.66	13.89	14.70

续表

序号	公司简称	2021 年	2020 年	2019 年
40	重庆国信	6.42	9.56	11.57
41	北方国信	6.42	6.16	5.43
42	浙商金汇	5.88	4.78	4.93
43	中诚信托	5.75	5.39	5.61
44	大业信托	4.20	5.04	5.64
45	中原信托	3.91	3.51	4.81
46	平安信托	3.77	12.43	12.05
47	中建投信托	3.23	6.33	11.28
48	华宸信托	3.00	2.24	-5.88
49	金谷信托	2.83	2.81	1.30
50	昆仑信托	2.48	9.29	7.64
51	中泰信托	1.81	4.66	2.91
52	山西信托	1.42	0.95	1.59
53	东莞信托	1.32	9.05	9.03
54	兴业信托	0.92	6.74	7.50
55	渤海信托	0.40	0.13	8.87
56	长城新盛	-4.20	-8.95	22.37
57	中海信托	-28.79	4.75	11.72
58	安信信托	未披露	未披露	未披露
59	陕西国信	未披露	未披露	未披露
60	雪松国信	未披露	未披露	未披露
61	四川信托	未披露	未披露	6.72
62	新时代	未披露	未披露	1.75
63	新华信托	未披露	未披露	0.26
64	华信信托	未披露	未披露	-1.22
65	国元信托	未披露	7.31	6.36
66	山东国信	未披露	5.90	6.90
67	吉林信托	未披露	0.81	5.37
68	民生信托	未披露	-3.65	8.49

表 2-3　　资本利润率增长序列表(2021 年)　　(百分点)

序号	公司简称	2021 年	2020 年	2019 年
1	长城新盛	4.75	-31.32	-8.55
2	中粮信托	3.61	3.72	1.84
3	粤财信托	3.40	0.73	0.99

续表

序号	公司简称	2021 年	2020 年	2019 年
4	国通信托	2.68	未披露	未披露
5	陆家嘴信托	2.34	6.52	2.45
6	中信信托	2.14	-5.85	-3.08
7	建信信托	2.00	-3.43	-3.56
8	厦门国信	1.18	0.52	0.66
9	浙商金汇	1.10	-0.15	-2.82
10	华润信托	1.04	-2.14	2.59
11	万向信托	0.78	-1.80	2.42
12	国民信托	0.78	0.65	2.37
13	华宸信托	0.76	8.12	5.15
14	财信信托	0.74	5.81	-10.47
15	外贸信托	0.71	-4.08	-6.25
16	云南国信	0.71	-4.25	2.32
17	苏州信托	0.62	-0.47	1.09
18	华宝信托	0.62	-0.66	-3.62
19	山西信托	0.47	-0.64	1.02
20	紫金信托	0.46	0.04	1.48
21	中原信托	0.40	-1.30	-0.21
22	中诚信托	0.36	-0.22	-1.17
23	中融信托	0.29	-2.23	-2.69
24	渤海信托	0.27	-8.74	0.25
25	北方国信	0.26	0.73	-4.28
26	西藏信托	0.21	-7.39	4.05
27	西部信托	0.09	0.81	0.52
28	金谷信托	0.02	1.51	-3.08
29	天津信托	-0.02	-2.19	-1.41
30	北京国信	-0.12	0.32	0.47
31	长安国信	-0.14	-0.12	1.68
32	江苏国信	-0.32	-3.55	未披露
33	华鑫信托	-0.59	1.99	-0.53
34	交银国信	-0.68	-0.23	-0.22
35	国投泰康	-0.71	-1.56	3.32
36	吉林信托	-0.81	-4.56	-4.73
37	大业信托	-0.84	-0.60	-2.94
38	英大信托	-1.08	1.79	2.98

续表

序号	公司简称	2021 年	2020 年	2019 年
39	国联信托	-1.24	-9.83	14.25
40	上海国信	-1.68	-0.60	0.13
41	华能贵诚	-2.05	1.15	-1.20
42	中泰信托	-2.85	1.75	-0.45
43	华澳信托	-2.86	2.07	-3.64
44	中铁信托	-2.99	1.18	-6.63
45	中建投信托	-3.10	-4.95	-1.77
46	重庆国信	-3.14	-2.01	-1.36
47	百瑞信托	-3.62	-1.00	-1.14
48	爱建信托	-3.62	-2.39	-2.53
49	中航信托	-4.09	-0.94	-1.40
50	兴业信托	-5.82	-0.76	0.59
51	山东国信	-5.90	-1.00	-2.40
52	昆仑信托	-6.81	1.65	-0.05
53	五矿信托	-7.12	1.46	1.52
54	工商信托	-7.23	-0.81	0.13
55	国元信托	-7.31	0.95	0.71
56	东莞信托	-7.73	0.02	-2.01
57	平安信托	-8.66	0.38	-2.18
58	光大兴陇	-10.22	-0.53	5.15
59	中海信托	-33.54	-6.97	-17.20
60	安信信托	未披露	未披露	未披露
61	陕西国信	未披露	未披露	未披露
62	雪松国信	未披露	未披露	未披露
63	四川信托	未披露	未披露	未披露
64	新华信托	未披露	未披露	-0.72
65	民生信托	未披露	-12.14	-1.97
66	新时代	未披露	未披露	-2.76
67	华信信托	未披露	未披露	-8.05
68	华融国信	未披露	未披露	-10.27

第二节　信托报酬率

信托报酬是受托人通过管理和运作信托财产而获取的报酬。按照《信托投资公司信息披露管理暂行办法》,信托业务报酬率的计算方法是以信托业务收入除以实收信托平均余额,这一指标反映的是信托公司在信托业务中所获得的报酬。实际运作中,信托公司在对信托资产的管理中,主动管理能力强、作用发挥得大,取得的报酬一般就会较高。反之,如果信托公司在信托业务中并没有进行主动管理、所起到的作用小,信托报酬率就会偏低。

从 2021 年的年报披露情况来看,有 47 家信托公司公布了信托报酬率,相比 2020 年,减少了吉林信托、国元信托。2021 年,信托行业平均信托报酬率为 0. 64% ,较 2020 年的 0. 56% 有小幅增长。

由图 2 - 1 可以看出,信托行业的平均报酬率自 2016 年以来便已进入下行通道,2017 年明显下降,2018 年延续 2017 年的下降态势,2019 年虽有反弹,但幅度很小,2020 年与 2019 年持平,2021 年出现明显回升。

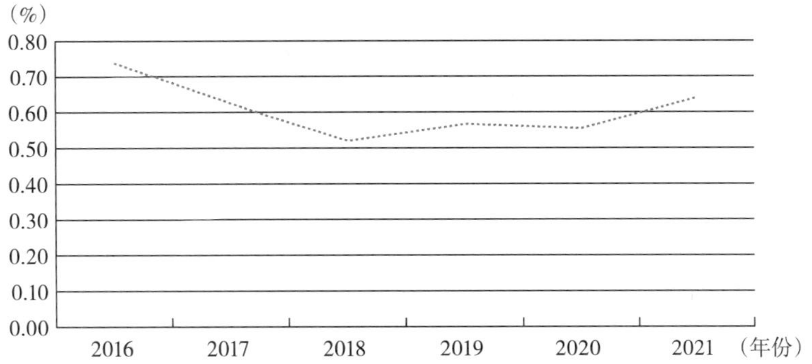

图 2 - 1　2016—2021 年信托公司信托报酬率趋势

在统计的 47 家信托公司中,18 家公司报酬率指标下降,25 家上升,另有 4 家与前一年持平。随着资管行业竞争加剧,信托公司传统业务的盈利空间逐步收窄。

在披露 2021 年信托报酬率指标的 47 家信托公司中,下滑程度最大的是国联信托,其 2021 年信托报酬率同比下降了 0. 55 个百分点;其次是民生信托,同比下降了 0. 31 个百分点。中小信托公司清算项目数量较少,单一项目报酬率对公司整体报酬率指标的影响较大,因此中小信托公司报酬率指标波动比大型公司更加明显。有研究人员表示,主动管理资产占比较高的信托公司受经营环境影响相对较小,预计行业两极分化的趋势会加剧。

从信托报酬率分布的离散程度来看,2021 年信托报酬率分布的标准差为 0.50%,相比 2020 年的 0.40% 有所上升。在样本公司中,大部分公司(42 家)的信托报酬率水平低于 1%。具体数据见表 2 - 4。

表 2 - 4　　2017—2021 年信托公司信托报酬率的统计分析表

项目	2017 年	2018 年	2019 年	2020 年	2021 年
平均值(%)	0.62	0.52	0.56	0.56	0.64
平均值增长(百分点)	-0.13	-0.10	0.04	0.00	0.08
公司数目(家)	52	53	51	49	47
最大值(%)	3.63	2.33	2.51	2.48	2.44
最小值(%)	0.10	0.10	0.10	0.10	0.18
标准差(%)	0.63	0.45	0.50	0.40	0.50
变异系数	1.02	0.86	0.88	0.72	0.79

从信托报酬率排名来看,2021 年,信托报酬率表现比较优异的前 5 名信托公司为:东莞信托(2.44%)、工商信托(2.33%)、爱建信托(2.00%)、长城新盛(1.52%)和苏州信托(1.34%)(见表 2 - 5)。

表 2 - 5　　信托报酬率序列表(2021 年)　　(%)

序号	公司简称	2021 年	2020 年	2019 年
1	东莞信托	2.44	1.06	2.22
2	工商信托	2.33	2.48	2.51
3	爱建信托	2.00	1.29	1.10
4	长城新盛	1.52	1.44	1.49
5	苏州信托	1.34	1.00	0.55
6	重庆国信	0.96	1.00	1.01
7	紫金信托	0.88	0.92	0.71
8	平安信托	0.81	0.63	0.50
9	国投泰康	0.78	0.58	0.54
10	浙商金汇	0.76	0.78	0.74
11	大业信托	0.70	0.73	0.63
12	中航信托	0.66	0.66	0.72
13	北方国信	0.65	0.24	0.20
14	中铁信托	0.64	0.29	0.26

续表

序号	公司简称	2021 年	2020 年	2019 年
15	长安国信	0.62	0.55	0.42
16	华澳信托	0.61	0.44	0.28
17	陆家嘴信托	0.60	0.54	0.58
18	山西信托	0.60	0.49	0.51
19	国通信托	0.58	0.54	未披露
20	陕西国信	0.54	0.46	0.31
21	中泰信托	0.50	0.43	0.72
22	渤海信托	0.50	0.40	0.38
23	民生信托	0.49	0.80	0.81
24	光大兴陇	0.48	0.58	0.66
25	五矿信托	0.48	0.67	0.54
26	中原信托	0.47	0.32	0.38
27	华鑫信托	0.47	0.46	0.38
28	江苏国信	0.45	0.49	0.41
29	国民信托	0.45	0.27	0.22
30	国联信托	0.43	0.98	0.66
31	西藏信托	0.40	0.27	0.20
32	厦门国信	0.39	0.38	0.33
33	金谷信托	0.39	0.32	0.24
34	外贸信托	0.38	0.40	0.40
35	北京国信	0.35	0.60	0.60
36	百瑞信托	0.34	0.53	0.97
37	兴业信托	0.34	0.42	0.39
38	英大信托	0.34	0.34	0.34
39	昆仑信托	0.31	0.42	0.32
40	天津信托	0.30	0.20	0.21
41	交银国信	0.29	0.29	0.20
42	云南国信	0.28	0.32	0.33
43	华宸信托	0.26	0.40	0.37
44	建信信托	0.25	0.24	0.10
45	上海国信	0.25	0.28	0.27
46	西部信托	0.24	0.24	0.21
47	安信信托	0.18	0.14	0.26
48	中诚信托	未披露	未披露	未披露
49	中海信托	未披露	未披露	未披露

续表

序号	公司简称	2021年	2020年	2019年
50	中融信托	未披露	未披露	未披露
51	中信信托	未披露	未披露	未披露
52	华融国信	未披露	未披露	未披露
53	粤财信托	未披露	未披露	未披露
54	财信信托	未披露	未披露	未披露
55	华宝信托	未披露	未披露	未披露
56	山东国信	未披露	未披露	未披露
57	华润信托	未披露	未披露	未披露
58	雪松国信	未披露	未披露	未披露
59	中建投信托	未披露	未披露	未披露
60	华能贵诚	未披露	未披露	未披露
61	四川信托	未披露	未披露	未披露
62	中粮信托	未披露	未披露	未披露
63	万向信托	未披露	未披露	未披露
64	华信信托	未披露	未披露	1.89
65	新华信托	未披露	未披露	0.22
66	吉林信托	未披露	0.11	0.22
67	国元信托	未披露	0.10	0.13
68	新时代	未披露	未披露	0.10

信托报酬率增长序列见表2-6。

表2-6　信托报酬率增长序列表(2021年)　(百分点)

序号	公司简称	2021年	2020年	2019年
1	东莞信托	1.38	-1.16	-0.10
2	爱建信托	0.71	0.19	0.49
3	北方国信	0.41	0.04	0.02
4	中铁信托	0.35	0.03	-0.23
5	苏州信托	0.34	0.45	0.00
6	国投泰康	0.20	0.04	0.22
7	平安信托	0.18	0.13	0.05
8	国民信托	0.18	0.05	0.01
9	华澳信托	0.17	0.16	-0.16
10	中原信托	0.15	-0.06	-0.04
11	西藏信托	0.13	0.07	0.07
12	山西信托	0.11	-0.02	0.18

续表

序号	公司简称	2021 年	2020 年	2019 年
13	渤海信托	0. 10	0. 02	0. 03
14	天津信托	0. 10	-0. 01	-0. 04
15	陕西国信	0. 08	0. 15	0. 06
16	长城新盛	0. 08	-0. 05	-0. 17
17	中泰信托	0. 07	-0. 29	0. 23
18	长安国信	0. 07	0. 13	0. 08
19	金谷信托	0. 07	0. 08	-0. 02
20	陆家嘴信托	0. 06	-0. 04	0. 03
21	安信信托	0. 04	-0. 12	-0. 39
22	国通信托	0. 04	未披露	未披露
23	华鑫信托	0. 01	0. 08	0. 13
24	建信信托	0. 01	0. 14	0. 00
25	厦门国信	0. 01	0. 05	0. 03
26	交银国信	0. 00	0. 09	0. 03
27	中航信托	0. 00	-0. 06	0. 13
28	西部信托	0. 00	0. 03	0. 01
29	英大信托	0. 00	0. 00	0. 00
30	浙商金汇	-0. 02	0. 04	0. 28
31	外贸信托	-0. 02	0. 00	-0. 11
32	大业信托	-0. 03	0. 10	0. 14
33	上海国信	-0. 03	0. 01	0. 02
34	紫金信托	-0. 04	0. 21	0. 24
35	江苏国信	-0. 04	0. 08	未披露
36	云南国信	-0. 04	-0. 01	0. 11
37	重庆国信	-0. 04	-0. 01	-0. 02
38	兴业信托	-0. 08	0. 03	0. 13
39	光大兴陇	-0. 10	-0. 08	0. 19
40	国元信托	-0. 10	-0. 03	-0. 04
41	昆仑信托	-0. 11	0. 10	0. 05
42	吉林信托	-0. 11	-0. 11	-0. 02
43	华宸信托	-0. 14	0. 03	-0. 71
44	工商信托	-0. 15	-0. 03	0. 80
45	五矿信托	-0. 19	0. 13	0. 06
46	百瑞信托	-0. 19	-0. 44	-0. 04
47	北京国信	-0. 25	0. 00	0. 32

续表

序号	公司简称	2021 年	2020 年	2019 年
48	民生信托	-0. 31	-0. 01	-0. 28
49	国联信托	-0. 55	0. 32	-0. 07
50	中诚信托	未披露	未披露	未披露
51	中海信托	未披露	未披露	未披露
52	中融信托	未披露	未披露	未披露
53	中信信托	未披露	未披露	未披露
54	华融国信	未披露	未披露	未披露
55	粤财信托	未披露	未披露	未披露
56	财信信托	未披露	未披露	未披露
57	华宝信托	未披露	未披露	未披露
58	山东国信	未披露	未披露	未披露
59	华润信托	未披露	未披露	未披露
60	雪松国信	未披露	未披露	未披露
61	中建投信托	未披露	未披露	未披露
62	华能贵诚	未披露	未披露	未披露
63	四川信托	未披露	未披露	未披露
64	中粮信托	未披露	未披露	未披露
65	万向信托	未披露	未披露	未披露
66	华信信托	未披露	未披露	0. 37
67	新时代	未披露	未披露	-0. 03
68	新华信托	未披露	未披露	-0. 09

第三节　人均净利润

从 2021 年的年报披露情况来看，有 57 家信托公司公布了人均净利润，与 2020 年相比，增加了华融国信，减少了国元信托、民生信托和吉林信托。

2021 年，信托行业平均人均净利润为 280. 3 万元，比 2020 年下降了 40. 46 万元。自 2016 年平均人均净利润指标开始下降，至 2019 年连续四年维持下降态势，2020 年虽出现小幅上升，但在 2021 年出现较大幅度下滑。

从人均净利润的统计分析来看，人均净利润超过 1000 万元的仅有华能贵诚，这家信托公司的人均净利润达到了 1014. 18 万元。其他公司人均净利润均没有超过 1000 万元。表 2 -7 显示了 2017—2021 年信托公司人均净利润相关的主要统计指标。

表 2-7 2017—2021 年信托公司人均净利润的统计分析表

项目	2017 年	2018 年	2019 年	2020 年	2021 年
平均值(万元)	369.20	323.13	311.92	320.76	280.30
平均值增长(万元)	-21.27	-46.07	-11.21	8.84	-40.46
平均值增长率(%)	-5.45	-12.48	-3.47	2.83	-12.61
公司数目(家)	64	64	63	59	57
最大值(万元)	2295.53	1711.21	1760.48	1364.34	1014.18
最小值(万元)	36.14	-149.05	-98.99	-115.54	-725.42
标准差(万元)	325.61	287.61	320.66	263.94	281.68
变异系数	0.88	0.89	1.03	0.82	1.00

从人均净利润排名来看,2021 年,人均净利润表现比较优异的前 5 名信托公司为:华能贵诚(1014.18 万元)、江苏国信(914.66 万元)、重庆国信(850.67 万元)、华润信托(818.60 万元)和粤财信托(721.85 万元)(见表 2-8)。我们发现,2015 年有 50 家信托公司的人均净利润达到 150 万元以上,2016 年实现 150 万元以上的公司达到 54 家,2017 年与 2016 年持平,保持在 54 家,2018 年则下降为 49 家,2019 年下降至 44 家,2020 年下降至 41 家,2021 年下降至 37 家(见图 2-2)。

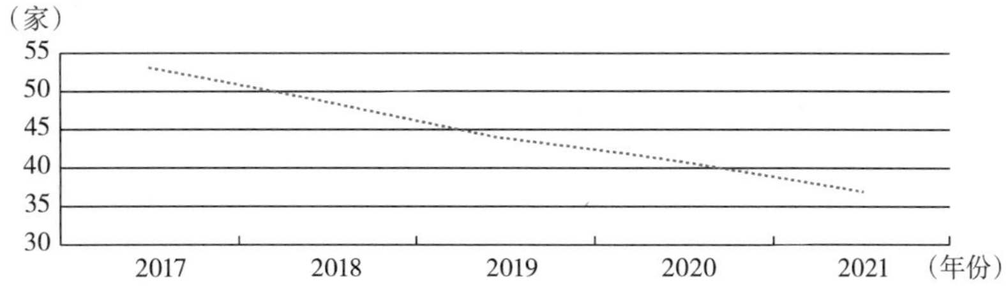

图 2-2 2017—2021 年人均净利润 150 万元以上公司数

从人均净利润增幅来看,2021 年,人均净利润增幅排名前 5 的信托公司为中融信托(增长 199.08%)、中粮信托(增长 107.54%)、山西信托(增长 52.91%)、粤财信托(增长 45.36%)、华宸信托(增长 37.92%)(见表 2-9)。人均净利润降幅最大的公司是中海信托,降幅达到 615.03%。由此可见,行业内部各公司的人均净利润指标的年度差异性较大。

相比 2020 年,2021 年信托公司人均净利润增幅前五名平均上涨 88.56%,行业增幅平均下降 17.44%。2021 年,在宏观经济受到新冠肺炎疫情严重影响下,行业平均盈利水平整体下滑。

表2-8　人均净利润序列表（2021年）　单位：万元

序号	公司简称	2021年	2020年	2019年
1	华能贵诚	1014.18	1022.89	870.55
2	江苏国信	914.66	943.76	1448.22
3	重庆国信	850.67	1364.34	1760.48
4	华润信托	818.60	716.71	767.73
5	粤财信托	721.85	496.60	470.78
6	中融信托	685.84	229.32	228.19
7	英大信托	613.90	657.66	577.93
8	中航信托	579.75	579.75	605.97
9	建信信托	548.46	399.59	470.93
10	华鑫信托	538.54	397.76	337.25
11	交银国信	512.59	518.46	492.61
12	国联信托	501.43	565.52	1115.33
13	国投泰康	481.71	449.97	392.87
14	五矿信托	467.03	602.13	518.71
15	西藏信托	417.91	396.30	486.74
16	紫金信托	402.70	305.32	258.32
17	陆家嘴信托	396.56	316.61	191.60
18	财信信托	362.00	326.00	123.00
19	外贸信托	360.98	309.97	424.54
20	中信信托	350.18	273.25	478.66
21	百瑞信托	342.92	542.47	572.16
22	上海国信	333.12	382.43	379.83
23	苏州信托	322.73	275.62	270.18
24	厦门国信	302.33	260.19	237.94
25	北京国信	301.00	285.00	272.00
26	中诚信托	300.86	286.28	286.19
27	中铁信托	269.00	361.00	325.00
28	华宝信托	267.58	241.02	232.70
29	天津信托	253.40	305.97	363.62
30	浙商金汇	229.15	287.94	266.41
31	华融国信	207.70	未披露	130.26
32	中粮信托	201.36	97.02	45.56
33	万向信托	194.78	168.21	182.33
34	爱建信托	180.95	224.22	265.64
35	光大兴陇	177.44	295.08	289.37

续表

序号	公司简称	2021 年	2020 年	2019 年
36	国通信托	163. 82	124. 57	未披露
37	华澳信托	152. 40	191. 20	142. 08
38	工商信托	141. 00	289. 00	299. 00
39	云南国信	135. 00	106. 00	126. 00
40	平安信托	130. 27	538. 82	627. 58
41	北方国信	129. 78	109. 77	87. 35
42	西部信托	128. 77	118. 97	103. 24
43	昆仑信托	123. 87	459. 09	357. 89
44	中原信托	119. 13	121. 60	164. 69
45	国民信托	108. 98	92. 22	79. 49
46	中泰信托	98. 69	232. 25	119. 83
47	中建投信托	72. 52	130. 52	213. 59
48	大业信托	67. 16	60. 93	68. 42
49	长安国信	55. 59	58. 62	65. 39
50	金谷信托	55. 05	69. 35	34. 32
51	兴业信托	33. 69	208. 18	209. 28
52	华宸信托	31. 06	22. 52	-69. 58
53	东莞信托	22. 44	141. 23	178. 22
54	渤海信托	19. 87	649. 00	434. 19
55	山西信托	11. 30	7. 39	12. 75
56	长城新盛	-55. 99	-115. 54	244. 03
57	中海信托	-725. 42	140. 85	362. 34
58	安信信托	未披露	未披露	未披露
59	陕西国信	未披露	未披露	未披露
60	山东国信	未披露	未披露	未披露
61	雪松国信	未披露	未披露	未披露
62	国元信托	未披露	332. 76	265. 30
63	民生信托	未披露	-68. 02	173. 19
64	吉林信托	未披露	19. 41	134. 69
65	四川信托	未披露	未披露	68. 33
66	新时代	未披露	未披露	60. 10
67	新华信托	未披露	未披露	10. 29
68	华信信托	未披露	未披露	-98. 99

表2-9　　人均净利润增幅序列表(2021年)　　(%)

序号	公司简称	2021年	2020年	2019年
1	中融信托	199.08	0.50	101.72
2	中粮信托	107.54	112.95	121.60
3	山西信托	52.91	-42.04	170.70
4	粤财信托	45.36	5.48	2.72
5	华宸信托	37.92	-132.37	-53.32
6	建信信托	37.26	-15.15	-2.14
7	华鑫信托	35.39	17.94	5.88
8	紫金信托	31.89	18.19	10.22
9	国通信托	31.51	未披露	未披露
10	中信信托	28.15	-42.91	-11.41
11	云南国信	27.36	-15.87	24.75
12	陆家嘴信托	25.25	65.25	31.04
13	北方国信	18.23	25.67	-50.54
14	国民信托	18.17	16.01	61.27
15	苏州信托	17.09	2.01	16.29
16	外贸信托	16.46	-26.99	-23.60
17	厦门国信	16.20	9.35	13.90
18	万向信托	15.80	-7.74	8.93
19	华润信托	14.22	-6.65	31.99
20	财信信托	11.04	165.04	-78.11
21	华宝信托	11.02	3.58	-17.97
22	大业信托	10.22	-10.95	-29.95
23	西部信托	8.24	15.24	-13.22
24	国投泰康	7.05	14.53	33.27
25	北京国信	5.61	4.78	4.62
26	西藏信托	5.45	-18.58	85.04
27	中诚信托	5.09	0.03	-16.59
28	中航信托	0.00	-4.33	0.26
29	华能贵诚	-0.85	17.50	24.37
30	交银国信	-1.13	5.25	2.96
31	中原信托	-2.03	-26.16	2.41
32	江苏国信	-3.08	-34.83	13.06
33	长安国信	-5.17	-10.35	23.17
34	英大信托	-6.65	13.80	54.93
35	国联信托	-11.33	-49.30	356.65

续表

序号	公司简称	2021 年	2020 年	2019 年
36	上海国信	-12. 89	0. 68	12. 38
37	天津信托	-17. 18	-15. 85	-4. 77
38	爱建信托	-19. 30	-15. 59	-18. 54
39	华澳信托	-20. 29	34. 57	-38. 09
40	浙商金汇	-20. 42	8. 08	—
41	金谷信托	-20. 62	102. 07	-70. 44
42	五矿信托	-22. 44	16. 08	-11. 46
43	中铁信托	-25. 48	11. 08	-41. 65
44	百瑞信托	-36. 79	-5. 19	17. 66
45	重庆国信	-37. 65	-22. 50	2. 88
46	光大兴陇	-39. 87	1. 97	3. 40
47	中建投信托	-44. 44	-38. 89	-3. 16
48	工商信托	-51. 21	-3. 34	6. 03
49	长城新盛	-51. 54	-147. 35	2. 01
50	中泰信托	-57. 51	93. 82	26. 36
51	昆仑信托	-73. 02	28. 28	-5. 96
52	平安信托	-75. 82	-14. 14	11. 21
53	兴业信托	-83. 82	-0. 53	13. 15
54	东莞信托	-84. 11	-20. 76	-25. 88
55	渤海信托	-96. 94	49. 47	4. 85
56	国元信托	-100. 00	25. 43	14. 20
57	中海信托	-615. 03	-61. 13	-56. 36
58	安信信托	未披露	未披露	未披露
59	陕西国信	未披露	未披露	未披露
60	山东国信	未披露	未披露	未披露
61	雪松国信	未披露	未披露	未披露
62	华融国信	未披露	未披露	791. 58
63	四川信托	未披露	未披露	-31. 59
64	民生信托	未披露	-139. 27	-34. 06
65	吉林信托	未披露	-85. 59	-51. 99
66	新时代	未披露	未披露	-62. 08
67	新华信托	未披露	未披露	-71. 67
68	华信信托	未披露	未披露	-120. 55

第三章　信托资产的分布与运用分析

第一节 信托资产规模分析

一、信托资产规模的整体分析

2021年,信托行业平均信托资产规模为32569648万元,比2020年增长了797781万元,增长幅度为2.51%。2014—2017年,信托公司的信托资产规模连续三年实现增长,并且其增速也呈现递增趋势。但到了2018年,随着宏观经济增速放缓以及金融监管机制的不断完善,信托资产规模进入下行区间。2018—2020年,信托资产规模连续三年下降。其中,2018年信托资产规模均值为33414889万元,同比下降10.89%;2019年信托资产规模均值为32273384万元,同比下降3.42%;2020年信托资产规模均值为31771867万元,同比下降1.55%。2021年,信托资产规模行业均值实现止跌回升,但是多数公司的信托资产规模同比下降,这说明信托行业头部效应体现得更加明显。

通过分析61家公司信托资产规模数据,可以发现如下两个显著特征:第一,行业内信托资产规模分化现象较为明显。已披露年报的61家信托公司中,有22家公司信托资产规模同比增长,有39家公司信托资产规模同比下降。从均值与中位数的对比来看,2021年信托资产规模的均值为32569648万元,中位数为19575524万元,均值远远大于中位数。因此信托资产回升的基础并不牢固,部分公司在提升信托资产规模方面仍面临较大压力。第二,信托资产行业集中度有所提升。已披露年报的信托公司中有9家信托资产增幅超过20%,增幅最高的达到63.69%;有15家信托资产降幅超过20%,降幅最大的为46.46%。信托资产排名前10的公司的信托资产规模总额为979202543万元,占行业总额的49.29%。行业内信托资产规模增长排名前10的公司增长均值为15099062万元,但整个行业信托资产规模增长均值仅为429361万元,这表明信托公司之间的差距进一步加大。

2021 年,在进行了相关信息披露的公司中,有 39 家公司缩减了信托资产规模。虽然与 2017 年仅有 11 家信托公司负向调整信托资产的数据相比仍然存在一定差距,但是相比于 2020 年减少了 3 家。从公司层面来看,外贸信托、华润信托、建信信托、五矿信托、中原信托的信托资产规模均实现了 1000 亿元以上的规模增长。其中,外贸信托的信托资产规模由 2020 年的 67512869 万元提升至 2021 年的 110513846 万元,增幅达到 63.69%,在单个信托公司年度信托资产规模排名中位列第 1。而中信信托 2021 年的信托资产规模为 97877760 万元,同比下降 20.08%,其信托资产规模第 1 的位置被取代。从信托资产规模分布的平均程度来看,2021 年信托资产规模分布的标准差(34382825 万元)与 2020 年的标准差(30922826 万元)相比有了较大程度的上升。与此同时,变异系数在经历了 2015—2018 年连续四年的持续下行之后,2019 年出现拐点,增加至 0.94,2020 年上升至 0.97,2021 年进一步上升至 1.06(见表 3-1)。这表明经过 2018 年的不利行业环境后,不同信托公司的调整能力存在一定的差异,导致行业内的金字塔现象更为明显。

表 3-1　2017—2021 年信托公司信托资产规模的统计分析表

项目	2017 年	2018 年	2019 年	2020 年	2021 年
平均值(万元)	38648885	33414889	32273384	31771867	32569648
平均值增长幅度(万元)	8890103	-5233996	-1141505	-501518	797781
平均值增长率(%)	29.87	-13.54	-3.42	-1.55	2.51
公司数目(家)	68	68	66	62	61
信托资产缩减的公司数(家)	11	52	47	42	39
最大值(万元)	198672976	165219704	157415596	152611401	169772922
最小值(万元)	396584	219914	213840	80577	78397
标准差(万元)	35079305	29825848.4	30354435	30922826	34382825
变异系数	0.91	0.89	0.94	0.97	1.06

二、信托资产规模的公司分析

从信托资产规模排名来看,2021 年,信托资产规模最大的前 5 名信托公司为:建信信托(169772922 万元)、华润信托(130893807 万元)、外贸信托(110513846 万元)、光大兴陇(109570307 万元)以及中信信托(97877760 万元)。整体而言,2021 年的信托资产排名和 2020 年相比发生了一定的变化。其中,建信信托 2020 年与 2021 年信托资产规模均维持在行业第 1 名的水平,并且实现了 17161521 万元的增长。华润信托由 2020 年的第

4 名上升至 2021 年的第 2 名。外贸信托由 2020 年的第 8 名上升至 2021 年的第 3 名，是行业内信托资产规模增幅最大的公司。光大兴陇和中信信托虽然继续维持信托资产规模行业前 5 名的水平，但其排名出现了小幅度下滑。光大兴陇由 2020 年的第 3 名下降至 2021 年的第 4 名；中信信托由 2020 年的第 2 名下降至 2021 年的第 5 名，其排名连续两年出现下降。华能贵诚的信托资产规模排名由 2020 年的第 5 名下降至 2021 年的第 7 名，跌出了行业前 5。2021 年信托资产规模达到 1000 亿元以上的公司有 47 家，相比于 2020 年减少 3 家。此外，信托资产达到 500 亿元以上的公司 2016 年为 59 家，2017 年增加至 63 家，2018 年增加至 64 家，2019 年小幅下降至 62 家，2020 年进一步下降至 56 家。2021 年该指标与 2020 年持平，仍为 56 家。

从信托资产增长幅度来看，2021 年，信托资产增长幅度前 5 名分别为外贸信托（43000977 万元）、华润信托（28523444 万元）、建信信托（17161521 万元）、五矿信托（11455244 万元）以及中原信托（10195164 万元）。与 2020 年相比，信托资产增长排名前 5 的信托公司出现了一定的变化。其中，外贸信托由 2020 年的第 2 名上升至 2021 年的第 1 名，华润信托由 2020 年的第 7 名上升至 2021 年的第 2 名，建信信托由 2020 年的第 4 名上升至 2021 年的第 3 名。五矿信托排名变化较大，其信托资产规模由 2020 年的负增长（－18212398 万元）转变为 2021 年的正增长，其排名也从 2020 年的第 60 名上升至 2021 年的第 4 名。此外，中原信托的排名也出现了较大幅度的提升，由 2020 年的第 12 名上升至 2021 年的第 5 名。英大信托由 2020 年的第 4 名下降至 2021 年的第 6 名，华能贵诚由 2020 年的第 5 名下降至 2021 年的第 7 名，其排名均出现一定程度的下降。

从信托资产规模增长率来看，2021 年，信托资产规模增长率排名前 5 的公司为外贸信托（63.69%）、山西信托（57.93%）、中原信托（49.75%）、云南国信（31.54%）和粤财信托（29.17%）。该指标体现出两个显著特征：一方面，外贸信托信托资产规模增长率连续 2 年位于行业第 1 名，其余 4 家信托公司在 2020 年均没有进入行业前 5 名，这说明该指标排名存在较大的波动性；另一方面，2021 年信托资产规模增长率排名前 5 的信托公司的平均增长率显著高于 2020 年，这进一步表明信托公司间的差异性更为显著。

从 2013 年以来各年信托资产规模的稳定程度来看，最稳定的前 3 名公司分别是中融信托（变异系数为 0.12）、苏州信托（变异系数为 0.14）以及新华信托（变异系数为

0.15)。另外,信托资产规模波动程度最大的前3家公司分别为华宸信托(变异系数为1.12)、华澳信托(变异系数为0.86)以及国民信托(变异系数为0.83)。

第二节 信托资产分布分析

一、信托资产分布的行业分析

信托公司的信托资产可以分为基础产业资产、房地产业资产、证券业资产、实业资产以及金融机构资产等5大行业类别。2016—2021年信托公司信托资产的行业分布特征如图3-1所示。

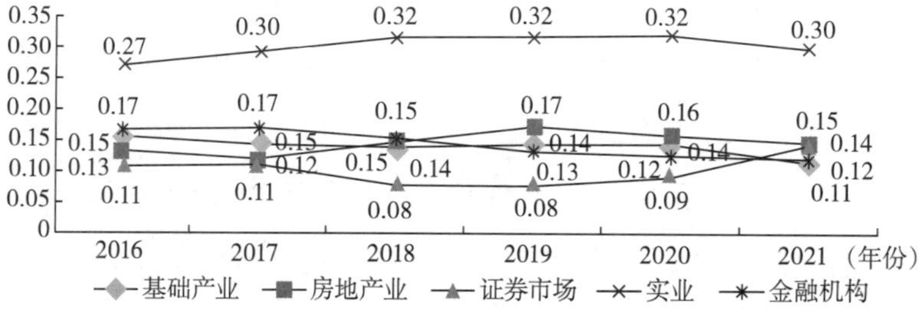

图3-1 2016—2021年信托公司信托资产的行业占比平均值分布

第一,2012年以前,信托资产在基础产业的分布比例是最大的,此后连续7年,实业资产超过了基础资产,位于资产比例的首位。2021年,实业资产占比为30%,虽然继续维持在5大行业中的第1位,但同比有所下降。这可能是由于2021年新冠肺炎疫情反复以及宏观经济下滑的叠加效应,导致实体经济发展受阻,进而对信托资产投向产生了一定的影响。基础产业资产在2012年以后开始进入下行通道,2018年至2020年连续3年,基础产业占比均值仅为14%,2021年进一步下降为11%,相比于2013年的25%,降幅较为明显。

第二,房地产业资产占比进一步下降,由2020年的16%降至2021年的15%,受多地房地产行业价格下降以及交易量减少的影响,各信托公司对于房地产业的投资态度较为谨慎。

第三,2021年,金融机构资产占比为12%,基本与2020年保持一致。证券市场资产占比为14%,相比于2020年的9%出现了较大幅度的上升。通过数据对比可以发现,基础产业、房地产业以及实业等行业资产占比不断下降，而金融机构和证券市场等金融行业资产占比不断提升。

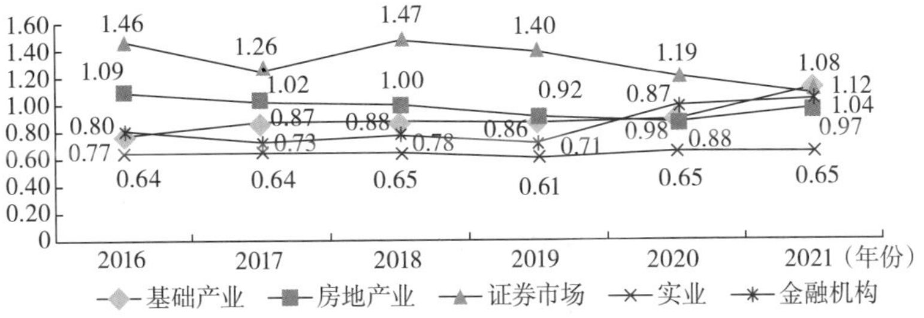

图 3-2　2016—2021 年信托资产行业分布比例的变异系数

图 3-2 描述了 2016—2021 年信托资产行业分布比例的变异系数。首先，2015 年以前，基础产业资产的变异系数一直比较低，而且相对稳定，一直维持在 0.60 左右。自 2015 年开始，该指标进入上行通道，增长至 0.78。2016 年与 2015 年基本持平，而在 2017 年该指标又大幅上升至 0.87，并进入增长与下降的交替期。2018 年该指标上升至 0.88，2019 年下降至 0.86，2020 年该指标再次上升至 0.88，2021 年则进一步上升至 1.12。上述数据表明，由于基础设施投资一度在我国宏观经济增长中扮演重要角色，因此在 2015 年以前，大部分信托公司都将基础产业作为资产配置的重点。2015 年以后，随着基础产业投资开始放缓，行业内不同信托公司之间对于基础产业资产配置的差异也在逐步加大。其次，证券产业资产的变异系数波动较大。2014 年至 2019 年，证券产业资产变异系数有 4 年都超过了 1，相对较高。2015 年证券产业资产变异系数小幅上升至 0.87，2016 年增加至 1.46，2017 年下降至 1.26，2018 年反弹至 1.47。2019 年与 2020 年，该指标分别下降至 1.40 与 1.19。2021 年，该指标进一步下降至 1.08。结合证券产业资产占比数据的变动趋势，2021 年和 2020 年相比，证券产业资产占比大幅上升，而变异系数大幅下降，表明大部分信托公司都在 2021 年提升了证券产业的投资比例。此外，对于实业资产，各信托公司的态度在各年间的变化相对较小。2015 年，实业资产变异系数为 0.82，2016 年大幅下调至 0.64，并在 2017 年和 2018 年基本保持不变。2019 年，该指标下降至 0.61。2020 年该指标有所上升，增加至 0.65，2021 年该指标维持在 0.65 的水平。对于房地产业资产，2013—2015 年，其变异系数逐渐加大，2015 年达到创纪录的 1.49。2016 年，该指标开始逐步下滑，2016 年房地产业资产变异系数为 1.09，2017 年与 2018 年分别降至 1.02 与 1.00。2019 年与 2020 年，该指标分别降至 0.92 与 0.87，连续 2

年小于1。2021年,该指标反弹至0.97。受新冠肺炎疫情以及宏观经济增速的影响,房地产行业呈下行态势。虽然各地方政府正在通过各种宏观调控政策支持房地产行业的发展,但未来仍存在较大的不确定性,这也导致信托公司在房地产业的投资策略上出现了一定的分化。金融机构资产分布占比2016年的变异系数为0.80。2017年至2019年,该指标整体呈现下降趋势。2020年与2021年,该指标分别增长至0.98与1.04,表明信托行业在对金融机构资产投资策略上也存在较大差异。

2017—2021年信托公司信托资产的行业分布占比情况如表3-2所示。

表3-2　2017—2021年信托公司信托资产行业分布占比情况

项目		2017年	2018年	2019年	2020年	2021年
披露公司数目(家)		65	66	66	62	60
基础产业	规模(万元)	5543222	4715148	4760873	4109024	3472436
	占比(%)	14.52	13.76	10.03	14.41	11.48
	最大值(%)	57.63	68.33	72.46	76.66	83.28
	最小值(%)	0.00	0.00	0.00	0.66	0.00
	标准差(%)	12.63	12.17	12.37	12.75	12.73
	变异系数	0.87	0.88	0.86	0.88	1.12
房地产业	规模(万元)	3449852	3912241	5301268	3411718	3129432
	占比(%)	12.02	14.81	17.09	15.66	14.68
	最大值(%)	69.45	79.33	78.48	62.14	60.08
	最小值(%)	0.33	0.17	0.12	0.18	0.00
	标准差(%)	12.28	14.85	15.73	13.59	14.25
	变异系数	1.02	1.00	0.92	0.87	0.97
证券市场	规模(万元)	5497438	3786329	3517235	3755842	7463521
	占比(%)	11.07	7.81	7.81	9.12	14.21
	最大值(%)	58.63	52.41	51.77	53.20	64.44
	最小值(%)	0.01	0.00	0.00	0.00	0.00
	标准差(%)	13.93	11.51	10.91	10.87	15.40
	变异系数	1.26	1.47	1.40	1.19	1.08

续表

项目		2017 年	2018 年	2019 年	2020 年	2021 年
实业	规模(万元)	9976555	8903421	9072175	7991991	7377288
	占比(%)	29.60	31.56	31.87	31.86	30.14
	最大值(%)	87.02	94.19	94.75	88.15	82.67
	最小值(%)	1.47	1.70	1.84	2.26	0.75
	标准差(%)	18.84	20.66	19.50	20.65	19.57
	变异系数	0.64	0.65	0.61	0.65	0.65
金融机构	规模(万元)	8293402	5740746	5041472	3912478	4955216
	占比(%)	17.04	15.24	13.40	12.46	12.03
	最大值(%)	50.33	48.50	35.89	51.21	63.05
	最小值(%)	0.00	0.00	0.00	0.00	0.00
	标准差(%)	12.50	11.88	9.54	12.18	12.48
	变异系数	0.73	0.78	0.71	0.98	1.04

二、信托资产分布的公司分析

2021 年各项信托资产占比排名前 3 的公司如表 3－3 所示。

表 3－3　2021 年各项信托资产占比排名前 3 的公司

项目	第 1 名	第 2 名	第 3 名
基础产业资产	英大信托 (83.28%)	华鑫信托 (34.03%)	华澳信托 (30.32%)
房地产业资产	万向信托 (60.08%)	爱建信托 (52.31%)	工商信托 (49.17%)
证券业资产	华润信托 (64.44%)	外贸信托 (64.24%)	江苏国信 (52.30%)
实业资产	山西信托 (82.67%)	西部信托 (77.60%)	天津信托 (70.55%)
金融机构资产	中海信托 (63.05%)	浙商金汇 (42.05%)	上海国信 (40.21%)

2021 年基础产业资产占比排名前 3 的公司和 2020 年相比出现了小幅变化。其中，英大信托和华澳信托连续两年保持在该指标的第 1 名和第 3 名。华鑫信托由 2020 年的第 8 名上升至 2021 年的第 2 名，增长速度较快。

2021 年房地产业资产占比排名前 3 的公司与 2020 年相同，但是 3 家公司的内部排名发生了一定的变动。其中,万向信托由2020年的第2名上升至2021年的第1名,爱建信托由2020年的第3名上升至2021年的第2名,而工商信托则由2020年的第1名下降至2021年的第3名。

2021年证券业资产占比排名中,华润信托与外贸信托的排名没有发生变化,仍然分列第1名和第2名。江苏国信由2020年的第5名上升至2021年的第3名。中海信托则由2020年的第3名下降至2021年的第17名,其对于证券业的投资占比进行了较大幅度的调整。

2021年实业资产占比排名前3的公司和2020年相比出现了一定的变化。其中,天津信托继续维持在行业第3名。山西信托由2020年的第2名上升至2021年的第1名,西部信托由2020年的第4名上升至2021年的第2名。山东国信则由2020年的第1名下降至2021年的第31名,2019年至2021年,山东国信的排名波动性较大。

2021年金融机构资产占比排名前3的公司和2020年相比变化较大。其中,中海信托由2020年的第2名上升至2021年的第1名,浙商金汇由2020年的第55名上升至2021年的第2名,上升幅度较大。上海国信由2020年的第4名上升至2021年的第3名,排名小幅上升。国民信托由2020年的第1名下降至2021年的第41名,中诚信托则由2020年的第3名下降至2021年的第20名,两家公司均对金融资产投资进行了调整。

2021年各项信托资产规模排名前3的公司如表3-4所示。

表3-4　2021年各项信托资产规模排名前3的公司　单位:亿元

项目	第1名	第2名	第3名
基础产业资产	英大信托(5541)	上海国信(1279)	中信信托(1241)
房地产业资产	中信信托(1601)	中航信托(938)	中融信托(896)
证券业资产	华润信托(8434)	外贸信托(7098)	五矿信托(3004)
实业资产	中融信托(2594)	百瑞信托(2229)	中航信托(2158)
金融机构资产	华能贵诚(4611)	建信信托(2670)	上海国信(2522)

2021年基础产业资产规模排名前3的公司与2020年相比发生了小幅变化。其中,英大信托和中信信托继续保持在行业第1名与第3名,没有发生变化。上海国信由2020

年的第4名上升至2021年的第2名。

2021年房地产业资产规模排名前3的公司与2020年基本相同，但排名有一定的变动。其中，中信信托继续维持在行业第1名，中航信托由2020年的第3名上升至2021年的第2名，而中融信托则由2020年的第2名下降至2021年的第3名。值得注意的是，2020年前3名公司房地产资产规模均超过1000亿元，而2021年只有中信信托房地产资产规模超过1000亿元，这表明信托行业对于房地产业投资较为谨慎。

2021年证券业资产规模排名前3的公司与2020年相比较为稳定。其中，华润信托与外贸信托继续保持在第1名与第2名，但其投资规模同比均有较大幅度增长。五矿信托由2020年的第13名上升至2021年的第3名，建信信托则由2020年的第3名下降至2021年的第4名。

2021年实业资产规模排名前3的公司与2020年相比发生了较大变化。其中，中融信托由2020年的第4名上升至2021年的第1名，百瑞信托由2020年的第11名上升至2021年的第2名，中航信托由2020年的第9名上升至2021年的第3名。中信信托由2020年的第2名下降至2021年的第6名，渤海信托则由2020年的第3名下降至2021年的第5名。

2021年金融机构资产规模排名前3的公司与2020年相比也发生了一定的变化。建信信托连续2年保持在行业第2名。华能贵诚由2020年的第10名上升至2021年的第1名，上海国信由2020年的第4名上升至2021年的第3名。中信信托由2020年的第1名下降至2021年的第4名，中融信托则由2020年的第3名下降至2021年的第6名。

另外，从2013年以来各年信托资产构成比例的稳定程度来看，国元信托、工商信托、外贸信托、吉林信托、华信信托分别在基础产业资产、房地产业资产、证券业资产、实业资产和金融机构资产中的投资比例较为稳定，具体数据如表3-5所示。

表3-5　2013—2021年各项信托资产投资比例稳定程度排名前3的公司

项目	第1名	第2名	第3名
基础产业资产	国元信托 (38.84%,0.13)	陕西国信 (25.74%,0.14)	华澳信托 (29.48%,0.16)
房地产业资产	工商信托 (71.27%,0.15)	光大兴陇 (11.65%,0.20)	大业信托 (27.31%,0.20)
证券业资产	外贸信托 (47.09%,0.19)	长安国信 (10.17%,0.21)	华宝信托 (29.64%,0.24)

续表

项目	第1名	第2名	第3名
实业资产	吉林信托 (65.57%,0.08)	中融信托 (37.54%,0.09)	安信信托 (55.69%,0.10)
金融机构资产	华信信托 (21.69%,0.12)	天津信托 (3.69%,0.22)	四川信托 (16.87%,0.23)

注:表中括号内第一个数值是平均值,第二个数值是变异系数。

第三节　信托资产运用分析

一、信托资产的运用分析

信托公司的运用方式可以分为货币资产、贷款、长期投资以及交易性金融资产等。2016—2021年信托公司信托资产运用的分布特征如图3-3所示。

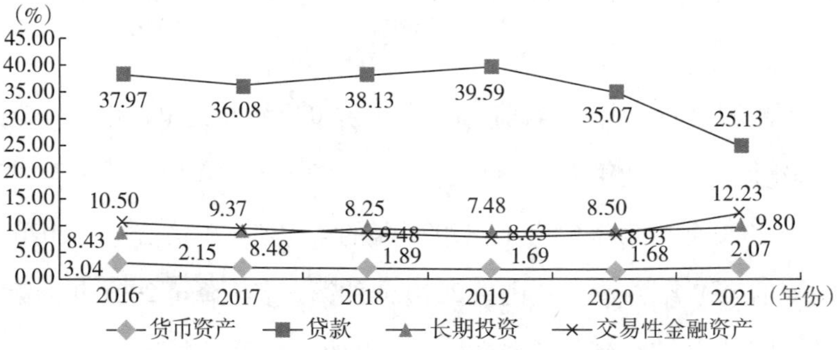

图3-3　2016—2021年信托公司信托资产的运用分布

自2016年以来,贷款资产占比一直居于首位,但其数值存在一定波动。2011—2013年,贷款资产占比持续上升,由2011年的36.76%上升至2013年的45.05%,2014年和2015年连续2年下跌至34.76%,2016年小幅反弹至37.97%,2017年小幅下降至36.08%,2018年与2019年该指标连续两年上升,分别为38.13%和39.59%。2020年与2021年,贷款资产占比分别为35.07%和25.13%。从2021年的数据来看,贷款资产占比排名第1的情况没有发生变化,但是相比于2020年下降了近10个百分点,贷款业务是信托行业的传统运作方式,该指标的下降可能标志着信托公司正在寻求业务创新与行业转型。

2021年,交易性金融资产占比居于信托资产运用的第2位,相比于以前年度出现了显著变化。2018年至2020年,长期投资占比连续3年占据信托资产运用的第2位,但在2021年,信托资产在交易性金融资产中的运用比例显著提升,超越了长期投资所占比重。从交易性金融资产占比的变动趋势来看,其周期性波动特征较为明显,2014年至2016年,交易性金融资产占比呈逐年上升趋势,2014年为7.99%,2015年为9.42%,2016年进一步提升至10.50%。2017年至2019年,交易性金融资产占比又进入到为期3年的下行通道,2017年为9.37%,2018年为8.25%,2019年进一步降低至7.48%。2020年与2021年,该指标又出现回弹,2020年增长至8.50%,2021年大幅度增长至12.23%。

2021年,长期投资占比居于信托资产运用的第3位。2013年,该指标达到8.67%,2014年和2015年分别降至7.53%和6.73%。自2016年开始,该指标进入上升通道,2016年和2017年分别增至8.43%和8.48%,2018年达到9.48%。2019年和2020年,长期投资占比相对于2018年有所下降,分别为8.63%和8.93%。2021年该指标进一步增长至9.80%。虽然2021年长期投资占比相比于2020年有所提升,但是由于其增速低于交易性金融资产,因此降至信托资产运用的第3位。整体来看,信托行业在2021年对于两种金融类资产的投资规模均有显著增加。

货币资产占比在2015—2020年呈逐年下降趋势。2015年该指标小幅下跌至6.75%,2016年大幅下跌至3.04%,2017年和2018年分别降至2.15%和1.89%的低点。2019年与2020年,该趋势没有得到逆转,货币资产占比仅分别为1.69%和1.68%,为近年来的最低水平。2021年,货币资产占比虽然提升至2.07%,但仍然处于低位。由此可见,货币资产虽然风险水平相对较低,但是由于其盈利能力相对较差,因此在信托行业发展过程中,该类资产占比在逐渐缩减。

综上所述,可以发现信托资产运用有如下特征:第一,相比于2020年,长期投资与交易性金融资产2021年占比均有所提高,且交易性金融资产的增长速度要高于长期投资。长期投资的增加表明信托行业更加注重通过资产管理能力的提升获得长远发展;而交易性金融资产占比提高则表明在经济不确定性增强的外部环境下,信托行业在保持利润源的同时,希望通过资产流动性的提高降低财务风险。第二,贷款占比在2021年出现了较大幅度的下降,这表明在去通道等监管要求下,信托行业依赖于对外贷款的传统业务模式可能会得到改变。第三,货币资产占比下行的趋势在2021年虽有所缓解,但仍然处于较低水平，说明信托公司在业务竞争加剧的环境下，希望通过提高资产的盈利能力来寻求自身发展。

图 3－4 描述了 2016—2021 年信托公司信托资产运用方式比例的增减速度。

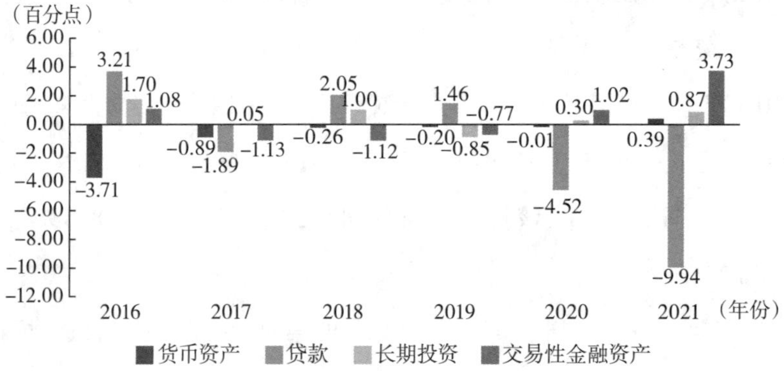

图 3－4 2016—2021 年信托公司信托资产运用方式比例的变化速度

其中，货币资产的最小值为 2016 年的－3.71 个百分点，最大值为 2021 年的 0.39 个百分点。贷款资产的最小值为 2021 年的－9.94 个百分点，最大值为 2016 年的 3.21 个百分点。长期投资的最小值为 2019 年的－0.85 个百分点，最大值为 2016 年的 1.70 个百分点。交易性金融资产的最小值为 2017 年的－1.13 个百分点，最大值为 2021 年的 3.73 个百分点。通过上述数据可以发现，在 8 个极值中，2016 年和 2021 年各占 3 个，这表明信托行业在这两年内对于信托资产运用进行了较大程度的调整。

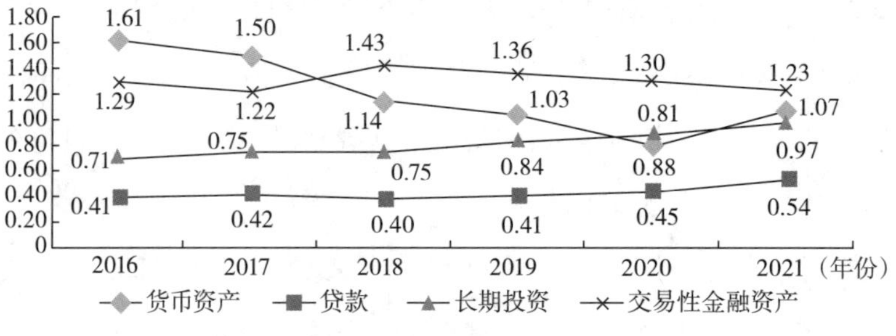

图 3－5 2016—2021 年信托资产运用方式构成比例的变异系数

图 3－5 描述了 2016—2021 年信托资产运用方式构成比例的变异系数。首先，贷款的变异系数一直比较低，2016 年之后，变异系数都分布于 0.40～0.54，最大值为 2021 年的 0.54，最小值为 2018 年的 0.40。这表明，不同信托公司对贷款资产比例的态度比较一致。其次，长期投资的变异系数也比较稳定，2016 年至 2021 年，该指标分布于 0.71～

0.97 区间，在四类资产运用方式中也相对较低。但值得注意的是，2021 年长期投资变异系数为 0.97，为近年来的最高水平。这可能是在信托行业整体改革的条件下，信托公司在改善资产管理能力过程中存在一定的进度差异所造成的。再次，货币资产的变异系数在 2021 年有所增加。2016 年，货币资产变异系数达到 1.61 的最大值，之后一直呈现下降趋势，2017 年为 1.50，2018 年为 1.14，2019 年为 1.03。2020 年，该指标降至 0.81，2021 年该指标又回升至 1.07。整体来看，信托公司在积极寻求自身资本运作能力和盈利能力的提升，普遍降低货币资金比重。最后，交易性金融资产变异系数自 2018 年开始一直呈下降趋势，2021 年小幅下降至 1.23。

综合相关数据，可以发现除交易性金融资产的变异系数同比下降外，货币资产、长期投资以及贷款资产的变异系数在 2021 年均出现了同比上升的趋势。这表明在新冠肺炎疫情冲击以及外部经济不确定性进一步增加的条件下，信托行业对于信托资产运用方式的差异性在逐步提升。

2017—2021 年信托公司信托资产运用方式分布如表 3－6 所示。

表 3－6　　2017—2021 年信托公司信托资产运用方式分布

项目		2017 年	2018 年	2019 年	2020 年	2021 年
披露公司数目（家）		62	64	64	62	60
货币资产	规模（万元）	1031960	1043376	816590	723577	860799
	占比（%）	2.15	1.89	1.69	1.68	2.07
	占比增长（百分点）	－0.89	－0.26	－0.20	－0.01	0.39
	最大值（%）	17.54	12.75	10.24	8.99	10.38
	最小值（%）	0.18	0.05	0.06	0.04	0.14
	标准差（%）	3.22	0.02	1.74	1.35	2.20
	变异系数	1.50	1.14	1.03	0.81	1.07
贷款	规模（万元）	13649619	12893638	12560479	10916843	7610492
	占比（%）	36.08	38.13	39.59	35.07	25.13
	占比增长（百分点）	－1.89	2.05	1.46	－4.52	－9.94
	最大值（%）	80.84	72.35	76.99	71.33	70.47
	最小值（%）	3.25	3.31	0.59	0.10	0.10
	标准差（%）	15.30	15.36	16.18	15.79	13.56
	变异系数	0.42	0.40	0.41	0.45	0.54

续表

项目		2017年	2018年	2019年	2020年	2021年
长期投资	规模(万元)	2886342	2850223	2461784	2418385	2250588
	占比(%)	8.48	9.48	8.63	8.93	9.80
	占比增长(百分点)	0.05	1.00	-0.85	0.30	0.87
	最大值(%)	31.39	37.25	38.96	45.73	47.54
	最小值(%)	0.22	0.20	0.00	0.24	0.00
	标准差(%)	6.37	7.07	7.21	7.87	9.53
	变异系数	0.75	0.75	0.84	0.88	0.97
交易性金融资产	规模(万元)	4800038	3375954	3195170	3778952	5904544
	占比(%)	9.37	8.25	7.48	8.50	12.23
	占比增长(百分点)	-1.13	-1.12	-0.77	1.02	3.73
	最大值(%)	45.84	56.18	52.59	47.33	65.30
	最小值(%)	0.00	0.00	0.00	0.00	0.00
	标准差(%)	11.46	11.81	10.19	11.04	15.03
	变异系数	1.22	1.43	1.36	1.30	1.23

二、信托资产运用的公司分析

2021年各项信托资产运用方式占比排名前3的公司如表3-7所示。

表3-7　　2021年各项信托资产运用方式占比排名前3的公司

项目	第1名	第2名	第3名
货币资产	爱建信托 (10.38%)	陆家嘴信托 (9.96%)	中信信托 (9.85%)
贷款	山西信托 (70.47%)	重庆国信 (62.52%)	万向信托 (61.38%)
长期投资	长城新盛 (47.54%)	爱建信托 (32.60%)	中粮信托 (30.33%)
交易性金融资产	外贸信托 (65.30%)	华润信托 (58.22%)	平安信托 (44.94%)

2021年货币资产占比前3名公司相比于2020年出现了较大的变化,2020年前3名公司中只有中信信托仍然维持在行业前列,其排名从2020年的第1名下降至2021年的第3名。爱建信托由2020年的第24名上升至2021年的第1名,陆家嘴信托由2020年的第15名上升至2021年的第2名,增长速度较快。华宝信托由2020年的第2名下降至

2021 年的第 11 名,外贸信托由 2020 年的第 3 名下降至 2021 年的第 7 名。

2021 年贷款资产占比前 3 名公司和 2020 年基本相同,但是其内部排名出现了一定的变化。山西信托由 2020 年的第 3 名上升至 2021 年的第 1 名,重庆国信由 2020 年的第 1 名下降至 2021 年的第 2 名,而万向信托则由 2020 年的第 2 名下降至 2021 年的第 3 名。

2021 年长期投资占比相比于 2020 年出现了一定的变化。其中,长城新盛继续维持在行业第 1 名,相比于 2020 年没有发生变化。中粮信托由 2020 年的第 2 名下降至 2021 年的第 3 名。爱建信托由 2020 年的第 5 名上升至 2021 年的第 2 名,北京国信则由 2020 年的第 3 名下降至 2021 年的第 5 名。

2021 年交易性金融资产占比前 3 名公司相比于 2020 年出现了小幅变化。外贸信托由 2020 年的第 2 名上升至 2021 年的第 1 名,华润信托则由 2020 年的第 1 名下降至 2021 年的第 2 名。平安信托由 2020 年的第 6 名上升至 2021 年的第 3 名,东莞信托则由 2020 年的第 3 名下降至 2021 年的第 5 名。

2021 年各项信托资产运用方式规模排名前 3 的公司如表 3 – 8 所示。

表 3 – 8　　2021 年各项信托资产运用方式规模排名前 3 的公司　　单位:亿元

项目	第 1 名	第 2 名	第 3 名
货币资产	中信信托（964）	华润信托（567）	外贸信托（403）
贷款	建信信托（5160）	华润信托（3515）	中信信托（3316）
长期投资	中融信托（1929）	建信信托（1560）	中信信托（909）
交易性金融资产	华润信托（7620）	外贸信托（7217）	五矿信托（3083）

2021 年货币资产规模前 3 名公司没有任何变化,中信信托、华润信托与外贸信托继续维持在行业前 3 名。其中,中信信托的货币资产规模相比于 2020 年有所减少,而华润信托与外贸信托货币资产规模相比于 2020 年有所增加。

2021 年贷款资产规模前 3 名公司相比于 2020 年出现了小幅变化。其中,建信信托和中信信托继续维持在行业第 1 名和第 3 名,但其贷款资产规模和 2020 年相比都有所降低。华润信托排名有所上升,由 2020 年的第 4 名上升至 2021 年的第 2 名。

2021 年长期投资规模前 3 名公司相比于 2020 年也出现了小幅变化。中融信托在

2021年继续维持在行业第1名,中信信托由2020年的第2名下降至2021年的第3名。此外,建信信托由2020年的第6名上升至2021年的第2名,中航信托则由2020年的第3名下降至2021年的第25名。

2021年交易性金融资产规模前2名公司与2020年相比没有发生任何变化,仍然被华润信托和外贸信托所占据。五矿信托由2020年的第9名上升至2021年的第3名,建信信托则由2020年的第3名小幅下降至2021年的第4名。

2013—2021年各项信托资产比例稳定程度前3名公司排名如表3-9所示。

表3-9　2013—2021年各项信托资产比例稳定程度前3名公司

项目	第1名	第2名	第3名
货币资产	中融信托 (2.24%,0.13)	外贸信托 (3.89%,0.13)	长安国信 (1.39%,0.15)
贷款	雪松国信 (55.33%,0.06)	中信信托 (39.05%,0.08)	渤海信托 (64.13%,0.12)
长期投资	中诚信托 (15.18%,0.12)	大业信托 (11.81%,0.16)	中信信托 (9.72%,0.16)
交易性金融资产	上海国信 (9.84%,0.21)	长安国信 (9.36%,0.23)	兴业信托 (12.65%,0.30)

注:表中括号内第一个数值是平均值,第二个数值是变异系数。

如表3-9所示,中融信托、雪松国信、中诚信托、上海国信分别在货币资产、贷款资产、长期投资以及交易性金融资产方面占比较为稳定。

第四章　信托资产盈利能力分析

第一节 信托收入

一、信托收入的历史分析

截至2022年5月底,共有61家信托公司披露了2021年信托收入相关数据。

信托公司最新披露信息显示,2021年,信托行业平均信托收入为1953229万元。与2020年相比,信托行业收入出现下降,平均降幅为374178万元,增长率为-16.08%(见表4-1)。通过近5年信托收入数据可以发现,2017年,信托收入行业均值增长速度最快,达到39.11%,2019年平均增长率也达到了36.48%的较高水平。2020年,信托收入行业均值同样实现正增长,但增长率仅为4.96%,与2017年和2019年存在明显差距。而2018年和2021年,信托收入行业均值均呈现负增长态势,其中2018年的降幅达到21.24%,虽然2021年该指标降幅为16.08%,低于2018年,但仍然是近年来的较低水平。2021年信托资产平均规模的上升与信托平均收入的下降表明信托行业仍然面临较高的创收压力。

表4-1　　2017—2021年信托公司信托收入的统计分析表

项目	2017年	2018年	2019年	2020年	2021年
平均值(万元)	2063063	1624831	2217505	2327407	1953229
均值增长幅度(万元)	447609	-438232	592674	109902	-374178
平均值增长率(%)	39.11	-21.24	36.48	4.96	-16.08
公司数目(家)	68	68	66	62	61
最大值(万元)	7807201	7171351	11042094	10102450	7567838
最小值(万元)	53725	-2102189	19438	7635	2221
标准差(万元)	1707978	1618546	2081975	2353359	1979414
变异系数	0.83	1.00	0.94	1.01	1.01

2018年以前,从未出现信托公司的信托收入为负值的情况。在2018年所有收录的68家信托公司中,有64家信托公司的信托收入为正数,但也有4家信托公司出现了信托收入为负的情况。这些信托公司营业收入出现负值,主要是由于外部环境对于投资收益以及公允价值变动损益等财务指标的负面影响。但是在2019年至2021年,连续3年所有公布相关数据的信托公司信托收入均为正值。

2007年,单个信托公司的信托收入出现历史高点2137956万元,在之后的4年内,该指标一直在百亿元级别徘徊,但是2012年的信托收入最高值远远超过2007年,达到创纪录的3081299万元,2013年单个信托公司信托收入在2012年出现历史高值的基础上达到3824727万元,2014年这一指标又创新高,达到5760493万元,2015年与2016年,这一指标继续刷新历史纪录,分别达到7067050万元和7552412万元,2017年,该指标进一步增长至7807201万元。2018年,该指标出现了一定回落,仅为7171351万元。然而该指标在2019年达到11042094万元,为近年来的最大值。2020年,单个信托公司信托收入最大值为10102450万元,2021年该指标进一步下降至7567838万元。

2017—2020年,信托公司信托收入变异系数呈现周期性波动的趋势。2017年该指标为0.83,2018年上升至1.00。2019年,该指标小幅下降至0.94,2020年该指标重新上升至1.01。2021年,信托公司信托收入变异系数与2020年持平。由此可见,在2021年新冠肺炎疫情冲击以及宏观经济放缓的影响下,信托公司之间的信托收入差异度扩大的趋势并没有得到缓解。

综合上述分析,我们不难发现,信托公司平均信托收入在经历了2012—2014年的高速增长后,2015年增幅大幅缩减,这说明2015年各信托公司收入增长形势不容乐观,以往持续高速增长的态势在2015年发生了转变。2016年则延续了这一趋势,出现了近5年以来的首次下跌。而在2017年,该指标出现了一定的反弹迹象,实现了39.11%的增长,与此同时变异系数也进一步降低。2018年,信托公司营业收入均值下降21.24%,变异系数也增加至1.00,表明2018年信托行业面临着较为严峻的发展环境。2019年,信托公司营业收入均值增长36.48%,变异系数也降低至0.94。2020年,信托公司营业收入均值增长4.96%,变异系数增长至1.01。2021年信托公司营业收入均值下降16.08%,变异系数维持在1.01,表明信托公司的收入普遍下降的同时,行业内的创收能力分化程度仍然较高。

二、信托收入的公司分析

从信托收入排名来看，2021 年，信托收入排名前 5 的信托公司分别为建信信托（7567838 万元）、光大兴陇（7556878 万元）、外贸信托（6532409 万元）、华润信托（6351233 万元）以及五矿信托（6308955 万元）。

与 2020 年相比，信托收入排名前 5 的信托公司发生了一定的变化。其中，建信信托 2020 年的信托收入为 7298854 万元，2021 年增长至 7567838 万元，其行业排名也从 2020 年的第 4 名上升至 2021 年的第 1 名。光大兴陇在 2020 年的信托收入为 7046304 万元，2021 年上升至 7556878 万元，其排名也从 2020 年的第 5 名上升至 2021 年的第 2 名。外贸信托 2020 年的信托收入为 7785088 万元，2021 年为 6532409 万元，虽然出现了一定程度的下降，但其排名没有发生变化，仍然排在第 3 名。华润信托近年来的信托收入波动较大，2020 年大幅增长至 10102450 万元，2021 年则降低至 6351233 万元，其排名从 2020 年的第 1 名下降至 2021 年的第 4 名。五矿信托的排名在 2021 年有所提升，由 2020 年的第 6 名上升至 2021 年的第 5 名。而中信信托的排名则有所下降，由 2020 年的第 2 名下降至 2021 年的第 7 名。值得注意的是，2020 年信托收入超过 1000 亿元的信托公司有 2 家，而 2021 年，所有信托公司的信托收入均没有超过 1000 亿元，2021 年信托收入下滑的特征较为明显。

此外，2015 年仅有 1 家信托公司的信托收入不足 10 亿元，2016 年不足 10 亿元的公司增加到 2 家，2017 年不足 10 亿元的公司重新减少至 1 家。2018 年，有 5 家信托公司信托收入不足 10 亿元，其中 4 家信托公司出现了负数。2019 年，只有 1 家信托公司信托收入不足 10 亿元，并且所有公布该数据的 66 家信托公司信托收入均为正数。2020 年信托收入不足 10 亿元的公司维持在 1 家，2021 年信托收入不足 10 亿元的公司增长至 3 家。

从信托收入的增幅来看，2021 年，信托收入增幅排名前 5 的公司分别为金谷信托（29. 12%）、中原信托（25. 67%）、重庆国信（24. 00%）、天津信托（20. 43%）以及国民信托（18. 22%）。通过对该数据的分析，可以发现 2021 年信托收入增幅排名和 2020 年相比发生了较大的变化。金谷信托由 2020 年的第 53 名上升至 2021 年的第 1 名，中原信托由 2020 年的第 26 名上升至 2021 年的第 2 名，重庆国信由 2020 年的第 52 名上升至 2021 年的第 3 名，天津信托由 2020 年的第 11 名上升至 2021 年的第 4 名，国民信托则由 2020

年的第54名上升至2021年的第5名,而2020年排名前5的信托公司在2021年均没有保持在前5名的位置。另外,2021年信托收入增幅排名前5的信托公司的增幅数据要远低于2020年,信托行业创收压力进一步加大。

从2013—2021年信托收入的稳定程度来看,前3名分别是国联信托(变异系数为0.11,平均值为435280万元)、中原信托(变异系数为0.14,平均值为1184928万元)以及吉林信托(变异系数为0.15,平均值为476796万元)。另外,信托收入波动程度最大的前3家公司分别是陕西国信(变异系数为1.10,平均值为1264006万元)、华宸信托(变异系数为1.05,平均值为48811万元)以及光大兴陇(变异系数为0.87,平均值为3127488万元)。

第二节　信托项目收益率

一、集合类信托项目收益率

2021年得到的59家信托公司披露的集合类信托项目加权平均实际收益率数据,与2020年相比略有下降。

2016年以来,信托公司集合类信托项目平均收益率在5%至10%波动,经历2012年的最低值6.87%之后,2013年、2014年和2015年该指标持续上升,在2015年达到9.70%,2016年则又小幅下跌至8.26%,2017年降至7.30%,2018年进一步降至5.08%,为近年来的最低值。2019年,该指标增加至5.84%,2020年增加至6.53%,2021年进一步增加至7.02%。值得注意的是,经过2016年至2018年连续3年的持续下降,集合类信托项目平均收益率在2019年至2021年实现了连续3年的上升。

就单个公司集合类信托项目收益率而言,2016年,有1家公司该指标为负值,2014年与2017年全部公司的集合类信托项目收益率均为正数。2018年,有6家信托公司的集合类信托项目收益率为负值,为近年来负值最多的一年。2019年,只有2家信托公司的集合类信托项目收益率为负,2020年该指标进一步减少至1。2021年,披露该数据的59家信托公司集合类信托项目收益率均为正。由此可见,2021年集合类信托项目平均收益率与2020年相比有所提升,集合类信托项目收益率为负值的公司数减少为0,集合类信托项目收益水平整体呈现利好趋势。

从各信托公司在指标上的表现差异度来看，近5年来，2018年的变异系数为0.85，其余4年的变异系数均不超过0.50。2017年该指标为0.29，2018年上升至0.85，为近5年来的最大值。2019年，该指标回落至0.40，2020年该指标进一步下降至0.33，2021年该指标有所上升，达到0.43（见表4-2）。信托公司集合类信托项目收益率之间的差异在2021年有所提高。

表4-2　　2017—2021年信托公司集合类信托项目平均收益率统计表

项目	2017年	2018年	2019年	2020年	2021年
平均值(%)	7.30	5.08	5.84	6.53	7.02
均值增长幅度(百分点)	-1.11	-2.22	0.76	0.69	0.49
披露公司数目(家)	68	68	65	60	59
收益率为负的公司数(家)	0	6	2	1	0
最大值(%)	14.34	10.28	9.92	14.36	23.33
最小值(%)	1.02	-13.35	-5.22	-0.35	3.03
标准差(%)	2.11	4.32	2.36	2.14	3.01
变异系数	0.29	0.85	0.40	0.33	0.43

2021年集合类信托项目收益率排在前3名的公司分别为：厦门国信（23.33%）、云南国信（17.23%）以及华润信托（14.03%）。其中，云南国信排名与2020年相同，均位于第2名。厦门国信由2020年的第60名上升至2021年的第1名，华润信托由2020年的第49名上升至2021年的第3名，而西藏信托和华宸信托在2021年均没有保住行业前3名的位置。

从该指标历年的稳定程度来看，上海国信、新时代信托与华宝信托从2013年以来保持了非常稳定的表现，年均实现7.15%、7.81%以及5.81%的集合类信托项目平均收益率，其变异系数均接近0.01，位于行业领先水平。

二、单一类信托项目收益率

2016年以前，单一类信托项目收益率维持在7%以上的水平，但从2017年开始，该指标跌至7%以下并趋于平稳。如表4-3所示，2017年，单一类信托项目收益率平均值为6.31%，下降1.13个百分点。2018年，该指标进一步下降至5.93%，下降0.38个百分点。2019年，该指标增长至6.58%。2020年，该指标进一步下降至5.86%。2021年，单一类信托项目收益率平均值增长至6.37%，上涨0.51个百分点，但仍没有超过7%。

2021年单一类信托项目收益率最大值为32.98%,相比于2020年出现了大幅度上升;2021年单一类信托项目收益率最小值为2.58%,相比于2020年有所下降,这表明信托行业单一类信托项目收益率的差异在扩大。此外,2018年部分信托公司单一类信托项目收益率为负值的情况在2021年没有出现。

从变异系数来看,2017年和2018年,单一类信托项目收益率变异系数维持在0.20~0.25的区间,2019年该指标大幅度增长至0.56,这可能是2019年信托监管政策变动的结果。2020年该指标下降至0.17,为近年来的最小值。2021年,该指标又重新上升至0.60。

表4-3　2017—2021年信托公司单一类信托项目平均收益率统计表

项目	2017年	2018年	2019年	2020年	2021年
平均值(%)	6.31	5.93	6.58	5.86	6.37
均值增长幅度(百分点)	-1.13	-0.38	0.65	-0.72	0.51
披露公司数目(家)	68	68	66	60	59
最大值(%)	9.77	10.30	33.55	8.56	32.98
最小值(%)	0.47	-1.49	1.65	3.26	2.58
标准差(%)	1.46	1.43	3.70	1.02	3.80
变异系数	0.23	0.24	0.56	0.17	0.60

2021年单一类信托项目收益率排名前3的公司分别为:西藏信托(32.98%)、中融信托(10.60%)以及外贸信托(10.04%)。通过对比可以发现,2021年单一类信托项目收益率排名相比于2020年出现了一定的变化。西藏信托由2020年的第3名上升至2021年的第1名,中融信托由2020年的第34名上升至2021年的第2名,外贸信托由2020年的第46名上升至2021年的第3名。同时,中泰信托由2020年的第1名下降至2021年的第20名,陆家嘴信托由2020年的第3名下降至2021年的第29名。

从该指标历年的稳定程度来看,交银国信自2013年以来保持了比较稳定的收益率,单一类信托项目平均收益率为5.58%,变异系数为0.05。另外,百瑞信托与渤海信托的单一类信托项目收益率也比较稳定,收益率平均值分别为6.94%和7.10%,变异系数分别为0.06和0.07。

第三节　新增信托项目

2021年有61家信托公司披露新增信托项目数据,相比于2020年有所增加。

一、新增信托项目规模

2021 年，信托公司平均新增信托项目规模为 16565243 万元，同比增长 39.48%。值得注意的是，近 5 年来平均新增信托项目规模波动较大，2017 年、2019 年以及 2021 年呈现增长趋势，而 2018 年和 2020 年呈现下降趋势。此外，2021 年，披露相关数据的 61 家信托公司中，有 55 家新增信托项目规模超过百亿元，新增信托项目规模不足百亿元的信托公司数有所上升。结合新增信托项目规模均值上升的特征，可以发现 2021 年新增信托项目规模整体上升，但是差异化也日益明显，行业集中的趋势更加明显。

各公司新增信托项目规模的变异系数 2017 年为 0.95，2018 年降低到 0.84，2019 年该指标重新增长至 1.03，2020 年小幅降低至 1.00，2021 年增长至近 5 年来的最大值 1.28（见表 4－4）。这表明 2021 年信托公司在新增信托项目规模上的差异性相比于 2020 年有所加大。

表 4－4　　2017—2021 年新增信托项目规模统计分析表

项目	2017 年	2018 年	2019 年	2020 年	2021 年
平均值（万元）	22988470	11908250	12343321	11876628	16565243
均值增长幅度（万元）	4466858	－11080220	435071	－466694	4688615
均值增长率（%）	24.12	－48.20	3.65	－3.78	39.48
公司数目（家）	68	68	66	60	61
最大值（万元）	114257851	49142998	52281448	55287377	94487234
最小值（万元）	1769509	5000	130	500	500
标准差（万元）	21930626	10055794	12690511	11917057	21138106
变异系数	0.95	0.84	1.03	1.00	1.28

2021 年新增信托项目规模排名前 3 的公司分别为：华润信托（94487234 万元）、外贸信托（79763238 万元）以及光大兴陇（76164536 万元）。2021 年新增信托项目规模排名前 3 的公司与 2020 年相比发生了一定的变化。其中，华润信托由 2020 年的第 2 名上升至 2021 年的第 1 名，外贸信托由 2020 年的第 4 名上升至 2021 年的第 2 名。华能贵诚由 2020 年的第 1 名下降至 2021 年的第 7 名，建信信托由 2020 年的第 3 名下降至 2021 年的第 6 名。

二、新增信托项目数量

2021 年，信托公司平均新增信托项目数量为 632 个，比 2020 年增加了 236 个，增长速度为近 5 年来的最大值。从近年来的数据特征来看,新增信托项目数量整体呈现增长态势。其中,2017 年新增信托项目数量同比增长 105 个,增长率达到 37.54%。2018 年同比减少 116 个,增长率为 -30.21%,这也是近 5 年来新增信托项目数量唯一出现负增长的 1 年。2019 年新增信托项目数量同比增长 47 个,增长率为 17.54%。2020 年新增信托项目数量同比增长 81 个,增长率为 25.66%。2021 年同比增长 236 个,增长率为 59.66%。

2021 年新增信托项目数量排名前 3 的公司分别为:平安信托(6268 个)、外贸信托(4644 个)以及华润信托(3222 个),与 2020 年完全相同。在连续两年公布新增信托项目数量的 58 家公司中,有 45 家信托公司新增信托项目数量高于 2020 年,有 12 家信托公司新增信托项目数量低于 2020 年,还有 1 家信托公司新增信托项目数量与 2020 年持平。从年度最大值来看,新增信托项目数量从 2017 年至 2021 年的最大值分别为 1552 个、1256 个、1480 个、3753 个以及 6268 个,呈上升趋势。从年度最小值来看,2017 年新增信托项目数量最小值为 19 个,2018 年、2019 年以及 2021 年该数值均为 1,而 2020 年该指标则为 0。

此外,2017 年至 2021 年,各公司新增信托项目数量的变异系数呈现逐年上升趋势。2017 年,该指标仅为 0.81,2018 年上升至 1.02,2019 年小幅上升至 1.03,2020 年进一步增长至 1.57,2021 年达到近 5 年最大值 1.75(见表 4-5)。该数据表明,2021 年行业内公司的新增信托项目数量差异性进一步扩大。

表 4-5　　2017—2021 年新增信托项目数量统计分析表

项目	2017 年	2018 年	2019 年	2020 年	2021 年
平均值(个)	384	268	315	396	632
均值增长幅度(个)	105	-116	47	81	236
均值增长率(%)	37.54	-30.21	17.54	25.66	59.66
披露公司数目(家)	68	68	66	60	61
最大值(个)	1552	1256	1480	3753	6268
最小值(个)	19	1	1	0	1
标准差(个)	310	272	326	621	1108
变异系数	0.81	1.02	1.03	1.57	1.75

三、新增集合项目比例

新增信托项目可以分为集合类项目和单一类项目,2017—2021 年新增集合类信托项目比例如表 4－6 所示。2017 年新增集合类信托项目比例均值为 41.21%，2018 年增加至 43.86%，2019 年增加至 50.32%，为近年来的最高水平。2020 年，新增集合类信托项目比例均值为 48.47%，相比于 2019 年有所下降。2021 年，该指标回升至 54.00%，为近 5 年来的最大值。

从变异系数来看，2017 年变异系数为 0.48，2018 年则上升至 0.60，2019 年回落至 0.55，2020 年进一步增加至 0.57，2021 年降低至 0.47。数据显示，2021 年新增集合类信托项目占比均值有所提升，而行业内变异系数有所下降，这表明 2021 年信托公司普遍增加了对于集合类信托项目的投资比重。

表 4－6　　2017—2021 年新增集合类信托项目比例统计分析表

项目	2017 年	2018 年	2019 年	2020 年	2021 年
平均值(%)	41.21	43.86	50.32	48.47	54.00
均值增长幅度(百分点)	5.45	2.65	6.46	－1.85	5.53
最大值(%)	92.32	100.00	100.00	97.54	97.40
最小值(%)	4.04	0.21	0.00	0.00	0.00
标准差(%)	19.87	26.30	27.55	27.71	25.38
变异系数	0.48	0.60	0.55	0.57	0.47

2021 年新增集合类信托项目比例排名前 3 的公司为：华宸信托(97.40%)、民生信托(95.44%)以及东莞信托(93.16%)。该指标的前 3 名与 2020 年相比发生了较大的变化。华宸信托由 2020 年的第 56 名上升至 2021 年的第 1 名，东莞信托由 2020 年的第 13 名上升至 2021 年的第 3 名，民生信托由 2020 年的第 1 名下降至 2021 年的第 2 名，国投泰康则由 2020 年的第 2 名下降至 2021 年的第 21 名。

四、新增主动管理型项目比例

2021 年，信托公司新增主动管理型信托资产项目平均规模为 11109682 万元，相比于 2020 年有所下降，增幅为 3592308 万元；2021 年新增主动管理型项目平均占比为 61.59%，相比于 2020 年的 60.04% 有所提高。其中，在披露该指标的 59 家信托公司中，有 8 家信托公司的新增主动管理型项目比例超过 90%，相比于 2020 年的 10 家公司有所减少，具体数据如表 4－7 所示。

表4-7　　2017—2021年新增主动管理型项目比例统计分析表

项目	2017年	2018年	2019年	2020年	2021年
平均值(%)	31.54	41.03	57.45	60.04	61.59
均值增长幅度(百分点)	4.15	9.49	16.42	2.59	1.55
最大值(%)	274.26	100.00	100.00	100.00	98.54
最小值(%)	0.63	0.31	0.00	0.00	0.00
标准差(%)	43.52	26.50	25.92	27.66	24.34
变异系数	1.38	0.65	0.45	0.46	0.40

第五章　自营资产分布与运用分析

第一节 自营资产规模

一、自营资产规模的整体分析

从本书获得的2021年的年报披露情况来看,有61家信托公司公布了自营资产规模相关数据。

2021年,信托行业自营资产规模继续攀升,平均每家信托公司自营资产规模为134.49亿元,比2020年上升9.04亿元,上升幅度为7.21%,上升明显。自2004年以来,信托公司的自营资产规模增长率在2007年达到最大,为34.94%;在2005年下跌幅度最大,下跌了22028万元,下跌比率为14.53%。

自营资产缩减的公司数目的最大值出现在2005年,达到27家公司,在2007年降到9家之后,2008年升到25家,2009年回降到7家,2010年也是7家,2012年则继续减少为3家,2016年这一数据有所上升,达到8家,2017年有13家信托公司自营资产缩减,2019年与2018年持平,维持在17家,2020年下降至13家,2021年为14家。

2021年信托行业中自营资产规模最大的公司为中信信托,其2021年自营资产为364.99亿元。

从各年度信托公司之间的自营资产规模差异来看,2004年差异性最小,变异系数为0.76,然后逐年上升,到2007年上升到1.12,接下来的三年基本稳定在1.06至1.08之间。2017年,变异系数进一步降低到0.66,2018年持续下降至0.59,而2019年上升至0.66,这说明各公司的自营资产规模的差异性出现了扩大的情况(见表5-1)。同样,自营净资产规模的变异系数也延续了2008年以来的下降趋势,2013年继续下降到0.80,2015年与2014年持平,为0.79,2016年下降为0.68,2017年继续下降至0.65,2018年保持了下降态势，降至0.64，2019年出现小幅上升，升至0.67，2020年与2021年持平，维持在0.71（见表5－2）。具体各信托公司自营资产与自营净资产的相关描述性统计见表5－3至表5－8。

表5－1　2017—2021年信托公司自营资产规模统计分析表

项目	2017年	2018年	2019年	2020年	2021年
平均值（万元）	965308	1057880	1135763	1254457	1344859
平均值增长额（万元）	146415	92572	77883	118694	90402
平均值增长率（%）	17.88	9.59	7.36	10.45	7.21
公司数目（家）	67	68	65	62	61
自营资产缩减的公司数（家）	13	17	17	13	14
最大值（万元）	2813417	2978535	3205376	3490287	3649897
最小值（万元）	117865	121622	153672	101459	114805
标准差（万元）	637047	628634	744183	843035	869513
变异系数	0.66	0.59	0.66	0.67	0.65

表5－2　2017—2021年信托公司自营净资产规模统计分析表

项目	2017年	2018年	2019年	2020年	2021年
平均值（万元）	770141	843228	934940	1018532	1086748
平均值增长额（万元）	111035	73087	91712	83592	68216
平均值增长率（%）	16.85	9.49	10.88	8.94	6.70
自营净资产缩减的公司数（家）	8	13	4	4	10
最大值（万元）	2391441	2427288	2968253	3045124	3205474
最小值（万元）	67046	91544	106950	94176	32228
标准差（万元）	504608	540201	630323	725114	766176
变异系数	0.65	0.64	0.67	0.71	0.71

表5－3　信托公司自营资产总额序列表（2021年）　单位：万元

序号	公司简称	2021年	2020年	2019年
1	中信信托	3649897	3490287	3205376
2	平安信托	3229051	3442460	2940109
3	华润信托	3208504	2651330	2554554
4	重庆国信	3146733	2951323	3164752
5	华能贵诚	2850761	2745623	2441961
6	江苏国信	2786920	2807426	2342805
7	五矿信托	2697533	2502255	1822631

续表

序号	公司简称	2021 年	2020 年	2019 年
8	建信信托	2689371	2554691	2120451
9	中融信托	2427086	2246232	2159485
10	兴业信托	2268871	2128063	1821966
11	中诚信托	2171028	2138247	2255173
12	光大兴陇	2161745	1808149	1395488
13	外贸信托	2081676	1940403	1841343
14	上海国信	2036953	2388715	1836274
15	山东国信	1906255	2068400	未披露
16	中航信托	1821010	1646080	1650718
17	北京国信	1748043	1451736	1353554
18	渤海信托	1601447	1545582	1582019
19	昆仑信托	1587864	1452615	1374046
20	陕西国信	1557713	1427838	1326400
21	中铁信托	1544241	1615813	1422139
22	交银国信	1527502	1438120	1284772
23	华鑫信托	1489258	1102676	774874
24	安信信托	1478728	1771182	1742339
25	陆家嘴信托	1374397	944790	657811
26	华融国信	1346078	1444121	1716154
27	中建投信托	1244965	1213611	1037444
28	粤财信托	1182617	851558	755700
29	英大信托	1178992	1108707	990906
30	百瑞信托	1135456	1051134	1000246
31	国投泰康	1100376	1011488	700786
32	华宝信托	1060543	1008548	1060782
33	爱建信托	1056037	1058398	1012368
34	国通信托	1031962	1012151	未披露
35	中原信托	1027758	992351	1040356
36	民生信托	1016594	1332487	1420147
37	财信信托	1015284	938171	918328
38	天津信托	1007617	896984	806937
39	长安国信	936994	1116445	1030986
40	紫金信托	844485	522225	465159
41	中粮信托	793400	493840	493428
42	东莞信托	756562	620457	609402

续表

序号	公司简称	2021年	2020年	2019年
43	厦门国信	692259	761409	713892
44	国联信托	677778	603036	557662
45	苏州信托	654889	594472	546398
46	北方国信	649526	590465	545023
47	西部信托	635703	681383	637938
48	西藏信托	579192	535228	501338
49	工商信托	569290	552353	499967
50	华澳信托	560138	530852	540972
51	中海信托	554371	703380	710342
52	中泰信托	498394	493057	474725
53	云南国信	485047	419111	358845
54	金谷信托	482676	476177	529531
55	万向信托	481842	386881	437000
56	浙商金汇	451513	269316	250109
57	国民信托	385659	347461	323818
58	大业信托	343737	280327	245523
59	山西信托	312821	247875	239961
60	长城新盛	128463	129905	153672
61	华宸信托	114805	101460	128393
62	国元信托	未披露	857983	729704
63	吉林信托	未披露	725640	671260
64	华信信托	未披露	未披露	1237600
65	中江国信	未披露	未披露	未披露
66	新时代	未披露	未披露	935835
67	四川信托	未披露	未披露	989133
68	新华信托	未披露	未披露	735797

表5-4　信托公司自营资产总额增长序列表(2021年)　单位:万元

序号	公司简称	2021年	2020年	2019年
1	华润信托	557174	96776	236495
2	陆家嘴信托	429607	286979	-28208
3	华鑫信托	386582	297803	30192
4	光大兴陇	353596	412660	293905
5	粤财信托	331059	95858	104851
6	紫金信托	322259	57066	43681

续表

序号	公司简称	2021 年	2020 年	2019 年
7	中粮信托	299560	412	25299
8	北京国信	296307	98182	191239
9	重庆国信	195410	-213429	186217
10	五矿信托	195278	679624	171732
11	浙商金汇	182197	19207	-48353
12	中融信托	180855	86747	-233942
13	中航信托	174930	-4638	113803
14	中信信托	159610	284911	452197
15	外贸信托	141273	99060	341025
16	兴业信托	140808	306097	-13823
17	东莞信托	136105	11055	-41537
18	昆仑信托	135249	78569	56474
19	建信信托	134681	434239	744627
20	陕西国信	129876	101438	98465
21	天津信托	110633	90047	57607
22	华能贵诚	105137	303662	310384
23	万向信托	94961	-50119	48364
24	交银国信	89382	153348	76071
25	国投泰康	88888	310702	-10306
26	百瑞信托	84322	50888	51113
27	财信信托	77113	19843	-111623
28	国联信托	74742	45374	48658
29	英大信托	70285	117801	89246
30	云南国信	65936	60266	51183
31	山西信托	64946	7914	3532
32	大业信托	63410	34804	-26103
33	苏州信托	60417	48074	71074
34	北方国信	59060	45442	29711
35	渤海信托	55864	-36436	178296
36	华宝信托	51996	-52235	53533
37	西藏信托	43964	33891	235676
38	国民信托	38198	23644	-37777
39	中原信托	35407	-48005	83790
40	中诚信托	32782	-116926	8841
41	中建投信托	31354	176167	176826

续表

序号	公司简称	2021年	2020年	2019年
42	华澳信托	29286	-10120	-29856
43	国通信托	19811	196936	未披露
44	工商信托	16937	52386	-20610
45	华宸信托	13346	-26933	6771
46	金谷信托	6500	-53354	55742
47	中泰信托	5337	18331	18862
48	长城新盛	-1442	-23767	16368
49	爱建信托	-2361	46029	22131
50	江苏国信	-20505	464621	278363
51	西部信托	-45680	43445	82391
52	厦门国信	-69150	47517	123285
53	中铁信托	-71572	193673	102092
54	华融国信	-98043	-272034	89420
55	中海信托	-149009	-6962	-7247
56	山东国信	-162145	611200	未披露
57	长安国信	-179450	85459	135386
58	平安信托	-213409	502351	429182
59	安信信托	-292454	28843	-232555
60	民生信托	-315893	-87660	-105789
61	上海国信	-351762	552441	184427
62	四川信托	未披露	未披露	-10313
63	国元信托	未披露	128278	8432
64	新时代	未披露	未披露	-214697
65	中江国信	未披露	未披露	未披露
66	华信信托	未披露	未披露	18149
67	吉林信托	未披露	54380	2418
68	新华信托	未披露	未披露	-42578

表5-5　信托公司自营资产总额增幅序列表(2021年)　(%)

序号	公司简称	2021年	2020年	2019年
1	浙商金汇	67.65	7.68	-16.20
2	紫金信托	61.71	12.27	10.36
3	中粮信托	60.66	0.08	5.40
4	陆家嘴信托	45.47	43.63	-4.11
5	粤财信托	38.88	12.68	16.11

续表

序号	公司简称	2021 年	2020 年	2019 年
6	华鑫信托	35. 06	38. 43	4. 05
7	山西信托	26. 20	3. 30	1. 49
8	万向信托	24. 55	-11. 47	12. 44
9	大业信托	22. 62	14. 18	-9. 61
10	东莞信托	21. 94	1. 81	-6. 38
11	华润信托	21. 01	3. 79	10. 20
12	北京国信	20. 41	7. 25	16. 45
13	光大兴陇	19. 56	29. 57	26. 68
14	云南国信	15. 73	16. 79	16. 64
15	华宸信托	13. 15	-20. 98	5. 57
16	国联信托	12. 39	8. 14	9. 56
17	天津信托	12. 33	11. 16	7. 69
18	国民信托	10. 99	7. 30	-10. 45
19	中航信托	10. 63	-0. 28	7. 40
20	苏州信托	10. 16	8. 80	14. 95
21	北方国信	10. 00	8. 34	5. 77
22	昆仑信托	9. 31	5. 72	4. 29
23	陕西国信	9. 10	7. 65	8. 02
24	国投泰康	8. 79	44. 34	-1. 45
25	财信信托	8. 22	2. 16	-10. 84
26	西藏信托	8. 21	6. 76	88. 71
27	中融信托	8. 05	4. 02	-9. 77
28	百瑞信托	8. 02	5. 09	5. 39
29	五矿信托	7. 80	37. 29	10. 40
30	外贸信托	7. 28	5. 38	22. 73
31	重庆国信	6. 62	-6. 74	6. 25
32	兴业信托	6. 62	16. 80	-0. 75
33	英大信托	6. 34	11. 89	9. 90
34	交银国信	6. 22	11. 94	6. 29
35	华澳信托	5. 52	-1. 87	-5. 23
36	建信信托	5. 27	20. 48	54. 12
37	华宝信托	5. 16	-4. 92	5. 31
38	中信信托	4. 57	8. 89	16. 42
39	华能贵诚	3. 83	12. 44	14. 56
40	渤海信托	3. 61	-2. 30	12. 70

续表

序号	公司简称	2021 年	2020 年	2019 年
41	中原信托	3.57	-4.61	8.76
42	工商信托	3.07	10.48	-3.96
43	中建投信托	2.58	16.98	20.55
44	国通信托	1.96	未披露	未披露
45	中诚信托	1.53	-5.18	0.39
46	金谷信托	1.36	-10.08	11.77
47	中泰信托	1.08	3.86	4.14
48	爱建信托	-0.22	4.55	2.23
49	江苏国信	-0.73	19.83	13.48
50	长城新盛	-1.11	-15.47	11.92
51	中铁信托	-4.43	13.62	7.73
52	平安信托	-6.20	17.09	17.09
53	西部信托	-6.70	6.81	14.83
54	华融国信	-6.79	-15.85	5.50
55	山东国信	-7.84	未披露	未披露
56	厦门国信	-9.08	6.66	20.87
57	上海国信	-14.73	30.08	11.16
58	长安国信	-16.07	8.29	15.12
59	安信信托	-16.51	1.66	-11.78
60	中海信托	-21.18	-0.98	-1.01
61	民生信托	-23.71	-6.17	-6.93
62	四川信托	未披露	未披露	-1.03
63	国元信托	未披露	17.58	1.17
64	新时代	未披露	未披露	-18.66
65	中江国信	未披露	未披露	未披露
66	华信信托	未披露	未披露	1.49
67	吉林信托	未披露	8.10	0.36
68	新华信托	未披露	未披露	-5.47

表 5-6　信托公司自营净资产序列表(2021 年)　单位:万元

序号	公司简称	2021 年	2020 年	2019 年
1	中信信托	3205474	3045124	2968253
2	平安信托	2731979	2633700	2330436
3	华润信托	2725412	2484144	2210242
4	重庆国信	2658041	2637632	2485667

续表

序号	公司简称	2021 年	2020 年	2019 年
5	华能贵诚	2549722	2301869	2043079
6	江苏国信	2418377	2230713	2048618
7	五矿信托	2315988	2246787	1385372
8	建信信托	2256083	2065076	1977686
9	外贸信托	1978950	1898343	1771665
10	中融信托	1930818	1906142	1831537
11	兴业信托	1843224	1782981	1668817
12	中诚信托	1829308	1844775	1764113
13	上海国信	1822087	2092948	1522758
14	中航信托	1737577	1392165	1280975
15	光大兴陇	1543376	1466757	1071113
16	交银国信	1427683	1320707	1210003
17	昆仑信托	1370154	1398599	1320232
18	渤海信托	1327723	1322466	1313421
19	华鑫信托	1321238	912066	616366
20	陕西国信	1225215	1179505	1097736
21	陆家嘴信托	1156419	667796	552549
22	百瑞信托	1105943	1023378	926385
23	英大信托	1104651	980407	941233
24	北京国信	1099104	990785	926193
25	山东国信	1065122	1017500	未披露
26	中铁信托	1032712	981168	905696
27	国投泰康	1009837	911277	653637
28	华宝信托	974061	938514	916383
29	粤财信托	957795	820066	721762
30	中建投信托	908019	884137	834455
31	中原信托	855378	905729	883281
32	爱建信托	828336	830803	744042
33	长安国信	809854	781370	746668
34	紫金信托	764621	451033	406410
35	国通信托	719341	650193	未披露
36	财信信托	719068	711503	697647
37	中粮信托	687379	468178	438101
38	天津信托	676865	622272	573006
39	民生信托	643694	994075	1095998

续表

序号	公司简称	2021 年	2020 年	2019 年
40	国联信托	633656	555105	513101
41	苏州信托	598980	541510	489923
42	东莞信托	582362	578592	565774
43	厦门国信	581143	550939	530570
44	西部信托	542689	564971	530111
45	西藏信托	538580	495606	464362
46	北方国信	520756	500214	469285
47	工商信托	499274	472031	428468
48	华澳信托	488195	455581	413136
49	中泰信托	480344	472220	455253
50	中海信托	462441	629411	633979
51	金谷信托	425908	415484	404358
52	浙商金汇	417077	228201	211042
53	万向信托	381334	311316	363716
54	云南国信	372763	334208	302257
55	华融国信	352877	304163	875077
56	国民信托	330507	303371	274918
57	大业信托	313620	246450	195716
58	山西信托	189086	187777	193038
59	华宸信托	110704	94176	106950
60	长城新盛	100473	104784	114605
61	安信信托	32229	96587	769631
62	华信信托	未披露	未披露	1228925
63	中江国信	未披露	未披露	未披露
64	新时代	未披露	未披露	861616
65	四川信托	未披露	未披露	801230
66	国元信托	未披露	818968	694661
67	新华信托	未披露	未披露	596072
68	吉林信托	未披露	398771	401763

表 5－7　信托公司自营净资产增长序列表（2021 年）　单位：万元

序号	公司简称	2021 年	2020 年	2019 年
1	陆家嘴信托	488623	115247	66986
2	华鑫信托	409172	295700	－37345
3	中航信托	345412	111190	101526

续表

序号	公司简称	2021 年	2020 年	2019 年
4	紫金信托	313587	44623	23941
5	华能贵诚	247853	258789	197981
6	华润信托	241268	269986	240371
7	中粮信托	219201	30077	12619
8	建信信托	191007	87390	690035
9	浙商金汇	188876	10648	4075
10	江苏国信	187664	182094	269538
11	中信信托	160351	76870	540966
12	粤财信托	137728	98305	94512
13	英大信托	124244	39174	96965
14	北京国信	108318	64592	54125
15	交银国信	106976	110703	106722
16	国投泰康	98560	257640	100264
17	平安信托	98279	303264	259105
18	百瑞信托	82566	96993	146931
19	外贸信托	80607	126678	512800
20	国联信托	78551	42004	44948
21	光大兴陇	76619	395644	173938
22	万向信托	70019	-52400	69831
23	五矿信托	69202	861415	149168
24	国通信托	69149	44623	未披露
25	大业信托	67170	50734	10742
26	兴业信托	60243	114164	91803
27	苏州信托	57470	51587	61460
28	天津信托	54594	49266	59217
29	中铁信托	51545	75472	45190
30	华融国信	48714	-570915	-49347
31	山东国信	47622	36500	未披露
32	陕西国信	45710	81768	56251
33	西藏信托	42974	31244	239870
34	云南国信	38555	31951	40325
35	华宝信托	35547	22131	136909
36	华澳信托	32614	42445	30618
37	厦门国信	30204	20369	28096
38	长安国信	28484	34702	96013

续表

序号	公司简称	2021 年	2020 年	2019 年
39	工商信托	27243	43563	31498
40	国民信托	27136	28452	18918
41	中融信托	24676	74605	110698
42	中建投信托	23881	49682	94750
43	北方国信	20542	30928	34476
44	重庆国信	20409	151965	238458
45	华宸信托	16527	-12773	7815
46	金谷信托	10423	11127	3060
47	中泰信托	8124	16967	20131
48	财信信托	7566	13855	-53882
49	渤海信托	5257	9045	110097
50	东莞信托	3769	12818	23991
51	山西信托	1309	-5260	2148
52	爱建信托	-2467	86762	95186
53	长城新盛	-4312	-9821	23061
54	中诚信托	-15466	80662	81733
55	西部信托	-22282	34860	74739
56	昆仑信托	-28445	78367	36964
57	中原信托	-50351	22449	42048
58	安信信托	-64359	-673044	-435404
59	中海信托	-166970	-4568	6331
60	上海国信	-270861	570190	162309
61	民生信托	-350381	-101923	20447
62	四川信托	未披露	未披露	50826
63	新时代	未披露	未披露	16319
64	国元信托	未披露	124307	38534
65	新华信托	未披露	未披露	1526
66	吉林信托	未披露	-2992	38286
67	中江国信	未披露	未披露	未披露
68	华信信托	未披露	未披露	23218

表5-8　　信托公司自营净资产增幅序列表（2021年）　　（%）

序号	公司简称	2021 年	2020 年	2019 年
1	浙商金汇	82.77	5.05	1.97
2	陆家嘴信托	73.17	20.86	13.80

续表

序号	公司简称	2021 年	2020 年	2019 年
3	紫金信托	69.53	10.98	6.26
4	中粮信托	46.82	6.87	2.97
5	华鑫信托	44.86	47.97	-5.71
6	大业信托	27.26	25.92	5.81
7	中航信托	24.81	8.68	8.61
8	万向信托	22.49	-14.41	23.76
9	华宸信托	17.55	-11.94	7.88
10	粤财信托	16.79	13.62	15.07
11	华融国信	16.02	-65.24	-5.34
12	国联信托	14.15	8.19	9.60
13	英大信托	12.67	4.16	11.49
14	云南国信	11.54	10.57	15.40
15	北京国信	10.93	6.97	6.21
16	国投泰康	10.82	39.42	18.12
17	华能贵诚	10.77	12.67	10.73
18	国通信托	10.64	未披露	未披露
19	苏州信托	10.61	10.53	14.34
20	华润信托	9.71	12.22	12.20
21	建信信托	9.25	4.42	53.59
22	国民信托	8.94	10.35	7.39
23	天津信托	8.77	8.60	11.53
24	西藏信托	8.67	6.73	106.85
25	江苏国信	8.41	8.89	15.15
26	交银国信	8.10	9.15	9.67
27	百瑞信托	8.07	10.47	18.85
28	华澳信托	7.16	10.27	8.00
29	工商信托	5.77	10.17	7.93
30	厦门国信	5.48	3.84	5.59
31	中信信托	5.27	2.59	22.29
32	中铁信托	5.25	8.33	5.25
33	光大兴陇	5.22	36.94	19.39
34	山东国信	4.68	未披露	未披露
35	外贸信托	4.25	7.15	40.74
36	北方国信	4.11	6.59	7.93
37	陕西国信	3.88	7.45	5.40

续表

序号	公司简称	2021 年	2020 年	2019 年
38	华宝信托	3.79	2.42	17.56
39	平安信托	3.73	13.01	12.51
40	长安国信	3.65	4.65	14.76
41	兴业信托	3.38	6.84	5.82
42	五矿信托	3.08	62.18	12.07
43	中建投信托	2.70	5.95	12.81
44	金谷信托	2.51	2.75	0.76
45	中泰信托	1.72	3.73	4.63
46	中融信托	1.29	4.07	6.43
47	财信信托	1.06	1.99	-7.17
48	重庆国信	0.77	6.11	10.61
49	山西信托	0.70	-2.73	1.13
50	东莞信托	0.65	2.27	4.43
51	渤海信托	0.40	0.69	9.15
52	爱建信托	-0.30	11.66	14.67
53	中诚信托	-0.84	4.57	4.86
54	昆仑信托	-2.03	5.94	2.88
55	西部信托	-3.94	6.58	16.41
56	长城新盛	-4.11	-8.57	25.19
57	中原信托	-5.56	2.54	5.00
58	上海国信	-12.94	37.44	11.93
59	中海信托	-26.53	-0.72	1.01
60	民生信托	-35.25	-9.30	1.90
61	安信信托	-66.63	-87.45	-36.13
62	四川信托	未披露	未披露	6.77
63	新时代	未披露	未披露	1.93
64	国元信托	未披露	17.89	5.87
65	新华信托	未披露	未披露	0.26
66	吉林信托	未披露	-0.74	10.53
67	中江国信	未披露	未披露	未披露
68	华信信托	未披露	未披露	1.93

自2004年以来，自营资产负债率全行业平均值连续十年基本呈逐年下降趋势，2012年达到11.45%，2013年降至11.35%，2014年降至11.21%。从2015年开始，信托行业的自营财务杠杆又开始逐年上升，2015年信托公司平均自营资产负债率为18.00%，2016

年该指标上升至19.51%,2017年进一步上升至20.38%,2018年与2017年基本持平,为20.29%,2019年下降至17.17%,2020年上升至18.78%,2021年小幅上升至18.93%。全行业最高资产负债率在2012年已经下降到33.70%,2013年有所上升,达到45.97%,2014年下降至40.83%,2015年回升至47.62%,2016年上升至58.58%,2017年为55.72%,2018年为45.66%,2019年为55.83%,2020年达到94.55%,创历史新高,2021年继续提高到97.82%。从全行业自营资产负债率分布的离散程度来看,变异系数自2008年以来呈下降趋势,2013年上升到0.82,2014年下降至0.74,2015年下降至0.57,2016年为0.58,2017年下降至0.55,2018年保持了下降态势,为0.49,2019年上升至0.60,2020年上升至1.17,2021年下降至0.83(见表5-9)。

表5-9　2017—2021年信托公司自营资产负债率统计分析表

项目	2017年	2018年	2019年	2020年	2021年
平均值(%)	20.38	20.29	17.17	18.78	18.93
平均值增长(百分点)	0.87	-0.09	-3.12	1.61	0.15
公司数目(家)	68	68	65	63	61
最大值(%)	55.72	45.66	55.83	94.55	97.82
最小值(%)	1.59	1.13	0.70	2.17	2.60
标准差(%)	11.21	9.89	10.32	16.09	18.93
变异系数	0.55	0.49	0.60	1.17	0.83

2021年,自营资产负债率排前5名的公司为安信信托(97.82%)、华融国信(73.78%)、山东国信(44.12%)、山西信托(39.55%)和北京国信(37.12%)。自营资产负债率排后5名的公司为百瑞信托(2.60%)、华宸信托(3.57%)、中泰信托(3.62%)、中航信托(4.58%)以及外贸信托(4.93%)(见表5-10)。

表5-10　信托公司自营资产负债率序列表(2021年)　(%)

序号	公司简称	2021年	2020年	2019年
1	安信信托	97.82	94.55	55.83
2	华融国信	73.78	78.94	49.01
3	山东国信	44.12	50.81	未披露
4	山西信托	39.55	24.25	19.55
5	北京国信	37.12	31.75	31.57
6	民生信托	36.68	25.40	22.83
7	中铁信托	33.12	39.28	36.31

续表

序号	公司简称	2021 年	2020 年	2019 年
8	天津信托	32. 83	30. 63	28. 99
9	国通信托	30. 29	35. 76	未披露
10	财信信托	29. 18	24. 16	24. 03
11	光大兴陇	28. 61	18. 88	23. 24
12	中建投信托	27. 06	27. 15	19. 57
13	云南国信	23. 15	20. 26	15. 77
14	东莞信托	23. 03	6. 75	7. 16
15	长城新盛	21. 79	19. 34	25. 42
16	爱建信托	21. 56	21. 50	26. 50
17	陕西国信	21. 35	17. 39	17. 24
18	万向信托	20. 86	19. 53	16. 77
19	中融信托	20. 45	15. 14	15. 19
20	北方国信	19. 83	15. 28	13. 90
21	粤财信托	19. 01	3. 70	4. 49
22	兴业信托	18. 76	16. 22	8. 41
23	渤海信托	17. 09	14. 44	16. 98
24	中原信托	16. 77	8. 73	15. 10
25	中海信托	16. 58	10. 52	10. 75
26	建信信托	16. 11	19. 17	6. 73
27	厦门国信	16. 05	27. 64	25. 68
28	陆家嘴信托	15. 86	29. 32	16. 00
29	中诚信托	15. 74	13. 72	21. 77
30	重庆国信	15. 53	10. 63	21. 46
31	平安信托	15. 39	23. 49	20. 74
32	华润信托	15. 06	6. 31	13. 48
33	西部信托	14. 63	17. 08	16. 90
34	国民信托	14. 30	12. 69	15. 10
35	五矿信托	14. 14	10. 21	23. 99
36	昆仑信托	13. 71	3. 72	3. 92
37	长安国信	13. 57	30. 01	27. 58
38	中粮信托	13. 36	5. 20	11. 21
39	江苏国信	13. 22	20. 54	12. 56
40	华澳信托	12. 84	14. 18	23. 63
41	工商信托	12. 30	14. 54	14. 30
42	中信信托	12. 18	12. 75	7. 40

续表

序号	公司简称	2021 年	2020 年	2019 年
43	金谷信托	11.76	12.75	23.64
44	华鑫信托	11.28	17.29	20.46
45	华能贵诚	10.56	16.16	16.33
46	上海国信	10.55	12.38	17.07
47	紫金信托	9.46	13.63	12.63
48	大业信托	8.76	12.08	20.29
49	苏州信托	8.54	8.91	10.34
50	国投泰康	8.23	9.91	6.73
51	华宝信托	8.15	6.94	13.61
52	浙商金汇	7.63	15.27	15.62
53	西藏信托	7.01	7.40	7.38
54	交银国信	6.53	8.16	5.82
55	国联信托	6.51	7.95	7.99
56	英大信托	6.31	11.57	5.01
57	外贸信托	4.93	2.17	3.78
58	中航信托	4.58	15.43	22.40
59	中泰信托	3.62	4.23	4.10
60	华宸信托	3.57	7.18	16.70
61	百瑞信托	2.60	2.64	7.38
62	吉林信托	未披露	45.05	40.15
63	国元信托	未披露	4.55	4.80
64	新时代	未披露	未披露	7.93
65	中江国信	未披露	未披露	未披露
66	四川信托	未披露	未披露	19.00
67	华信信托	未披露	未披露	0.70
68	新华信托	未披露	未披露	18.99

信托公司自营资产负债率增长序列见表 5－11。

表 5－11　信托公司自营资产负债率增长序列表（2021 年）　（百分点）

序号	公司简称	2021 年	2020 年	2019 年
1	东莞信托	16.28	－0.41	－9.61
2	粤财信托	15.31	－0.79	0.87
3	山西信托	15.31	4.69	0.29
4	民生信托	11.28	2.57	－6.69
5	昆仑信托	9.99	－0.20	1.31

续表

序号	公司简称	2021年	2020年	2019年
6	光大兴陇	9.72	-4.36	4.69
7	华润信托	8.75	-7.02	-1.54
8	中粮信托	8.17	-6.02	2.10
9	中原信托	8.04	-6.37	3.04
10	中海信托	6.07	-0.23	-1.78
11	北京国信	5.37	0.18	6.60
12	中融信托	5.31	-0.05	-12.92
13	财信信托	5.01	0.13	-3.00
14	重庆国信	4.90	-10.83	-3.10
15	北方国信	4.54	1.39	-1.73
16	陕西国信	3.95	0.15	2.06
17	五矿信托	3.93	-13.78	-1.13
18	安信信托	3.27	38.72	16.85
19	云南国信	2.89	4.49	0.91
20	外贸信托	2.77	-1.62	-12.31
21	渤海信托	2.66	-2.54	2.70
22	兴业信托	2.54	7.81	-5.69
23	长城新盛	2.45	-6.08	-7.90
24	天津信托	2.20	1.64	-2.44
25	中诚信托	2.02	-8.05	-3.33
26	国民信托	1.61	-2.41	-14.10
27	万向信托	1.33	2.76	-7.61
28	华宝信托	1.21	-6.67	-9.00
29	爱建信托	0.06	-5.00	-7.97
30	百瑞信托	-0.04	-4.74	-10.49
31	中建投信托	-0.08	7.58	5.52
32	苏州信托	-0.37	-1.43	0.48
33	西藏信托	-0.39	0.03	-8.12
34	中信信托	-0.58	5.36	-4.44
35	中泰信托	-0.60	0.12	-0.45
36	金谷信托	-0.98	-10.89	8.34
37	华澳信托	-1.34	-9.45	-9.36
38	国联信托	-1.44	-0.04	-0.03
39	交银国信	-1.63	2.34	-2.90
40	国投泰康	-1.68	3.18	-15.45

续表

序号	公司简称	2021 年	2020 年	2019 年
41	上海国信	-1.83	-4.69	-0.57
42	工商信托	-2.24	0.24	-9.44
43	西部信托	-2.45	0.18	-1.13
44	建信信托	-3.05	12.43	0.32
45	大业信托	-3.32	-8.20	-11.62
46	华宸信托	-3.61	-9.52	-1.79
47	紫金信托	-4.18	1.00	3.37
48	华融国信	-5.15	29.93	5.84
49	英大信托	-5.27	6.56	-1.35
50	国通信托	-5.47	10.04	未披露
51	华能贵诚	-5.60	-0.17	2.89
52	华鑫信托	-6.00	-6.13	8.24
53	中铁信托	-6.15	2.96	1.50
54	山东国信	-6.68	18.13	未披露
55	江苏国信	-7.32	7.99	-1.27
56	浙商金汇	-7.64	2.25	-15.04
57	平安信托	-8.10	2.76	3.23
58	中航信托	-10.84	-6.97	-0.86
59	厦门国信	-11.59	1.96	10.76
60	陆家嘴信托	-13.46	13.32	-13.22
61	长安国信	-16.44	2.44	0.23
62	吉林信托	未披露	4.90	-5.51
63	国元信托	未披露	-0.26	-4.23
64	四川信托	未披露	未披露	-5.92
65	华信信托	未披露	未披露	-0.43
66	中江国信	未披露	未披露	未披露
67	新时代	未披露	未披露	-18.60
68	新华信托	未披露	未披露	-4.63

二、自营资产规模的公司分析

从自营资产规模排名来看,2021 年,自营资产规模排名前 5 的信托公司为:中信信托(3649897 万元)、平安信托(3229051 万元)、华润信托(3208504 万元)、重庆国信(3146733 万元)和华能贵诚(2850761 万元)。

同时,可以发现,2013 年自营资产规模达到 20 亿元以上的公司有 52 家,2014 年增至 56 家,2015 年增至 63 家,2016 年达到 65 家,2017 年维持在 65 家,2018 年达到 66 家,2019 年降至 63 家,2020 年降至 60 家,2021 年降至 59 家。另外, 2008—2010 年,平安信托是唯一一家自营资产规模超过 100 亿元的信托公司,到了 2011 年,中诚信托和华润信托的自营资产规模也超过 100 亿元,至 2012 年,中信信托自营资产规模也破百亿元,2014 年平安信托和中信信托资产总额均超过 200 亿元。至 2020 年,资产总额超过 200 亿元的公司已达 13 家,2021 年增长至 14 家。从自营资产规模增幅来看,2021 年,自营资产规模增幅前 5 名的公司为浙商金汇(67. 65%)、紫金信托(61. 71%)、中粮信托(60. 66%)、陆家嘴信托(45. 47%)以及粤财信托(38. 88%)。另外,自营资产规模发生下滑的公司达到了 14 家。

第二节　自营资产分布

一、自营资产分布的行业分析

从本报告掌握的 2021 年的年报披露情况来看,有 59 家信托公司公布了自营资产的行业分布情况。

信托公司的自营资产可以分为基础产业资产、房地产业资产、证券业资产、实业资产以及金融业资产等五大行业资产类别以及其他行业资产类别。2017—2021 年信托公司自营资产的行业分布如图 5 - 1 所示。

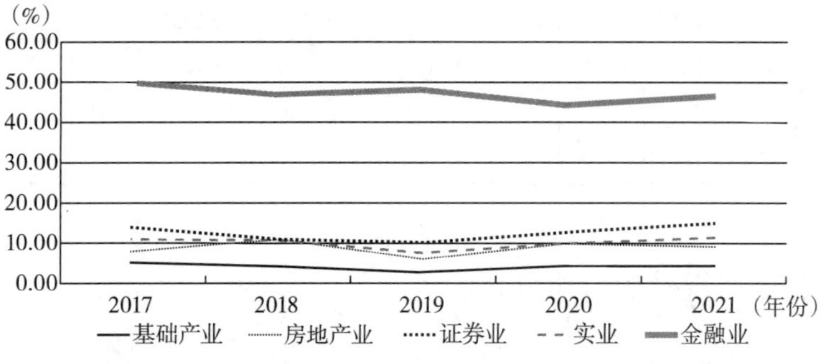

图 5 - 1　2017—2021 年信托公司自营资产的行业分布

2016 年自营资产在实业的分布比例有所上升,上升至 7. 41%,2017 年持续上升到 10. 92%,2018 年则小幅下降至 10. 66%,2019 年大幅下降至 7. 73%,2020 年回升至

9.66%,2021 年继续上升至 11.25%。

基础产业资产比例也在 2016 年小幅回升至 3.08%,2017 年达到 5.41%,2018 年又小幅回落至 4.19%,2019 年继续下降至 2.66%,2020 年回升至 3.99%,2021 年继续上升至 4.58%。

房地产业资产比例 2016 年缓慢回升至 6.29%,2017 年达到 8.02%,2018 年则大幅回升至 11.06%,2019 年大幅回落至 6.16%,2020 年回升至 9.63%,2021 年小幅下降至 9.03%。

证券业资产比例 2016 年及 2017 年都出现了小幅下降,2016 年为 14.44%,2017 年下降至 13.85%,2018 年继续下降至 10.82%,2019 年下降至 9.92%。2020 年上升至 12.70%,2021 年继续上升至 14.72%。

自 2009 年以来,可以获得的金融业资产数据显示,在自营资产中,金融业资产比例一直是各种资产中最高的。2014 年该比例为 23.30%,2015 年大幅增加至 45.37%,2016 年继续上升到 48.91%,2017 年更是达到 50.00%,2018 年则小幅下降至 47.10%,2019 年小幅上升至 48.24%,2020 年下降至 43.92%,2021 年上升至 46.38%。

表 5-12 总结了 2017—2021 年信托公司自营资产的行业分布描述性统计。

表 5-12　　2017—2021 年信托公司自营资产行业分布统计分析表

项目		2017 年	2018 年	2019 年	2020 年	2021 年
披露公司数目(家)		65	51	49	58	58
基础产业资产	平均规模(万元)	45539	36287	34444	196597	59326
	平均占比(%)	5.41	4.19	2.66	3.99	4.58
	该值为 0 的公司数(家)	10	6	35	11	7
	占比最大值(%)	34.60	20.02	21.44	25.74	30.23
	占比最小值(%)	0	0	0	0	0
	占比标准差(%)	7.70	5.62	5.01	6.41	6.54
	占比变异系数	1.42	1.34	1.89	1.61	1.43
房地产业资产	平均规模(万元)	87461	119376	77140	141872	178616
	平均占比(%)	8.02	11.06	6.16	9.63	9.03
	该值为 0 的公司数(家)	6	3	32	4	11
	占比最大值(%)	41.00	49.78	47.30	58.10	34.48
	占比最小值(%)	0	0	0	0	0
	占比标准差(%)	10.92	12.57	10.42	12.67	9.67
	占比变异系数	1.24	1.14	1.69	1.32	1.07

续表

项目		2017 年	2018 年	2019 年	2020 年	2021 年
证券业资产	平均规模(万元)	126913	110983	109529	174462	259150
	平均占比(%)	13.85	10.82	9.92	12.70	14.72
	该值为0的公司数(家)	1	0	8	2	0
	占比最大值(%)	68.31	58.60	58.92	52.88	47.09
	占比最小值(%)	0	0.04	0	0	0.01
	占比标准差(%)	14.71	12.52	12.99	13.19	10.79
	占比变异系数	1.06	1.16	1.31	1.04	0.73
实业资产	平均规模(万元)	438570	103829	91563	103549	172876
	平均占比(%)	10.92	10.66	7.73	9.66	11.25
	该值为0的公司数(家)	8	5	27	12	5
	占比最大值(%)	66.05	77.06	79.25	55.49	75.86
	占比最小值(%)	0	0	0	0	0
	占比标准差(%)	16.74	17.61	17.03	13.30	16.72
	占比变异系数	1.53	1.65	2.20	1.38	1.49
金融业资产	平均规模(万元)	494508	487636	560221	687781	676551
	平均占比(%)	50.00	47.10	48.24	43.92	46.38
	该值为0的公司数(家)	0	0	0	1	1
	占比最大值(%)	97.26	98.36	97.92	98.76	89.72
	占比最小值(%)	2.64	0.35	1.18	1.75	0
	占比标准差(%)	28.75	30.80	30.91	31.23	26.74
	占比变异系数	0.57	0.65	0.64	0.71	0.58

二、自营资产分布的公司分析

具体数据如表5－13至表5－26所示。

表5－13　　2021年各项自营资产比例排名前3的公司

项目	第1名	第2名	第3名
基础产业资产	中海信托 (30.23%)	陆家嘴信托 (18.50%)	万向信托 (11.32%)
房地产业资产	万向信托 (34.48%)	中诚信托 (33.66%)	华润信托 (26.71%)
证券业资产	外贸信托 (47.09%)	中信信托 (40.00%)	国投信托 (31.47%)

续表

项目	第1名	第2名	第3名
实业资产	渤海信托 (75.86%)	北京国信 (56.46%)	长安国信 (26.33%)
金融业资产	华融国信 (89.72%)	西部信托 (85.31%)	粤财信托 (84.96%)

注:括号中数值为该行业资产占比。

表5-14　2021年各项自营资产规模排名前3的公司　单位:万元

项目	第1名	第2名	第3名
基础产业资产	民生信托 (335368)	陆家嘴信托 (254205)	交银国信 (180680)
房地产业资产	民生信托 (1118492)	华润信托 (856902)	中诚信托 (730828)
证券业资产	中信信托 (1473059)	民生信托 (1408748)	外贸信托 (980157)
实业资产	渤海信托 (1214842)	北京国信 (1011238)	平安信托 (460598)
金融业资产	民生信托 (2708797)	平安信托 (2209419)	五矿信托 (2122730)

注:括号中数值为该行业资产规模。

表5-15　自营资产分布金融业资产序列表(2021年)　单位:万元

序号	公司简称	2021年	2020年	2019年
1	民生信托	2708797	92589	241717
2	平安信托	2209419	5664644	2287126
3	五矿信托	2122730	2292514	1611920
4	江苏国信	1898293	2664846	2217762
5	重庆国信	1859201	2401227	2694631
6	华能贵诚	1823542	2091122	2072819
7	华润信托	1815478	1652171	1375564
8	上海国信	1447557	1503035	1556259
9	华融国信	1207789	未披露	1567734
10	中信信托	1119162	470625	435256
11	粤财信托	1004718	841046	740009
12	华鑫信托	955757	831772	566031
13	中融信托	951917	245635	290775

续表

序号	公司简称	2021年	2020年	2019年
14	中建投信托	935482	879231	651310
15	中诚信托	913823	945461	938195
16	华宝信托	875487	937885	973057
17	英大信托	781493	688169	747051
18	光大信托	728087	764630	396787
19	中原信托	716831	796308	846544
20	百瑞信托	703767	115710	54773
21	紫金信托	696684	420767	411000
22	天津信托	671692	614404	420125
23	建信信托	654718	692007	772427
24	北京国信	641148	424621	430791
25	中航信托	582180	332113	830408
26	中粮信托	557894	275470	293483
27	西部信托	542321	231116	269692
28	国通信托	521639	1016684	未披露
29	中铁信托	496926	704598	509538
30	苏州信托	423391	387565	415486
31	工商信托	394712	416281	344458
32	西藏信托	382595	367889	354844
33	国联信托	369255	306418	290586
34	陆家嘴信托	354086	26465	7757
35	浙商金汇	353971	154833	176556
36	大业信托	279163	229005	未披露
37	厦门国信	271350	113768	104275
38	北方国信	230570	194493	220593
39	中泰信托	224196	215658	204930
40	长安国信	189412	280280	203860
41	中海信托	171411	431965	395017
42	渤海信托	168520	683954	417430
43	国民信托	155682	283899	249411
44	昆仑信托	152218	112971	114000
45	爱建信托	151239	185691	101410
46	金谷信托	137739	409866	434058
47	兴业信托	132444	113395	113516
48	外贸信托	114870	106044	95523

续表

序号	公司简称	2021 年	2020 年	2019 年
49	万向信托	105463	1152521	130110
50	长城新盛	105378	117867	148487
51	华宸信托	56948	56506	86395
52	东莞信托	49179	47282	48478
53	山西信托	48879	52355	66475
54	交银国信	32000	32000	32000
55	国投信托	11100	70832	75318
56	湖南信托	未披露	未披露	未披露
57	国元信托	未披露	549037	482400
58	陕西国信	未披露	334719	未披露
59	吉林信托	未披露	137854	89611
60	华澳信托	未披露	49700	20000
61	华信信托	未披露	未披露	841097
62	安信信托	未披露	未披露	未披露
63	雪松国信	未披露	未披露	未披露
64	云南国信	未披露	未披露	未披露
65	新时代	未披露	未披露	808842
66	山东国信	未披露	未披露	未披露
67	新华信托	未披露	未披露	42705
68	四川信托	未披露	未披露	294840

表 5－16　　自营资产分布金融业占比序列表(2021 年)　　(%)

序号	公司简称	2021 年	2020 年	2019 年
1	华融国信	89.72	未披露	91.34
2	西部信托	85.31	33.92	42.28
3	粤财信托	84.96	98.76	97.92
4	华宝信托	82.55	92.99	91.73
5	紫金信托	82.50	80.57	88.36
6	长城新盛	81.55	90.22	未披露
7	大业信托	81.21	81.69	未披露
8	五矿信托	78.69	91.62	88.44
9	浙商金汇	78.40	57.49	70.59
10	中建投信托	75.14	72.45	62.78
11	上海国信	71.06	76.92	84.75
12	中粮信托	70.32	59.48	59.48

续表

序号	公司简称	2021年	2020年	2019年
13	中原信托	69.75	未披露	81.37
14	工商信托	69.33	75.37	68.90
15	平安信托	68.42	14.49	77.79
16	江苏国信	68.11	94.92	94.66
17	天津信托	66.66	68.50	52.07
18	英大信托	66.28	62.07	75.39
19	西藏信托	66.06	68.73	70.78
20	华鑫信托	64.18	75.43	73.05
21	华能贵诚	63.97	76.16	84.88
22	苏州信托	62.97	63.16	73.42
23	百瑞信托	61.98	11.01	5.48
24	重庆国信	59.08	81.76	85.15
25	华润信托	56.58	62.31	53.85
26	国联信托	54.47	0.00	52.11
27	国通信托	50.55	5.74	未披露
28	华宸信托	49.60	55.69	67.29
29	中泰信托	44.98	43.74	43.17
30	中诚信托	42.09	44.22	41.60
31	国民信托	40.37	81.71	77.02
32	厦门国信	39.20	14.94	14.54
33	北京国信	35.79	28.58	31.19
34	北方国信	35.42	32.29	39.74
35	光大信托	33.68	42.29	28.43
36	中铁信托	32.18	43.61	35.83
37	中信信托	31.00	13.00	14.00
38	中海信托	30.92	61.41	55.61
39	中航信托	29.64	20.01	49.81
40	中融信托	29.10	8.60	10.53
41	金谷信托	28.54	86.08	81.97
42	陆家嘴信托	25.76	2.80	1.18
43	建信信托	24.34	27.09	36.43
44	民生信托	22.19	6.95	17.02
45	万向信托	21.89	10.73	29.77
46	长安国信	20.22	25.10	19.77
47	山西信托	15.63	21.12	27.70

续表

序号	公司简称	2021 年	2020 年	2019 年
48	爱建信托	13.94	17.40	9.97
49	渤海信托	10.52	44.25	26.39
50	昆仑信托	9.59	7.78	8.30
51	东莞信托	6.50	7.62	7.95
52	兴业信托	5.84	5.33	6.23
53	外贸信托	5.52	5.46	5.19
54	交银国信	1.86	1.75	2.48
55	国投信托	1.01	7.00	11.00
56	华澳信托	0.00	9.36	3.70
57	湖南信托	未披露	未披露	未披露
58	国元信托	未披露	62.29	64.06
59	陕西国信	未披露	23.44	未披露
60	吉林信托	未披露	19.00	13.35
61	华信信托	未披露	未披露	67.97
62	安信信托	未披露	未披露	未披露
63	雪松国信	未披露	未披露	未披露
64	云南国信	未披露	未披露	未披露
65	新时代	未披露	未披露	未披露
66	四川信托	未披露	未披露	29.81
67	山东国信	未披露	未披露	未披露
68	新华信托	未披露	未披露	5.80

表 5－17　　自营资产分布金融业增加序列表（2021 年）　　单位：万元

序号	公司简称	2021 年	2020 年	2019 年
1	民生信托	2616208	－149129	未披露
2	中融信托	706282	－45140	36012
3	中信信托	648537	35368	未披露
4	百瑞信托	588058	60937	47193
5	国联信托	369249	15832	26255
6	陆家嘴信托	327621	18708	－2874
7	西部信托	311205	－38576	6106
8	中粮信托	282424	－18013	未披露
9	紫金信托	275918	9766	32359
10	中航信托	250067	－498295	未披露
11	北京国信	216527	－6170	－54029

续表

序号	公司简称	2021 年	2020 年	2019 年
12	浙商金汇	199139	-21723	-14601
13	粤财信托	163672	101037	99833
14	华润信托	163307	276607	82063
15	厦门国信	157582	9493	-307464
16	华鑫信托	123985	265741	未披露
17	英大信托	93324	-58882	-128861
18	天津信托	57288	194279	42190
19	中建投信托	56251	227921	179949
20	大业信托	50158	未披露	未披露
21	昆仑信托	39247	-1029	37950
22	北方国信	36077	-26100	-13853
23	苏州信托	35826	-27921	52453
24	兴业信托	19050	-121	55371
25	西藏信托	14706	13045	251654
26	外贸信托	8826	10521	-20250
27	中泰信托	8538	10728	4038
28	东莞信托	1897	-1195	21599
29	华宸信托	442	-29888	12342
30	交银国信	0	0	0
31	山西信托	-3477	-14120	6228
32	长城新盛	-12489	-30620	39969
33	工商信托	-21569	71823	-38300
34	中诚信托	-31638	7266	-243384
35	爱建信托	-34452	84281	-34759
36	光大信托	-36543	367843	222886
37	建信信托	-37289	-80420	未披露
38	上海国信	-55479	-53224	152336
39	国投信托	-59732	-4486	16147
40	华宝信托	-62398	-35172	未披露
41	中原信托	-79477	-50236	143534
42	长安国信	-90868	76419	-244187
43	国民信托	-128217	34488	未披露
44	五矿信托	-169784	680593	未披露
45	中铁信托	-207672	195060	58680
46	中海信托	-260554	36948	-1053

续表

序号	公司简称	2021 年	2020 年	2019 年
47	华能贵诚	-267579	18302	265802
48	金谷信托	-272127	-24192	92580
49	国通信托	-495045	未披露	未披露
50	渤海信托	-515434	266524	32627
51	重庆国信	-542027	-293404	159442
52	江苏国信	-766553	447084	253327
53	万向信托	-1047058	1022410	-63565
54	平安信托	-3455225	2332981	322059
55	国元信托	未披露	66638	-279
56	吉林信托	未披露	48243	-16111
57	华澳信托	未披露	29700	18000
58	陕西国信	未披露	未披露	未披露
59	华信信托	未披露	未披露	未披露
60	雪松国信	未披露	未披露	未披露
61	云南国信	未披露	未披露	未披露
62	新时代	未披露	未披露	0
63	华融国信	未披露	未披露	未披露
64	湖南信托	未披露	未披露	未披露
65	新华信托	未披露	未披露	-10398
66	四川信托	未披露	未披露	-6104
67	安信信托	未披露	未披露	未披露
68	山东国信	未披露	未披露	未披露

表 5-18　　自营资产分布基础产业资产序列表(2021 年)　　单位:万元

序号	公司简称	2021 年	2020 年	2019 年
1	民生信托	335368	22892	未披露
2	陆家嘴信托	254205	99888	未披露
3	交银国信	180680	252205	未披露
4	建信信托	170465	376203	51886
5	中海信托	167600	58600	93805
6	中信信托	146885	410048	145662
7	外贸信托	127645	94003	187973
8	爱建信托	111425	159011	未披露
9	华鑫信托	75833	0	未披露
10	兴业信托	64346	32466	56777

续表

序号	公司简称	2021年	2020年	2019年
11	北方国信	56924	6500	93808
12	万向信托	54560	1173052	未披露
13	中诚信托	52269	45291	211957
14	昆仑信托	40906	22956	64343
15	中航信托	36665	38122	未披露
16	国民信托	34397	未披露	58278
17	天津信托	29526	41690	218276
18	江苏国信	19181	0	260082
19	厦门国信	9750	0	101122
20	国通信托	4000	2993399	未披露
21	华澳信托	4000	15000	未披露
22	渤海信托	3599	4488	未披露
23	华宸信托	3594	4496	59597
24	中建投信托	1665	3762	未披露
25	中融信托	500	3052	35601
26	北京国信	0	38850	281714
27	英大信托	0	1940	59902
28	紫金信托	0	0	未披露
29	工商信托	0	0	49176
30	云南国信	0	0	41539
31	中铁信托	0	0	未披露
32	华宝信托	0	未披露	126606
33	湖南信托	未披露	未披露	未披露
34	平安信托	未披露	1871880	432026
35	国联信托	未披露	1096298	76095
36	国元信托	未披露	226900	184250
37	陕西国信	未披露	145931	未披露
38	五矿信托	未披露	0	未披露
39	西部信托	未披露	0	66789
40	中粮信托	未披露	0	未披露
41	长城新盛	未披露	0	未披露
42	浙商金汇	未披露	0	未披露
43	华信信托	未披露	未披露	65840
44	安信信托	未披露	未披露	未披露
45	新时代	未披露	未披露	未披露

续表

序号	公司简称	2021年	2020年	2019年
46	山东国信	未披露	未披露	未披露
47	华润信托	未披露	未披露	197388
48	雪松国信	未披露	未披露	未披露
49	国投信托	未披露	未披露	39673
50	重庆国信	未披露	未披露	155952
51	华能贵诚	未披露	未披露	未披露
52	金谷信托	未披露	未披露	未披露
53	大业信托	未披露	未披露	未披露
54	新华信托	未披露	未披露	89975
55	百瑞信托	未披露	未披露	37931
56	长安国信	未披露	未披露	45894
57	上海国信	未披露	未披露	314390
58	吉林信托	未披露	未披露	273053
59	东莞信托	未披露	未披露	58261
60	西藏信托	未披露	未披露	40253
61	山西信托	未披露	未披露	392842
62	光大信托	未披露	未披露	97372
63	苏州信托	未披露	未披露	36808
64	华融国信	未披露	未披露	未披露
65	粤财信托	未披露	未披露	未披露
66	中原信托	未披露	未披露	61216
67	中泰信托	未披露	未披露	104762
68	四川信托	未披露	未披露	未披露

表5-19　自营资产分布基础产业占比序列表(2021年)　(%)

序号	公司简称	2021年	2020年	2019年
1	中海信托	30.23	8.33	9.85
2	陆家嘴信托	18.50	10.57	0.00
3	万向信托	11.32	10.92	3.45
4	交银国信	10.48	13.78	6.63
5	爱建信托	10.47	14.90	21.44
6	国民信托	8.92	未披露	未披露
7	北方国信	8.77	1.11	1.21
8	建信信托	6.34	14.73	10.51
9	外贸信托	6.13	4.84	3.74

续表

序号	公司简称	2021年	2020年	2019年
10	华鑫信托	5.09	0.00	0.00
11	中信信托	4.00	12.00	16.00
12	华宸信托	3.13	4.43	3.50
13	天津信托	2.93	4.65	13.45
14	兴业信托	2.84	1.53	3.74
15	民生信托	2.75	1.72	10.11
16	昆仑信托	2.58	1.58	4.91
17	中诚信托	2.42	2.12	0.12
18	中航信托	1.87	2.30	3.92
19	厦门国信	1.41	0.00	0.00
20	华澳信托	0.71	2.83	9.24
21	江苏国信	0.69	0.00	0.00
22	渤海信托	0.22	0.29	0.20
23	中建投信托	0.13	0.31	1.69
24	中融信托	0.02	0.11	1.08
25	北京国信	0.00	2.62	2.81
26	英大信托	0.00	0.17	3.31
27	紫金信托	0.00	0.00	0.00
28	工商信托	0.00	0.00	0.00
29	云南国信	0.00	0.00	0.00
30	中铁信托	0.00	0.00	0.00
31	华宝信托	0.00	未披露	0.00
32	湖南信托	未披露	未披露	未披露
33	国元信托	未披露	25.74	20.86
34	国通信托	未披露	16.90	未披露
35	国联信托	未披露	15.70	0.00
36	五矿信托	未披露	11.62	0.00
37	陕西国信	未披露	10.22	未披露
38	平安信托	未披露	4.79	0.00
39	西部信托	未披露	0.00	0.00
40	中粮信托	未披露	0.00	0.00
41	长城新盛	未披露	0.00	0.00
42	浙商金汇	未披露	0.00	0.00
43	华信信托	未披露	未披露	0.00
44	安信信托	未披露	未披露	未披露

续表

序号	公司简称	2021 年	2020 年	2019 年
45	新时代	未披露	未披露	未披露
46	山东国信	未披露	未披露	未披露
47	华润信托	未披露	未披露	0.00
48	雪松国信	未披露	未披露	未披露
49	国投信托	未披露	未披露	未披露
50	重庆国信	未披露	未披露	0.00
51	华能贵诚	未披露	未披露	0.00
52	金谷信托	未披露	未披露	0.00
53	大业信托	未披露	未披露	未披露
54	新华信托	未披露	未披露	2.30
55	百瑞信托	未披露	未披露	0.00
56	长安国信	未披露	未披露	未披露
57	上海国信	未披露	未披露	0.00
58	吉林信托	未披露	未披露	0.00
59	东莞信托	未披露	未披露	未披露
60	西藏信托	未披露	未披露	0.00
61	山西信托	未披露	未披露	0.00
62	光大信托	未披露	未披露	未披露
63	苏州信托	未披露	未披露	0.00
64	华融国信	未披露	未披露	未披露
65	粤财信托	未披露	未披露	未披露
66	中原信托	未披露	未披露	未披露
67	中泰信托	未披露	未披露	未披露
68	四川信托	未披露	未披露	未披露

表 5-20　自营资产分布房地产业资产序列表(2021 年)　单位:万元

序号	公司简称	2021 年	2020 年	2019 年
1	民生信托	1118492	0	0
2	华润信托	856902	230167	631468
3	中诚信托	730848	887879	364762
4	平安信托	501083	592960	156086
5	交银国信	454320	720453	239092
6	兴业信托	437787	362709	106646
7	昆仑信托	399152	311786	329276
8	重庆国信	367705	92563	55847

续表

序号	公司简称	2021 年	2020 年	2019 年
9	中信信托	283467	395379	243767
10	中航信托	245214	110232	73706
11	爱建信托	243959	209336	481030
12	江苏国信	204479	0	0
13	万向信托	166147	112542	137310
14	外贸信托	158208	255719	215849
15	粤财信托	147705	未披露	未披露
16	华鑫信托	100037	0	0
17	北京国信	80125	126000	169998
18	百瑞信托	72134	93116	125262
19	金谷信托	61091	847	874
20	苏州信托	54792	55626	0
21	中建投信托	50003	91678	165755
22	长安国信	41460	34666	未披露
23	北方国信	30598	10482	12600
24	紫金信托	25000	0	0
25	工商信托	24333	14700	56700
26	中原信托	22933	未披露	未披露
27	天津信托	16085	7002	66847
28	厦门国信	15210	15210	0
29	国民信托	15042	未披露	未披露
30	建信信托	14603	155321	247062
31	中融信托	13319	150747	116859
32	华宸信托	10856	21426	22120
33	国联信托	2756	12245	4400
34	渤海信托	100	100	0
35	华宝信托	65	69	74
36	陆家嘴信托	0	36443	0
37	英大信托	0	0	0
38	云南国信	0	0	0
39	中铁信托	0	0	0
40	湖南信托	未披露	未披露	未披露
41	陕西国信	未披露	202668	未披露
42	国元信托	未披露	46607	47862
43	国通信托	未披露	0	未披露

续表

序号	公司简称	2021 年	2020 年	2019 年
44	五矿信托	未披露	0	0
45	西部信托	未披露	0	0
46	中粮信托	未披露	0	0
47	长城新盛	未披露	0	0
48	浙商金汇	未披露	0	0
49	华信信托	未披露	未披露	0
50	安信信托	未披露	未披露	未披露
51	新时代	未披露	未披露	未披露
52	山东国信	未披露	未披露	未披露
53	雪松国信	未披露	未披露	未披露
54	国投信托	未披露	未披露	未披露
55	华能贵诚	未披露	未披露	0
56	华澳信托	未披露	未披露	0
57	新华信托	未披露	未披露	323431
58	吉林信托	未披露	未披露	0
59	大业信托	未披露	未披露	未披露
60	光大信托	未披露	未披露	未披露
61	上海国信	未披露	未披露	0
62	中海信托	未披露	未披露	0
63	东莞信托	未披露	未披露	未披露
64	西藏信托	未披露	未披露	0
65	山西信托	未披露	未披露	0
66	华融国信	未披露	未披露	未披露
67	中泰信托	未披露	未披露	未披露
68	四川信托	未披露	未披露	未披露

表 5－21　　自营资产分布房地产业占比序列表（2021 年）　　（%）

序号	公司简称	2021 年	2020 年	2019 年
1	万向信托	34. 48	58. 10	31. 42
2	中诚信托	33. 66	41. 52	16. 18
3	华润信托	26. 71	8. 68	24. 72
4	交银国信	26. 35	39. 37	18. 54
5	昆仑信托	25. 14	21. 46	23. 96
6	爱建信托	22. 48	19. 61	47. 30
7	兴业信托	19. 30	17. 04	5. 85

续表

序号	公司简称	2021年	2020年	2019年
8	平安信托	15.52	25.86	5.31
9	中航信托	12.89	6.64	4.42
10	金谷信托	12.66	0.18	0.16
11	粤财信托	12.49	未披露	0.00
12	重庆国信	11.69	3.14	1.76
13	华宸信托	9.46	21.12	17.23
14	民生信托	9.16	0.00	0.00
15	苏州信托	8.15	9.07	0.00
16	中信信托	8.00	11.00	8.00
17	外贸信托	7.60	13.18	11.72
18	江苏国信	7.34	0.00	0.00
19	华鑫信托	6.72	0.00	0.00
20	百瑞信托	6.35	8.86	12.52
21	北方国信	4.72	1.79	2.34
22	北京国信	4.47	8.48	12.31
23	长安国信	4.42	3.11	0.00
24	工商信托	4.27	2.66	11.34
25	中建投信托	4.02	7.55	15.98
26	国民信托	3.90	未披露	未披露
27	紫金信托	2.96	0.00	0.00
28	中原信托	2.23	未披露	0.00
29	厦门国信	2.20	2.00	0.00
30	天津信托	1.60	0.78	8.28
31	建信信托	0.54	6.08	11.65
32	中融信托	0.41	5.28	4.23
33	国联信托	0.41	0.18	0.79
34	渤海信托	0.01	0.01	0.00
35	华宝信托	0.01	0.01	0.01
36	陆家嘴信托	0.00	3.86	0.00
37	英大信托	0.00	0.00	0.00
38	云南国信	0.00	0.00	0.00
39	中铁信托	0.00	0.00	0.00
40	湖南信托	未披露	未披露	未披露
41	国通信托	未披露	19.21	未披露
42	五矿信托	未披露	15.01	0.00

续表

序号	公司简称	2021 年	2020 年	2019 年
43	陕西国信	未披露	14.19	未披露
44	国元信托	未披露	5.29	6.36
45	西部信托	未披露	0.00	0.00
46	中粮信托	未披露	0.00	0.00
47	长城新盛	未披露	0.00	0.00
48	浙商金汇	未披露	0.00	0.00
49	华信信托	未披露	未披露	0.00
50	安信信托	未披露	未披露	未披露
51	新时代	未披露	未披露	未披露
52	山东国信	未披露	未披露	未披露
53	雪松国信	未披露	未披露	未披露
54	国投信托	未披露	未披露	0.00
55	华能贵诚	未披露	未披露	0.00
56	华澳信托	未披露	未披露	0.00
57	新华信托	未披露	未披露	43.96
58	大业信托	未披露	未披露	未披露
59	吉林信托	未披露	未披露	0.00
60	光大信托	未披露	未披露	0.00
61	上海国信	未披露	未披露	0.00
62	中海信托	未披露	未披露	0.00
63	东莞信托	未披露	未披露	0.00
64	西藏信托	未披露	未披露	0.00
65	山西信托	未披露	未披露	0.00
66	华融国信	未披露	未披露	未披露
67	中泰信托	未披露	未披露	0.00
68	四川信托	未披露	未披露	未披露

表 5－22　自营资产分布证券业资产序列表（2021 年）　单位：万元

序号	公司简称	2021 年	2020 年	2019 年
1	中信信托	1473059	364940	22249
2	民生信托	1408748	未披露	未披露
3	外贸信托	980157	612127	412324
4	中融信托	918668	1092762	999672
5	华能贵诚	708958	558355	280238
6	兴业信托	599664	384724	299052

续表

序号	公司简称	2021年	2020年	2019年
7	江苏国信	539599	25760	1769
8	上海国信	461670	346399	206848
9	五矿信托	444172	111276	119446
10	建信信托	443730	82469	38593
11	华鑫信托	357631	270905	208843
12	交银国信	350507	310869	514000
13	国投信托	346309	311699	143962
14	昆仑信托	331940	202662	188952
15	英大信托	324578	410213	199030
16	中航信托	309770	226786	71106
17	国通信托	292238	210814	未披露
18	重庆国信	258330	231563	207204
19	光大信托	240587	136263	11585
20	中诚信托	223873	19630	50755
21	长安国信	195519	393474	404108
22	百瑞信托	185005	34548	41063
23	中海信托	166163	134703	79768
24	华宝信托	148988	58189	57232
25	华润信托	125489	142828	5115
26	爱建信托	117447	95918	19006
27	紫金信托	116554	94963	47123
28	国民信托	109098	未披露	0
29	苏州信托	105898	89106	74427
30	东莞信托	100038	117983	76881
31	中铁信托	97130	138794	124779
32	天津信托	91282	65305	75709
33	云南国信	89600	25000	40000
34	厦门国信	76545	135175	73429
35	北方国信	73751	159135	70675
36	西藏信托	72161	60174	81389
37	西部信托	69402	347576	335920
38	浙商金汇	52550	63672	28369
39	中粮信托	39405	37614	0
40	陆家嘴信托	34878	16000	10863
41	中泰信托	31080	31518	38589

续表

序号	公司简称	2021 年	2020 年	2019 年
42	国联信托	24512	1963	26076
43	北京国信	20646	35111	46244
44	华宸信托	19510	4808	4128
45	万向信托	18880	167431	3810
46	粤财信托	9191	2857	9293
47	中原信托	6290	8253	0
48	华融国信	3473	未披露	16308
49	渤海信托	1524	1284	1951
50	工商信托	268	244	251
51	中建投信托	185	333	312
52	湖南信托	未披露	未披露	未披露
53	吉林信托	未披露	383766	395501
54	陕西国信	未披露	286210	未披露
55	国元信托	未披露	8124	13209
56	平安信托	未披露	0	0
57	长城新盛	未披露	0	0
58	新华信托	未披露	未披露	0
59	山西信托	未披露	未披露	9862
60	大业信托	未披露	未披露	未披露
61	四川信托	未披露	未披露	3064
62	金谷信托	未披露	未披露	0
63	华澳信托	未披露	未披露	0
64	山东国信	未披露	未披露	未披露
65	雪松国信	未披露	未披露	未披露
66	新时代	未披露	未披露	51670
67	安信信托	未披露	未披露	未披露
68	华信信托	未披露	未披露	329995

表 5－23　　自营资产分布证券业占比序列表（2021 年）　　（%）

序号	公司简称	2021 年	2020 年	2019 年
1	外贸信托	47.09	31.55	22.39
2	中信信托	40.00	10.00	1.00
3	国投信托	31.47	30.82	21.00
4	中海信托	29.97	19.15	11.23
5	国通信托	28.32	1.19	未披露

续表

序号	公司简称	2021年	2020年	2019年
6	国民信托	28.29	未披露	未披露
7	中融信托	28.08	38.26	36.20
8	英大信托	27.53	37.00	20.09
9	兴业信托	26.43	18.08	16.41
10	华能贵诚	24.87	20.34	11.48
11	华鑫信托	24.01	24.57	26.95
12	上海国信	22.67	17.73	11.27
13	昆仑信托	20.90	13.95	13.75
14	长安国信	20.87	35.25	39.20
15	交银国信	20.33	16.99	39.85
16	江苏国信	19.36	0.92	0.08
17	云南国信	18.47	5.97	11.15
18	华宸信托	16.99	4.74	3.21
19	建信信托	16.50	3.23	1.82
20	五矿信托	16.47	4.45	6.55
21	百瑞信托	16.29	3.29	4.11
22	中航信托	15.77	13.66	4.27
23	苏州信托	15.75	14.52	13.15
24	华宝信托	14.05	5.77	5.40
25	紫金信托	13.80	18.19	10.13
26	东莞信托	13.22	19.02	12.62
27	西藏信托	12.46	11.24	16.23
28	浙商金汇	11.64	23.64	11.34
29	民生信托	11.54	未披露	未披露
30	北方国信	11.37	27.21	13.13
31	光大信托	11.13	7.53	0.83
32	厦门国信	11.06	17.75	10.24
33	西部信托	10.92	51.01	52.66
34	爱建信托	10.82	8.99	1.87
35	中诚信托	10.31	0.92	2.25
36	天津信托	9.06	7.28	9.38
37	重庆国信	8.21	7.85	6.55
38	中铁信托	6.29	8.59	8.77
39	中泰信托	6.24	6.39	8.13
40	中粮信托	4.97	7.62	0.00

续表

序号	公司简称	2021 年	2020 年	2019 年
41	万向信托	3. 92	1. 56	0. 87
42	华润信托	3. 91	5. 39	0. 20
43	国联信托	3. 62	2. 81	4. 68
44	陆家嘴信托	2. 54	1. 69	1. 65
45	北京国信	1. 15	2. 36	3. 35
46	粤财信托	0. 78	0. 34	1. 23
47	中原信托	0. 61	0. 83	0. 00
48	华融国信	0. 26	未披露	未披露
49	渤海信托	0. 10	0. 08	0. 12
50	工商信托	0. 05	0. 04	0. 05
51	中建投信托	0. 01	0. 03	0. 02
52	湖南信托	未披露	未披露	未披露
53	吉林信托	未披露	52. 88	58. 92
54	陕西国信	未披露	20. 05	未披露
55	国元信托	未披露	0. 92	1. 75
56	平安信托	未披露	0. 00	0. 00
57	长城新盛	未披露	0. 00	0. 00
58	华信信托	未披露	未披露	26. 66
59	安信信托	未披露	未披露	未披露
60	新时代	未披露	未披露	未披露
61	雪松国信	未披露	未披露	未披露
62	四川信托	未披露	未披露	未披露
63	山东国信	未披露	未披露	未披露
64	华澳信托	未披露	未披露	0. 00
65	金谷信托	未披露	未披露	0. 00
66	山西信托	未披露	未披露	4. 11
67	大业信托	未披露	未披露	未披露
68	新华信托	未披露	未披露	0. 00

表 5 –24　　**自营资产分布实业资产序列表（2021 年）**　　单位：万元

序号	公司简称	2021 年	2020 年	2019 年
1	渤海信托	1214842	700485	1066062
2	北京国信	1011238	824416	661628
3	平安信托	460598	456422	443621
4	中融信托	256986	161604	90256

续表

序号	公司简称	2021年	2020年	2019年
5	长安国信	246717	205346	148247
6	建信信托	232429	186267	80902
7	昆仑信托	227550	229356	276724
8	华润信托	191863	101855	99
9	爱建信托	169923	195563	171892
10	重庆国信	147750	未披露	30020
11	中信信托	146885	216497	51750
12	百瑞信托	137591	307323	261860
13	厦门国信	114112	0	4875
14	金谷信托	106827	199	14224
15	西藏信托	101386	44350	25167
16	苏州信托	40240	30662	35734
17	天津信托	35000	15000	23228
18	中诚信托	33459	66181	36311
19	北方国信	21227	3546	33116
20	工商信托	20941	22250	16250
21	中海信托	20000	未披露	0
22	国联信托	18701	未披露	10318
23	华宸信托	11236	3621	3621
24	中原信托	9251	2851	2421
25	江苏国信	7361	0	0
26	光大信托	3292	4632	8858
27	紫金信托	0	0	0
28	英大信托	0	0	0
29	中铁信托	0	0	0
30	湖南信托	未披露	未披露	未披露
31	国元信托	未披露	42375	41500
32	陕西国信	未披露	9723	未披露
33	山西信托	未披露	800	1000
34	国通信托	未披露	0	未披露
35	西部信托	未披露	0	0
36	中粮信托	未披露	0	0
37	长城新盛	未披露	0	0
38	万向信托	未披露	0	122853
39	外贸信托	未披露	0	0

续表

序号	公司简称	2021 年	2020 年	2019 年
40	云南国信	未披露	0	0
41	浙商金汇	未披露	0	0
42	华信信托	未披露	未披露	0
43	国民信托	未披露	未披露	未披露
44	华宝信托	未披露	未披露	0
45	安信信托	未披露	未披露	未披露
46	新时代	未披露	未披露	未披露
47	山东国信	未披露	未披露	未披露
48	雪松国信	未披露	未披露	未披露
49	国投信托	未披露	未披露	未披露
50	华能贵诚	未披露	未披露	0
51	中航信托	未披露	未披露	346708
52	华澳信托	未披露	未披露	428734
53	五矿信托	未披露	未披露	未披露
54	华鑫信托	未披露	未披露	0
55	民生信托	未披露	未披露	961735
56	新华信托	未披露	未披露	0
57	兴业信托	未披露	未披露	4727
58	大业信托	未披露	未披露	未披露
59	中建投信托	未披露	未披露	0
60	上海国信	未披露	未披露	0
61	吉林信托	未披露	未披露	未披露
62	东莞信托	未披露	未披露	未披露
63	华融国信	未披露	未披露	未披露
64	粤财信托	未披露	未披露	未披露
65	中泰信托	未披露	未披露	0
66	交银国信	未披露	未披露	未披露
67	陆家嘴信托	未披露	未披露	0
68	四川信托	未披露	未披露	未披露

表 5－25　　自营资产分布实业占比序列表(2021 年)　　(%)

序号	公司简称	2021 年	2020 年	2019 年
1	渤海信托	75. 86	45. 32	67. 39
2	北京国信	56. 46	55. 49	47. 90
3	长安国信	26. 33	18. 39	14. 38

续表

序号	公司简称	2021 年	2020 年	2019 年
4	金谷信托	22.13	0.04	2.69
5	西藏信托	17.50	8.29	5.02
6	厦门国信	16.48	0.00	0.68
7	爱建信托	15.66	18.32	16.90
8	昆仑信托	14.33	15.79	20.14
9	平安信托	14.26	28.60	15.09
10	百瑞信托	12.12	29.24	26.18
11	华宸信托	9.79	3.57	2.82
12	建信信托	8.64	7.29	3.82
13	中融信托	7.85	5.66	3.27
14	苏州信托	5.98	5.00	6.31
15	华润信托	5.98	3.84	0.00
16	重庆国信	4.70	未披露	0.95
17	中信信托	4.00	6.00	2.00
18	工商信托	3.68	4.03	3.25
19	中海信托	3.61	未披露	0.00
20	天津信托	3.47	1.67	2.88
21	北方国信	3.27	0.61	6.15
22	国联信托	2.76	未披露	1.85
23	中诚信托	1.54	3.09	1.61
24	中原信托	0.90	0.29	0.23
25	光大信托	0.15	0.26	0.63
26	紫金信托	0.00	0.00	0.00
27	外贸信托	0.00	0.00	0.00
28	江苏国信	0.00	0.00	0.00
29	英大信托	0.00	0.00	0.00
30	中铁信托	0.00	0.00	0.00
31	湖南信托	未披露	未披露	未披露
32	国通信托	未披露	25.43	未披露
33	国元信托	未披露	4.81	5.51
34	陕西国信	未披露	0.68	未披露
35	山西信托	未披露	0.32	0.42
36	西部信托	未披露	0.00	0.00
37	中粮信托	未披露	0.00	0.00
38	长城新盛	未披露	0.00	0.00

续表

序号	公司简称	2021 年	2020 年	2019 年
39	万向信托	未披露	0.00	28.11
40	云南国信	未披露	0.00	0.00
41	浙商金汇	未披露	0.00	0.00
42	华信信托	未披露	未披露	0.00
43	国民信托	未披露	未披露	0.00
44	华宝信托	未披露	未披露	0.00
45	安信信托	未披露	未披露	未披露
46	新时代	未披露	未披露	未披露
47	山东国信	未披露	未披露	未披露
48	雪松国信	未披露	未披露	未披露
49	国投信托	未披露	未披露	0.00
50	华能贵诚	未披露	未披露	0.00
51	中航信托	未披露	未披露	20.80
52	华澳信托	未披露	未披露	79.25
53	五矿信托	未披露	未披露	未披露
54	华鑫信托	未披露	未披露	0.00
55	民生信托	未披露	未披露	67.72
56	新华信托	未披露	未披露	0.00
57	大业信托	未披露	未披露	未披露
58	兴业信托	未披露	未披露	0.26
59	中建投信托	未披露	未披露	0.00
60	上海国信	未披露	未披露	0.00
61	吉林信托	未披露	未披露	0.00
62	东莞信托	未披露	未披露	0.00
63	华融国信	未披露	未披露	未披露
64	粤财信托	未披露	未披露	0.00
65	中泰信托	未披露	未披露	0.00
66	交银国信	未披露	未披露	0.00
67	陆家嘴信托	未披露	未披露	0.00
68	四川信托	未披露	未披露	未披露

表 5-26　　自营长期投资序列表(2021 年)　　单位:万元

序号	公司简称	2021 年	2020 年	2019 年
1	民生信托	1882772	0	未披露
2	江苏国信	1756544	1508692	1404077

续表

序号	公司简称	2021年	2020年	2019年
3	华润信托	1751443	1612997	1335465
4	建信信托	1081005	795080	646008
5	重庆国信	866992	833421	811272
6	平安信托	673499	274646	943570
7	中诚信托	498533	477507	480300
8	国联信托	447738	212203	354360
9	兴业信托	404516	404516	404516
10	中信信托	395281	325365	307865
11	粤财信托	282972	249444	228493
12	中原信托	256292	236684	230470
13	中融信托	233829	226964	220980
14	中泰信托	224196	215658	204930
15	天津信托	222559	214932	182464
16	中铁信托	180589	220291	385258
17	上海国信	150604	150330	150583
18	厦门国信	123399	113768	104275
19	外贸信托	112062	103236	92715
20	华宝信托	83414	83248	81021
21	紫金信托	58458	52404	1471
22	山西信托	52190	61763	68003
23	中海信托	48054	265580	304878
24	长安国信	30498	28483	32869
25	华能贵诚	20000	20000	20000
26	国投信托	18693	20223	16489
27	百瑞信托	11454	22841	20575
28	北京国信	9684	9729	6459
29	中建投信托	7216	7180	75130
30	北方国信	5418	39807	39457
31	工商信托	5000	5000	5000
32	爱建信托	3906	3969	4129
33	昆仑信托	2519	2378	3114
34	中粮信托	2510	2510	2510
35	华宸信托	262	242	565
36	交银国信	105	605	643
37	华融国信	0	未披露	1319

续表

序号	公司简称	2021 年	2020 年	2019 年
38	英大信托	0	0	0
39	东莞信托	0	12471	11731
40	西藏信托	0	0	0
41	陕西国信	未披露	未披露	未披露
42	五矿信托	未披露	1259122	未披露
43	光大信托	未披露	未披露	未披露
44	中航信托	未披露	未披露	39000
45	财信信托	未披露	未披露	未披露
46	渤海信托	未披露	未披露	0
47	华鑫信托	未披露	未披露	未披露
48	陆家嘴信托	未披露	未披露	0
49	国通信托	未披露	1518055	未披露
50	大业信托	未披露	未披露	未披露
51	苏州信托	未披露	12921	13087
52	西部信托	未披露	未披露	未披露
53	华澳信托	未披露	未披露	0
54	云南国信	未披露	0	未披露
55	金谷信托	未披露	未披露	0
56	万向信托	未披露	1147340	未披露
57	浙商金汇	未披露	0	0
58	国民信托	未披露	未披露	0
59	长城新盛	未披露	0	0
60	新华信托	未披露	未披露	36706
61	华信信托	未披露	未披露	264907
62	吉林信托	未披露	19552	19552
63	安信信托	未披露	未披露	未披露
64	新时代	未披露	未披露	未披露
65	山东国信	未披露	未披露	未披露
66	国元信托	未披露	423349	340587
67	雪松国信	未披露	未披露	未披露
68	四川信托	未披露	未披露	84453

第六章　公司收入结构分析

第一节 信托公司营业收入

一、营业收入的历史分析

从本报告掌握的2021年的年报披露情况来看，有61家信托公司公布了营业收入与营业利润情况。

2021年，信托行业共实现营业收入1113亿余元，平均每家信托公司营业收入为18.24亿元，比2020年下降了0.97亿元，下降比例为5.05%。自2004年以来，信托公司的营业收入在2007年的上升幅度最大，上升了21694万元，上升比率为158.76%；在2018年下跌幅度最大，下跌了14048万元，下跌比例为8.44%。

2007年，单个信托公司较高的营业收入为259269万元，之后，年高点在2008年降为200481万元，2009年则小幅回升为207486万元，2010年继续上升为238640万元。2015年出现了历史最高的营业收入，达到1029044万元。中信信托2016年、2017年、2018年和2019年的营业收入分别为564900万元、574951万元、614467万元和637797万元。虽然比2015年的最高点有较大幅度的下降，但也保持了不俗的业绩。2021年中信信托营业收入达到671959万元。

信托公司营业收入的变异系数在2007年上升到最大，为1.42，然后逐渐下降，到2011年下降为1.03，2012年为0.86，2013年为0.82，2014年为0.85，2015年提高至0.99，2016年又降到0.82，2017年继续下降至0.77，2018年又小幅回升至0.78，2019年小幅回落至0.77，2020年上升至0.82，这表明2020年各信托公司营业收入差距有小幅扩大的现象，2021年该差距继续扩大至0.84（见表6－1）。

表6-1　　2017—2021年信托公司营业收入统计分析表

项目	2017年	2018年	2019年	2020年	2021年
平均值(万元)	166508	152460	174802	192131	182430
均值增长额度(万元)	7482	-14048	22342	17329	-9701
增长幅度(%)	4.70	-8.44	14.65	9.91	-5.05
公司数目(家)	67	68	67	62	61
最大值(万元)	602539	614467	637797	707270	671959
最小值(万元)	4568	5171	-47932	-129729	-109063
标准差(万元)	128902	119124	134531	157714	152888
变异系数	0.77	0.78	0.77	0.82	0.84

二、营业收入的公司分析

从营业收入排名来看,2021年,营业收入排名前5的信托公司为:中信信托(671959万元)、光大兴陇(620373万元)、华能贵诚(602308万元)、中融信托(490349万元)和五矿信托(459663万元)(见表6-2)。

同时,可以发现,2009年营业收入达到5亿元以上的公司只有12家,而2010年则增长到16家,2011年增加到27家,2012年达到47家,2013年达到56家,2014年达到57家,2015年达到63家,2016年为58家,2017年为61家。2018年这一指标有所回落,为58家,2019年为59家,2020年为55家,2021年与2020年持平。

表6-2　　营业收入序列表(2021年)　　单位:万元

序号	公司简称	2021年	2020年	2019年
1	中信信托	671959	707270	637797
2	光大兴陇	620373	563042	418549
3	华能贵诚	602308	602981	504618
4	中融信托	490349	456396	451862
5	五矿信托	459663	516352	415665
6	华润信托	436918	383668	307407
7	建信信托	362093	283564	319606
8	中航信托	348680	376462	357158
9	外贸信托	334383	308938	278873
10	平安信托	312702	546091	467860
11	上海国信	279808	311687	267115
12	江苏国信	252219	256268	323543

续表

序号	公司简称	2021 年	2020 年	2019 年
13	重庆国信	247030	312459	334261
14	陆家嘴信托	241729	193616	144145
15	中诚信托	233199	239987	235493
16	爱建信托	222560	238182	255832
17	长安国信	217988	328834	269239
18	国投泰康	208641	182443	155772
19	粤财信托	199459	150169	121262
20	华鑫信托	195326	166827	128197
21	陕西国信	195134	208120	174212
22	英大信托	190849	211749	152792
23	交银国信	190276	208593	184593
24	北京国信	182852	165362	171293
25	兴业信托	178704	274871	298299
26	山东国信	177870	230563	188667
27	华宝信托	177550	144717	147752
28	中铁信托	160243	199012	182570
29	百瑞信托	154131	192083	161701
30	中建投信托	151667	224889	239548
31	万向信托	146006	156712	141451
32	华融国信	145852	-262532	80494
33	厦门国信	145593	139380	97713
34	昆仑信托	142156	205987	193887
35	紫金信托	141342	116517	110325
36	渤海信托	136666	229699	292411
37	国通信托	125503	124021	—
38	财信信托	120787	135602	86944
39	中粮信托	118790	78268	51419
40	中原信托	107073	83307	96845
41	苏州信托	97873	101425	79531
42	天津信托	94612	97806	84265
43	中海信托	93640	67557	112372
44	云南国信	90221	74589	88412
45	西藏信托	88013	82527	79624
46	华澳信托	82769	103681	99363
47	北方国信	82166	112752	77448

续表

序号	公司简称	2021年	2020年	2019年
48	西部信托	80227	80363	69739
49	东莞信托	74385	116099	109918
50	国民信托	67991	58065	231097
51	工商信托	66886	111043	107793
52	金谷信托	65938	45402	51747
53	大业信托	55991	50368	48304
54	国联信托	55412	59441	108267
55	浙商金汇	53326	50963	55468
56	中泰信托	18244	35402	27021
57	山西信托	16385	20991	24979
58	安信信托	12994	-129729	-47932
59	长城新盛	9788	-5152	39019
60	华宸信托	3995	14411	420
61	民生信托	-109063	198097	231097
62	四川信托	未披露	未披露	232301
63	华信信托	未披露	未披露	57276
64	新时代	未披露	未披露	42011
65	中江国信	未披露	未披露	—
66	新华信托	未披露	未披露	17142
67	国元信托	未披露	86472	68492
68	吉林信托	未披露	24853	52873

营业收入增长序列见表6-3。

表6-3　　营业收入增长序列表(2021年)　　单位:万元

序号	公司简称	2021年	2020年	2019年
1	华融国信	408384	-343026	38975
2	安信信托	142722	-81796	-60969
3	建信信托	78529	-36042	25882
4	光大兴陇	57331	144494	205624
5	华润信托	53250	76261	68653
6	粤财信托	49291	28907	26250
7	陆家嘴信托	48113	49472	32184
8	中粮信托	40521	26849	-3371
9	中融信托	33953	4533	-6516

续表

序号	公司简称	2021 年	2020 年	2019 年
10	华宝信托	32833	-3035	-17206
11	华鑫信托	28499	38629	24790
12	国投泰康	26198	26671	47420
13	中海信托	26082	-44815	-8117
14	外贸信托	25444	30065	-20903
15	紫金信托	24825	6193	29893
16	中原信托	23766	-13538	-21665
17	金谷信托	20536	-6345	568
18	北京国信	17490	-5931	15555
19	云南国信	15632	-13823	20487
20	长城新盛	14939	-44171	-6039
21	国民信托	9926	-173033	143646
22	厦门国信	6213	41667	17523
23	大业信托	5623	2064	-29607
24	西藏信托	5486	2902	31334
25	浙商金汇	2363	-4506	-18600
26	国通信托	1482	124021	-129067
27	西部信托	-136	10624	9865
28	华能贵诚	-673	98363	156879
29	天津信托	-3194	13542	-32231
30	苏州信托	-3552	21894	26787
31	国联信托	-4029	-48826	78121
32	江苏国信	-4049	-67275	96524
33	山西信托	-4607	-3987	-6931
34	中诚信托	-6788	4493	1532
35	华宸信托	-10416	13991	-4777
36	万向信托	-10707	15261	39640
37	陕西国信	-12986	33908	71479
38	财信信托	-14815	48658	-38633
39	爱建信托	-15622	-17650	52931
40	中泰信托	-17158	8380	-1748
41	交银国信	-18317	23999	14646
42	英大信托	-20900	58957	39634
43	华澳信托	-20912	4318	25584
44	中航信托	-27782	19304	17152

续表

序号	公司简称	2021年	2020年	2019年
45	北方国信	-30586	35304	14897
46	上海国信	-31879	44572	26718
47	中信信托	-35311	69473	23330
48	百瑞信托	-37952	30382	145083
49	中铁信托	-38769	16442	-101011
50	东莞信托	-41714	6181	18073
51	工商信托	-44157	3250	7219
52	山东国信	-52693	41896	19216
53	五矿信托	-56689	100687	122337
54	昆仑信托	-63831	12100	43217
55	重庆国信	-65429	-21802	13303
56	中建投信托	-73221	-14660	50268
57	渤海信托	-93033	-62712	93919
58	兴业信托	-96166	-23428	60216
59	长安国信	-110846	59595	58247
60	平安信托	-233389	78231	-29925
61	民生信托	-307160	-33000	-8566
62	四川信托	未披露	未披露	9106
63	华信信托	未披露	未披露	-57289
64	新时代	未披露	未披露	-29433
65	中江国信	未披露	未披露	-35028
66	新华信托	未披露	未披露	-34769
67	国元信托	未披露	17981	10736
68	吉林信托	未披露	-28020	-3090

营业收入增幅序列见表6-4。

表6-4　　营业收入增幅序列表(2021年)　　(%)

序号	公司简称	2021年	2020年	2019年
1	长城新盛	289.98	857.38	-15.48
2	华融国信	155.56	-426.15	48.42
3	安信信托	110.02	63.05	127.20
4	中粮信托	51.77	34.30	-6.56
5	金谷信托	45.23	-13.97	1.10
6	中海信托	38.61	-66.34	-7.22

续表

序号	公司简称	2021 年	2020 年	2019 年
7	粤财信托	32. 82	19. 25	21. 65
8	中原信托	28. 53	-16. 25	-22. 37
9	建信信托	27. 69	-12. 71	8. 10
10	陆家嘴信托	24. 85	25. 55	22. 33
11	华宝信托	22. 69	-2. 10	-11. 65
12	紫金信托	21. 31	5. 31	27. 10
13	云南国信	20. 96	-18. 53	23. 17
14	国民信托	17. 09	-298. 00	62. 16
15	华鑫信托	17. 08	23. 16	19. 34
16	国投泰康	14. 36	14. 62	30. 44
17	华润信托	13. 88	19. 88	22. 33
18	大业信托	11. 16	4. 10	-61. 29
19	北京国信	10. 58	-3. 59	9. 08
20	光大兴陇	10. 18	25. 66	49. 13
21	外贸信托	8. 24	9. 73	-7. 50
22	中融信托	7. 44	0. 99	-1. 44
23	西藏信托	6. 65	3. 52	39. 35
24	浙商金汇	4. 64	-8. 84	-33. 53
25	厦门国信	4. 46	29. 89	17. 93
26	国通信托	1. 19	100. 00	—
27	华能贵诚	-0. 11	16. 31	31. 09
28	西部信托	-0. 17	13. 22	14. 15
29	江苏国信	-1. 58	-26. 25	29. 83
30	中诚信托	-2. 83	1. 87	0. 65
31	天津信托	-3. 27	13. 85	-38. 25
32	苏州信托	-3. 50	21. 59	33. 68
33	中信信托	-4. 99	9. 82	3. 66
34	陕西国信	-6. 24	16. 29	41. 03
35	爱建信托	-6. 56	-7. 41	20. 69
36	国联信托	-6. 78	-82. 14	72. 16
37	万向信托	-6. 83	9. 74	28. 02
38	中航信托	-7. 38	5. 13	4. 80
39	交银国信	-8. 78	11. 51	7. 93
40	英大信托	-9. 87	27. 84	25. 94
41	上海国信	-10. 23	14. 30	10. 00

续表

序号	公司简称	2021年	2020年	2019年
42	财信信托	-10.93	35.88	-44.43
43	五矿信托	-10.98	19.50	29.43
44	中铁信托	-19.48	8.26	-55.33
45	百瑞信托	-19.76	15.82	89.72
46	华澳信托	-20.17	4.16	25.75
47	重庆国信	-20.94	-6.98	3.98
48	山西信托	-21.95	-19.00	-27.75
49	山东国信	-22.85	18.17	10.19
50	北方国信	-27.13	31.31	19.23
51	昆仑信托	-30.99	5.87	22.29
52	中建投信托	-32.56	-6.52	20.98
53	长安国信	-33.71	18.12	21.63
54	兴业信托	-34.99	-8.52	20.19
55	东莞信托	-35.93	5.32	16.44
56	工商信托	-39.77	2.93	6.70
57	渤海信托	-40.50	-27.30	32.12
58	平安信托	-42.74	14.33	-6.40
59	中泰信托	-48.47	23.67	-6.47
60	华宸信托	-72.28	97.09	-1137.98
61	民生信托	-155.06	-16.66	-3.71
62	四川信托	未披露	未披露	3.92
63	华信信托	未披露	未披露	-100.02
64	新时代	未披露	未披露	-70.06
65	中江国信	未披露	未披露	—
66	新华信托	未披露	未披露	-202.82
67	国元信托	未披露	20.79	15.68
68	吉林信托	未披露	-112.74	-5.84

第二节　信托公司利润总额与净利润

一、利润总额与净利润的历史分析

2021年，信托行业共实现利润603亿元，平均每家信托公司利润总额为9.9亿元，比2020年上升了5.26%。自2004年以来，信托公司的利润总额在2007年的上升幅度最大，上升了26759万元，上升比例为273.66%；在2008年下跌幅度最大，下跌了10392万元，下跌比例为28.81%。

信托公司平均利润总额在2014—2017年连续四年持续上升，其中，2014年上升幅度最大，达到15.26%。2018年出现了近5年内的首次下跌，2019年虽然出现增长，但增长幅度较小。2020年出现大幅下跌，这显示2020年在疫情等多重因素的影响下，整个信托市场的盈利状况不容乐观。2021年该指标转正。

2004年以来，信托公司利润总额在2004年差异度最大，变异系数为1.49，2005年和2006年两年变异系数下降之后，2007年变异系数增长为1.29，之后逐年下降，在2011年达到0.97，在2012年达到0.86，2013年达到0.84，2014年降至历史最低值0.82，2015年小幅上升至0.86，2016年与2015年持平，2017年小幅下降至0.85，2018年则大幅回升至1.05，2019年上升至1.23，2020年上升至1.45，2021年下降至1.34（见表6－5）。

表6－5　　2017—2021年信托公司利润总额统计分析表

项目	2017年	2018年	2019年	2020年	2021年
平均值（万元）	119994	102265	106884	93946	98884
均值增长额度（万元）	5622	－17729	4619	－12938	4938
增长幅度（%）	4.92	－14.77	4.52	－12.10	5.26
公司数目（家）	67	68	67	62	61
利润总额为负的公司数（家）	0	2	4	3	4
最大值（万元）	487421	481998	451426	503574	500287
最小值（万元）	7325	－244250	－523897	－728803	－465183
标准差（万元）	102384	107515	131013	152011	132361
变异系数	0.85	1.05	1.23	1.45	1.34

图6－1描述的是2017—2021年信托公司平均利润总额与净利润的相关参数比较。从图6－1中可以看出，2017—2021年净利润与利润总额在绝对值上的差距逐年增大，2021年继续出现小幅扩大。利润总额及净利润相关指标描述性统计见表6－6至表6－11。

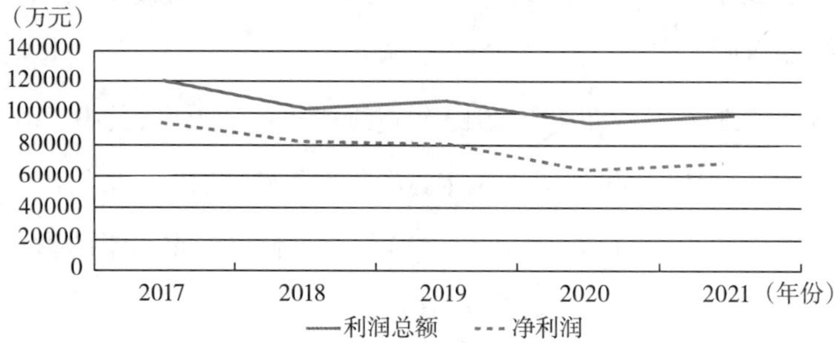

图6－1　2017—2021年信托公司平均利润总额与净利润比较

表6－6　　利润总额序列表(2021年)　　单位：万元

序号	公司简称	2021年	2020年	2019年
1	华能贵诚	500287	503574	418785
2	华润信托	375175	314008	344450
3	中信信托	365288	293378	451426
4	五矿信托	313380	370307	280114
5	建信信托	294793	219723	253945
6	江苏国信	225317	220998	295003
7	中航信托	220986	261469	256323
8	外贸信托	212981	184077	235195
9	陆家嘴信托	211645	153877	86142
10	光大兴陇	208783	350929	278196
11	重庆国信	204026	308878	345163
12	平安信托	200590	382387	345118
13	上海国信	181258	203086	192712
14	国投泰康	163444	139754	121822
15	粤财信托	163232	113103	98042
16	中融信托	160972	143988	200555
17	英大信托	160398	163829	129822
18	交银国信	150677	154785	149871
19	华鑫信托	149422	113960	85977
20	北京国信	146112	129376	116069
21	爱建信托	130324	161480	165528
22	华宝信托	127347	102848	95420
23	百瑞信托	111766	147637	141021
24	紫金信托	104351	80119	71388
25	中诚信托	101150	103138	109678

续表

序号	公司简称	2021 年	2020 年	2019 年
26	陕西国信	97742	91807	76025
27	中铁信托	96641	132727	110368
28	财信信托	95489	85801	32613
29	厦门国信	91918	83173	70874
30	万向信托	91539	83832	95054
31	中粮信托	79250	40182	16810
32	苏州信托	78224	69387	61165
33	国通信托	75275	60983	—
34	长安国信	72302	72612	69140
35	华融国信	64125	-572482	-30665
36	天津信托	62581	52469	63951
37	西部信托	57546	56943	44719
38	西藏信托	53730	48631	55524
39	云南国信	50694	42122	53361
40	中原信托	49421	41712	54361
41	国联信托	48374	53298	111703
42	山东国信	46514	73297	87784
43	昆仑信托	44106	165815	132731
44	华澳信托	43586	56849	40981
45	北方国信	43585	39553	32967
46	工商信托	43279	82384	79442
47	中建投信托	38634	72789	118380
48	国民信托	36094	29498	121985
49	浙商金汇	25392	14260	14094
50	金谷信托	16009	15448	7201
51	大业信托	15647	14795	14308
52	兴业信托	15603	153887	162004
53	东莞信托	11019	68252	66269
54	渤海信托	7703	5152	148927
55	中泰信托	6051	23415	13807
56	华宸信托	3940	2891	-7698
57	山西信托	1722	4618	2915
58	长城新盛	-1289	-8536	30647
59	安信信托	-109190	-728804	-523897
60	中海信托	-139849	51656	91680

续表

序号	公司简称	2021年	2020年	2019年
61	民生信托	-465183	-50696	121985
62	四川信托	未披露	未披露	69516
63	华信信托	未披露	未披露	-23622
64	新时代	未披露	未披露	19385
65	中江国信	未披露	未披露	—
66	新华信托	未披露	未披露	1780
67	国元信托	未披露	67229	54190
68	吉林信托	未披露	957	23841

表6-7　利润总额增长序列表(2021年)　单位:万元

序号	公司简称	2021年	2020年	2019年
1	华融国信	636607	-541817	-39929
2	安信信托	619613	-204906	-283598
3	建信信托	75070	-34222	—
4	中信信托	71910	-158049	-30572
5	华润信托	61167	-30442	88258
6	陆家嘴信托	57767	67736	80286
7	粤财信托	50129	15061	18647
8	中粮信托	39067	23372	10964
9	华鑫信托	35462	27983	5615
10	外贸信托	28904	-51118	-20405
11	华宝信托	24499	7428	-26408
12	紫金信托	24233	8730	10354
13	国投泰康	23690	17932	38442
14	中融信托	16985	-56568	-14783
15	北京国信	16736	13307	7579
16	国通信托	14292	60983	-87478
17	浙商金汇	11132	166	-6629
18	天津信托	10112	-11482	3271
19	财信信托	9689	53188	-80539
20	苏州信托	8838	8222	13768
21	厦门国信	8745	12299	6828
22	云南国信	8572	-11239	14758
23	中原信托	7709	-12649	-5615
24	万向信托	7707	-11222	27119

续表

序号	公司简称	2021 年	2020 年	2019 年
25	长城新盛	7247	-39183	-2469
26	国民信托	6596	-92486	105708
27	陕西国信	5935	15782	33513
28	西藏信托	5100	-6893	25532
29	江苏国信	4319	-74005	77858
30	北方国信	4031	6587	—
31	渤海信托	2551	-143776	13373
32	华宸信托	1050	10589	8419
33	大业信托	852	487	-6534
34	西部信托	602	12224	1774
35	金谷信托	561	8247	-15767
36	长安国信	-311	3472	21560
37	中诚信托	-1988	-6540	-22509
38	山西信托	-2896	1702	2099
39	华能贵诚	-3288	84790	99676
40	英大信托	-3431	34007	52963
41	交银国信	-4108	4914	11690
42	国联信托	-4924	-58405	86736
43	华澳信托	-13263	15868	-13829
44	中泰信托	-17365	9609	-1807
45	上海国信	-21828	10374	32101
46	山东国信	-26783	-14486	-24901
47	爱建信托	-31155	-4048	16458
48	中建投信托	-34156	-45591	-2335
49	百瑞信托	-35871	6617	1437
50	中铁信托	-36086	22359	-60899
51	工商信托	-39105	2942	6534
52	中航信托	-40483	5145	11548
53	五矿信托	-56927	90194	51622
54	东莞信托	-57233	1984	4605
55	重庆国信	-104853	-36285	17049
56	昆仑信托	-121710	33084	3802
57	兴业信托	-138284	-8118	23406
58	光大兴陇	-142146	72733	129746
59	平安信托	-181797	37269	-50129

续表

序号	公司简称	2021年	2020年	2019年
60	中海信托	-191505	-40024	-107838
61	民生信托	-414487	-172680	-26507
62	四川信托	未披露	未披露	-28842
63	华信信托	未披露	未披露	-127764
64	新时代	未披露	未披露	-28478
65	中江国信	未披露	未披露	-10727
66	新华信托	未披露	未披露	-5416
67	国元信托	未披露	13039	8303
68	吉林信托	未披露	-22884	-22733

表6-8　利润总额增幅序列表(2021年)　(%)

序号	公司简称	2021年	2020年	2019年
1	中粮信托	97.22	58.16	65.22
2	安信信托	85.02	28.12	54.13
3	长城新盛	84.90	459.04	-8.06
4	浙商金汇	78.06	1.17	-47.03
5	渤海信托	49.53	-2790.92	8.98
6	粤财信托	44.32	13.32	19.02
7	陆家嘴信托	37.54	44.02	93.20
8	华宸信托	36.31	366.29	-109.37
9	建信信托	34.17	-15.58	未披露
10	华鑫信托	31.12	24.55	6.53
11	紫金信托	30.25	10.90	14.50
12	中信信托	24.51	-53.87	-6.77
13	华宝信托	23.82	7.22	-27.68
14	国通信托	23.44	100.00	未披露
15	国民信托	22.36	-313.53	86.66
16	云南国信	20.35	-26.68	27.66
17	华润信托	19.48	-9.69	25.62
18	天津信托	19.27	-21.88	5.11
19	中原信托	18.48	-30.32	-10.33
20	国投泰康	16.95	12.83	31.56
21	外贸信托	15.70	-27.77	-8.68
22	北京国信	12.94	10.29	6.53
23	苏州信托	12.74	11.85	22.51

续表

序号	公司简称	2021 年	2020 年	2019 年
24	中融信托	11. 80	-39. 29	-7. 37
25	财信信托	11. 29	61. 99	-246. 96
26	厦门国信	10. 51	14. 79	9. 63
27	西藏信托	10. 49	-14. 18	45. 98
28	北方国信	10. 19	16. 65	未披露
29	万向信托	9. 19	-13. 39	28. 53
30	陕西国信	6. 46	17. 19	44. 08
31	大业信托	5. 76	3. 29	-45. 67
32	金谷信托	3. 63	53. 39	-218. 95
33	江苏国信	1. 95	-33. 49	26. 39
34	西部信托	1. 06	21. 47	3. 97
35	长安国信	-0. 43	4. 78	31. 18
36	华能贵诚	-0. 65	16. 84	23. 80
37	中诚信托	-1. 93	-6. 34	-20. 52
38	英大信托	-2. 09	20. 76	40. 80
39	交银国信	-2. 65	3. 17	7. 80
40	国联信托	-9. 24	-109. 58	77. 65
41	上海国信	-10. 75	5. 11	16. 66
42	五矿信托	-15. 37	24. 36	18. 43
43	中航信托	-15. 48	1. 97	4. 51
44	爱建信托	-19. 29	-2. 51	9. 94
45	华澳信托	-23. 33	27. 91	-33. 75
46	百瑞信托	-24. 30	4. 48	1. 02
47	中铁信托	-27. 19	16. 85	-55. 18
48	重庆国信	-33. 95	-11. 75	4. 94
49	山东国信	-36. 54	-19. 76	-28. 37
50	光大兴陇	-40. 51	20. 73	46. 64
51	中建投信托	-46. 92	-62. 63	-1. 97
52	工商信托	-47. 47	3. 57	8. 22
53	平安信托	-47. 54	9. 75	-14. 53
54	山西信托	-62. 71	36. 87	71. 98
55	昆仑信托	-73. 40	19. 95	2. 86
56	中泰信托	-74. 16	41. 04	-13. 09
57	东莞信托	-83. 86	2. 91	6. 95
58	兴业信托	-89. 86	-5. 28	14. 45

续表

序号	公司简称	2021年	2020年	2019年
59	华融国信	-111.20	-1766.90	130.21
60	中海信托	-370.73	-77.48	-117.62
61	民生信托	-817.60	340.62	-21.73
62	四川信托	未披露	未披露	-41.49
63	华信信托	未披露	未披露	540.86
64	新时代	未披露	未披露	-146.91
65	中江国信	未披露	未披露	未披露
66	新华信托	未披露	未披露	-304.28
67	国元信托	未披露	19.39	15.32
68	吉林信托	未披露	-2392.14	-95.35

表6-9　　净利润总额序列表(2021年)　　单位:万元

序号	公司简称	2021年	2020年	2019年
1	华能贵诚	379049	379683	315793
2	华润信托	331125	274141	288667
3	中信信托	278216	203297	340085
4	五矿信托	236227	278376	210462
5	建信信托	220205	165629	189786
6	江苏国信	203969	194414	241852
7	中航信托	167887	198078	193934
8	重庆国信	166732	244898	273755
9	外贸信托	164311	142062	179105
10	陆家嘴信托	158623	115247	43570
11	光大兴陇	155967	261144	207769
12	粤财信托	148340	100561	83800
13	上海国信	142240	156603	150601
14	中融信托	128002	114009	157408
15	国投泰康	123560	106194	91931
16	英大信托	123394	124297	98825
17	华鑫信托	113362	80348	65426
18	交银国信	113128	116629	112635
19	北京国信	110823	99351	87378
20	中诚信托	102894	97337	96732
21	平安信托	101223	308477	265155
22	爱建信托	97533	121079	123786

续表

序号	公司简称	2021 年	2020 年	2019 年
23	华宝信托	85895	77607	76559
24	百瑞信托	84016	112291	109283
25	紫金信托	79332	58010	53215
26	中铁信托	77202	100592	83676
27	陕西国信	73222	68569	58153
28	厦门国信	71652	59584	54251
29	财信信托	71387	65102	24550
30	万向信托	70024	65602	69831
31	中粮信托	59201	30077	12619
32	苏州信托	58998	52607	46568
33	国通信托	56437	45217	—
34	天津信托	54735	50485	57815
35	长安国信	53992	53596	51457
36	华融国信	49953	-571897	-41227
37	西藏信托	47224	42800	49161
38	山东国信	46852	62782	66391
39	西部信托	43652	42473	34224
40	国联信托	43625	45807	90342
41	云南国信	38023	31951	40325
42	昆仑信托	34311	126251	99136
43	中原信托	32851	31328	41152
44	北方国信	32770	29856	24546
45	华澳信托	32614	42445	30618
46	工商信托	32473	61808	59798
47	中建投信托	28954	54383	88800
48	国民信托	27136	22501	90447
49	浙商金汇	18956	10648	10476
50	兴业信托	16676	116371	121698
51	金谷信托	11891	11511	5251
52	大业信托	11753	11151	10742
53	中泰信托	8635	21599	12941
54	东莞信托	7697	51618	50081
55	渤海信托	5257	1755	111587
56	华宸信托	3075	2252	-6054
57	山西信托	2683	1804	3047

续表

序号	公司简称	2021年	2020年	2019年
58	长城新盛	-4312	-9821	23061
59	安信信托	-112944	-673044	-397121
60	中海信托	-157415	30000	73918
61	民生信托	-350384	-38923	90447
62	四川信托	未披露	未披露	52138
63	华信信托	未披露	未披露	-15245
64	新时代	未披露	未披露	14965
65	中江国信	未披露	未披露	—
66	新华信托	未披露	未披露	1559
67	国元信托	未披露	55114	44054
68	吉林信托	未披露	3242	20535

表6-10　净利润增长序列表(2021年)　单位:万元

序号	公司简称	2021年	2020年	2019年
1	华融国信	621849	-530669	-46617
2	安信信托	560100	-275923	-217681
3	中信信托	74919	-136788	-25965
4	华润信托	56984	-14526	74615
5	建信信托	54577	-24157	8127
6	粤财信托	47780	16761	15738
7	陆家嘴信托	43376	71676	0
8	华鑫信托	33014	14922	5547
9	中粮信托	29125	17457	7840
10	外贸信托	22249	-37043	-15509
11	紫金信托	21322	4795	8451
12	国投泰康	17366	14263	29138
13	中融信托	13993	-43399	-10638
14	厦门国信	12068	5333	6623
15	北京国信	11472	11973	5707
16	国通信托	11220	45217	-65179
17	江苏国信	9555	-47438	56111
18	浙商金汇	8308	173	-4967
19	华宝信托	8287	1048	-18335
20	苏州信托	6390	6040	10369
21	财信信托	6286	40551	-75527

续表

序号	公司简称	2021 年	2020 年	2019 年
22	云南国信	6072	-8374	10754
23	中诚信托	5557	605	-16494
24	长城新盛	5510	-32882	-1458
25	陕西国信	4653	10416	26205
26	国民信托	4635	-67946	78544
27	西藏信托	4424	-6361	21804
28	万向信托	4422	-4229	19282
29	天津信托	4249	-7330	-604
30	渤海信托	3502	-109832	9924
31	北方国信	2914	5310	-17399
32	中原信托	1524	-9824	-337
33	西部信托	1179	8249	1388
34	山西信托	879	-1242	1942
35	华宸信托	824	8305	5870
36	大业信托	603	409	-4984
37	长安国信	396	2139	15844
38	金谷信托	380	6260	-11934
39	华能贵诚	-634	63890	75020
40	英大信托	-903	25472	37984
41	国联信托	-2182	-44535	70559
42	交银国信	-3501	3994	8587
43	华澳信托	-9831	11828	-10424
44	中泰信托	-12964	8658	-1472
45	上海国信	-14363	6002	17094
46	山东国信	-15930	-3609	-20834
47	中铁信托	-23390	16916	-47159
48	爱建信托	-23546	-2707	12258
49	中建投信托	-25429	-34418	-2783
50	百瑞信托	-28275	3009	3122
51	工商信托	-29335	2010	5175
52	中航信托	-30191	4144	9104
53	五矿信托	-42149	67914	38467
54	东莞信托	-43921	1537	3672
55	重庆国信	-78167	-28856	15363
56	昆仑信托	-91939	27115	1332

续表

序号	公司简称	2021 年	2020 年	2019 年
57	兴业信托	-99695	-5328	16090
58	光大兴陇	-105177	53375	96103
59	中海信托	-187415	-43918	-85490
60	平安信托	-207254	43323	-52271
61	民生信托	-311461	-129370	-20351
62	四川信托	未披露	未披露	-21872
63	华信信托	未披露	未披露	-95924
64	新时代	未披露	未披露	-22285
65	中江国信	未披露	未披露	-7757
66	新华信托	未披露	未披露	-4289
67	国元信托	未披露	11060	7224
68	吉林信托	未披露	-17293	-17161

表 6-11　　净利润增幅序列表(2021 年)　　(%)

序号	公司简称	2021 年	2020 年	2019 年
1	渤海信托	199.58	-6259.37	9.76
2	华融国信	108.73	-1287.18	-864.86
3	中粮信托	96.83	58.04	164.03
4	安信信托	83.22	41.00	121.31
5	浙商金汇	78.02	1.62	-32.17
6	长城新盛	56.10	334.81	-5.95
7	山西信托	48.69	-68.86	175.73
8	粤财信托	47.51	16.67	23.12
9	华鑫信托	41.09	18.57	9.26
10	陆家嘴信托	37.64	62.19	0.00
11	中信信托	36.85	-67.28	-7.09
12	紫金信托	36.76	8.27	18.88
13	华宸信托	36.57	368.86	-49.23
14	建信信托	32.95	-14.59	4.47
15	国通信托	24.81	100.00	-100.00
16	华润信托	20.79	-5.30	34.86
17	国民信托	20.60	-301.96	659.86
18	厦门国信	20.25	8.95	13.91
19	云南国信	19.00	-26.21	36.37
20	国投泰康	16.35	13.43	46.40

续表

序号	公司简称	2021年	2020年	2019年
21	外贸信托	15.66	-26.08	-7.97
22	中融信托	12.27	-38.07	-6.33
23	苏州信托	12.15	11.48	28.64
24	北京国信	11.55	12.05	6.99
25	华宝信托	10.68	1.35	-19.32
26	西藏信托	10.34	-14.86	79.70
27	北方国信	9.76	17.79	-41.48
28	财信信托	9.66	62.29	-75.47
29	天津信托	8.42	-14.52	-1.03
30	陕西国信	6.79	15.19	82.03
31	万向信托	6.74	-6.45	38.14
32	中诚信托	5.71	0.62	-14.57
33	大业信托	5.40	3.67	-31.69
34	江苏国信	4.91	-24.40	30.21
35	中原信托	4.86	-31.36	-0.81
36	金谷信托	3.30	54.38	-69.44
37	西部信托	2.78	19.42	4.23
38	长安国信	0.74	3.99	44.49
39	华能贵诚	-0.17	16.83	31.16
40	英大信托	-0.73	20.49	62.43
41	交银国信	-3.00	3.42	8.25
42	国联信托	-4.76	-97.22	356.66
43	上海国信	-9.17	3.83	12.80
44	五矿信托	-15.14	24.40	22.37
45	中航信托	-15.24	2.09	4.93
46	爱建信托	-19.45	-2.24	10.99
47	华澳信托	-23.16	27.87	-25.40
48	中铁信托	-23.25	16.82	-36.04
49	百瑞信托	-25.18	2.68	2.94
50	山东国信	-25.37	-5.75	-23.89
51	重庆国信	-31.92	-11.78	5.95
52	光大兴陇	-40.28	20.44	86.06
53	中建投信托	-46.76	-63.29	-3.04
54	工商信托	-47.46	3.25	9.47
55	中泰信托	-60.02	40.08	-10.22

续表

序号	公司简称	2021 年	2020 年	2019 年
56	平安信托	-67.19	14.04	-16.47
57	昆仑信托	-72.82	21.48	1.36
58	东莞信托	-85.09	2.98	7.91
59	兴业信托	-85.67	-4.58	15.24
60	中海信托	-624.72	-146.39	-53.63
61	民生信托	-800.19	332.37	-18.37
62	四川信托	未披露	未披露	-29.55
63	华信信托	未披露	未披露	-118.90
64	新时代	未披露	未披露	-59.83
65	中江国信	未披露	未披露	-100.00
66	新华信托	未披露	未披露	-73.34
67	国元信托	未披露	20.07	19.61
68	吉林信托	未披露	-533.38	-45.53

二、利润总额与净利润的公司分析

从利润总额排名来看,2021 年,利润总额排名前 5 的信托公司为华能贵诚(500287 万元)、华润信托(375175 万元)、中信信托(365288 万元)、五矿信托(313380 万元)以及建信信托(294793 万元)。

同时,2011 年利润总额超过 5 亿元的信托公司为 20 家,2012 年为 35 家,2013 年为 42 家,2014 年为 46 家,2015 年为 49 家,2016 年为 51 家,2017 年为 52 家,2018 年则小幅下降至 44 家,2019 年回升至 49 家,2020 年为 48 家,2021 年下降至 39 家。

从利润总额增长率来看,2021 年,利润总额增长率排名前 5 的公司为中粮信托(97.22%)、安信信托(85.02%)、长城新盛(84.90%)、浙商金汇(78.06%)以及渤海信托(49.53%)。另外,2021 年,有 26 家公司的利润总额出现下滑,比 2020 年的 22 家增加了 4 家。

从信托公司净利润水平来看,自 2018 年全行业净利润出现了近年来(2013—2018 年)的首次下跌后,2019 年净利润继续小幅下跌,而 2020 年净利润则出现大幅下跌,在 2021 年有较明显回升。2021 年全行业披露净利润的 61 家公司中,有 30 家信托公司的净利润超过了行业平均值(6.79 亿元),占比达 49.18%。2021 年净利润排名前 5 位的信托公司分别为华能贵诚(379049 万元)、华润信托(331125 万元)、中信信托(278216 万元)、五矿信托(236227 万元)以及建信信托(220205 万元)。

第三节　信托业务收入

一、信托业务收入总规模的历史对比

2021 年,有 61 家公司披露了信托业务收入。2021 年,平均每家信托公司信托业务收入为 134985 万元。2014 年以来,信托公司的信托业务收入在 2014 年的上升比例最大,达到了 9.83%,在 2018 年下跌幅度最大,下跌了 4.18%(见表 6-12)。

表 6-12　　2017—2021 年信托公司信托业务收入统计分析表

项目	2017 年	2018 年	2019 年	2020 年	2021 年
平均值(万元)	118151	113207	122533	136913	134985
均值增长额度(万元)	9544	-4944	9326	14380	-1928
平均增长率(%)	8.79	-4.18	8.24	11.74	-1.41
公司数目(家)	67	68	67	62	61
最大值(万元)	531038	545001	478848	578607	569436
最小值(万元)	2761	908.32	431	459	468
标准差(万元)	99327	91732	105585	123695	132281
变异系数	0.84	0.81	0.86	0.90	0.98

二、信托业务收入的公司分析

从信托业务收入排名来看,2021 年信托业务收入前 5 名信托公司为:光大兴陇(569436 万元)、中信信托(564200 万元)、华能贵诚(492025 万元)、五矿信托(452382 万元)以及中融信托(445210 万元)(见表 6-13)。

同时,可以发现,2013 年信托业务收入达到 1 亿元以上的和 10 亿元以上的公司分别有 66 家和 19 家,2014 年分别为 64 家和 25 家,2015 年分别为 67 家和 26 家,2016 年分别为 65 家和 26 家,2017 年分别为 66 家和 29 家,2018 年分别为 67 家和 27 家,2019 年分别为 65 家和 31 家,2020 年分别为 60 家和 30 家,2021 年分别为 58 家和 29 家。

表6-13　　信托业务收入规模序列表(2021年)　　单位:万元

序号	公司简称	2021年	2020年	2019年
1	光大兴陇	569436	479033	374475
2	中信信托	564200	578608	478848
3	华能贵诚	492025	382332	317505
4	五矿信托	452382	375430	352710
5	中融信托	445210	444248	409795
6	中航信托	395002	382856	358565
7	平安信托	324408	433468	353055
8	建信信托	322236	281691	237506
9	英大信托	211965	169852	112268
10	外贸信托	199349	181653	160328
11	爱建信托	193871	173143	206192
12	长安国信	178570	217458	198354
13	陆家嘴信托	177760	137599	109687
14	渤海信托	175041	185684	211283
15	华润信托	160256	166706	132027
16	中铁信托	159822	153582	116162
17	上海国信	144723	170023	185139
18	重庆国信	142673	175234	201062
19	华鑫信托	131734	121137	92751
20	交银国信	130736	131867	130852
21	中建投信托	129592	169391	191148
22	中诚信托	129269	117425	136383
23	陕西国信	125772	126663	94452
24	万向信托	124048	138719	127942
25	华宝信托	119782	88362	97664
26	北京国信	112282	123396	112408
27	兴业信托	109920	195472	248617
28	百瑞信托	109538	95891	113518
29	国投泰康	108755	105427	103374
30	紫金信托	97227	85573	76852
31	中粮信托	96428	79870	34750
32	国通信托	96382	99015	—
33	民生信托	92358	136320	138326
34	中原信托	90782	61853	69200
35	厦门国信	86787	85727	58113

续表

序号	公司简称	2021 年	2020 年	2019 年
36	江苏国信	84994	105349	115298
37	山东国信	82973	1152419	103777
38	财信信托	79824	73872	65109
39	西部信托	76655	72312	65097
40	北方国信	73503	54498	64508
41	云南国信	72863	59647	61736
42	昆仑信托	72341	97571	102293
43	苏州信托	70661	77873	54909
44	粤财信托	66603	60151	56707
45	东莞信托	66275	81831	87567
46	中海信托	62524	68624	67143
47	国民信托	60735	49111	54872
48	工商信托	56913	84466	72577
49	金谷信托	56302	38876	26335
50	华澳信托	55188	49093	51496
51	天津信托	51913	44224	33477
52	西藏信托	51774	42795	51158
53	浙商金汇	50543	68959	73003
54	大业信托	44358	48387	47380
55	国联信托	22122	25092	23881
56	安信信托	22031	24133	36805
57	山西信托	19462	16472	18233
58	华融国信	17881	未披露	58624
59	中泰信托	6660	7188	6001
60	长城新盛	6130	13781	35562
61	华宸信托	468	459	431
62	新华信托	未披露	未披露	22079
63	华信信托	未披露	未披露	33799
64	吉林信托	未披露	20249	20096
65	新时代	未披露	未披露	31507
66	国元信托	未披露	37700	37561
67	中江国信	未披露	未披露	未披露
68	四川信托	未披露	未披露	191520

第七章　风控与资产质量分析

风险管控是金融机构的生命线和核心竞争力。信托业的发展与风险管控息息相关。2021 年,中国经济总量突破 110 万亿元,达 114.4 万亿元,比上年增长 8.1%。中国的供给侧结构性改革继续推进,保持平稳健康发展势头,居民财富不断累积,刺激了投资需求。同时货币新政、金融监管新政、资管新政等金融政策的出台,意味着监管标准趋同,信托业转型持续深入,信托成为居民有效配置资产的重要途径。同时,ICO、区块链从年初的高歌猛进、鱼龙混杂到国内几近销声匿迹;第三方支付备付金监管全面落地,监管频开巨额罚单,制度红利不断削弱,信用风险持续显现。

第一节 净资本

净资本管理既能控制“小马拉大车”无意中出现的管理能力与风控能力不相匹配的问题,也能防止个别公司为追逐眼前利益而恶意“违规超载”的现象,更有引导信托公司尽快实现从“广种薄收”“以量取胜”片面追求规模的粗放式经营模式向“精耕细作”、提升业务科技含量和产品附加值内涵的经营模式升级转型的深层考量和战略意图。动荡多变环境下获取竞争优势、进行风险管控的关键是建立以净资本管理为核心的业务发展模式和管理体系。

2021 年全部的 68 家信托公司中披露净资本值的有 60 家,披露净资产值的有 62 家。2021 年详细披露固有业务风险资本和信托业务风险资本的有 20 家,较 2020 年增加了 1 家,不到全部 68 家信托公司的一半。55 家企业披露了各项业务风险资本之和,与 2020 年持平,显然,2021 年信托公司略微增加了固有业务风险资本和信托业务风险资本的披露,同时维持了在各项业务风险资本之和方面的披露。

在合规内容方面,《信托公司净资本管理办法》明确规定信托公司净资本不得低于 2 亿元。对于这一规定,目前披露净资本值的 60 家公司中尚有 1 家企业未达标,其值为

-596086.45万元。其中最高的是华能贵诚(227.67 亿元),第二位为中信信托(221 亿元)。披露公司的平均净资本值为83.73 亿元,较2020 年增加6.07%。

监管法规规定净资本不得低于各项风险资本之和的100%,不得低于净资产的40%。对于这两项指标,披露的61 家公司中除华融国信、安信信托、光大兴陇以及民生信托外,其余信托公司均达标,信托公司各项业务的风险资本有相应的净资本做支撑。其中,中泰信托和华宸信托净资本分别是风险资本之和的769.2%、721.85%,分列第1、第2 位,净资本占净资产比重最高的是华能贵诚(89.36%),其次是紫金信托(88.71%)(见表7-1)。

表7-1　　2021 年与2020 年净资本相关指标排名

排名	净资本前三名(2021 年)	净资本前三名(2020 年)	净资本/各项业务风险资本之和前三名(2021 年)	净资本/各项业务风险资本之和前三名(2020 年)	净资本/净资产前三名(2021 年)	净资本/净资产前三名(2020 年)
第1 名	华能贵诚(2276679 万元)	重庆国信(2276409 万元)	中泰信托(769.2%)	长城新盛(770.08%)	华能贵诚(89.36%)	国联信托(90.79%)
第2 名	中信信托(2210000 万元)	中信信托(2200000 万元)	华宸信托(721.85%)	华宸信托(728.64%)	紫金信托(88.71%)	光大兴陇(89.94%)
第3 名	平安信托(2208073 万元)	五矿信托(1976600 万元)	长城新盛(664.58%)	中泰信托(622.50%)	云南国信(88%)	五矿信托(87.97%)

第二节　自营业务不良资产

从整体来看,2021 年信托公司固有业务风险持续显露。自营业务平均不良资产规模及不良资产总体规模较2020 年大幅上升,这可能主要基于三方面原因:一是房地产及相关行业发生深刻变化;二是经济转型促进不良资产出清;三是严监管常态化。

结合后文不良资产规模分布可以看出,61 家信托公司中有59 家存在不良资产,高于2020 年。与上一年度相比不良资产规模缩减的有29 家,较2020 年增加9 家。总体而言,2021 年信托自营业务不良资产大幅降低,资产质量上升,经营风险减小。2021 年变异系数为0.80,反映了公司间差异较上年有所减小(见表7-2)。

表 7－2　　2016—2021 年自营业务不良资产规模的统计分析表

项目	2016 年	2017 年	2018 年	2019 年	2020 年	2021 年
合计(万元)	4881071	1123717	1510983	4044565	4996752	60501525
平均值(万元)	76267	17558	27472	67002	81914	991828
平均值增长幅度(万元)	65296	－58709	9914	39350	14912	909914
平均值增长率(%)	595.17	－76.98	56.46	143.89	22.26	1110.82
公司数目(家)	68	68	68	68	63	61
不良资产缩减的公司数(家)	23	20	17	11	20	29
最大值(万元)	2257675	136579	166271	795001	950558	3249536
最小值(万元)	0	0	0	0	0	0
标准差(万元)	294249	31757	38921	133227	160516	797626
变异系数	3.86	1.81	1.42	2.08	1.96	0.80

从不良资产率来看,2021 年 68 家公司平均不良资产率为 10.80%,较上一年度大幅提高。29 家公司的不良资产率低于上一年度。不良资产率降低有两方面原因:一是与不良资产处置、核销有关;二是可能与增资有关。因为不良资产率为不良资产除以信用风险资产得到,固有资产增加后,相当于做大分母。2021 年不良资产率的公司间差异为 1.61(见表 7－3)。总体来看,2021 年信托公司自营业务不良资产率较上年上升,一定程度上提高了经营风险,其中安信信托、民生信托、万向信托不良资产率较高。

表 7－3　　2016—2021 年自营业务不良资产率的统计分析表

项目	2016 年	2017 年	2018 年	2019 年	2020 年	2021 年
平均值(%)	4.13	2.70	3.81	8.15	9.51	10.80
平均值增长幅度(百分点)	1.42	－1.43	1.11	4.34	1.36	1.29
公司数目(家)	68	68	68	68	68	68
不良资产率缩减的公司数(家)	21	22	22	15	23	29
最大值(%)	31.35	14.57	32.67	82.40	98.47	99.07
最小值(%)	0.00	0.00	0.00	0.00	0.00	0.00
标准差(%)	6.77	3.91	0.06	0.14	16.49	17.36
变异系数	1.64	1.45	0.02	0.02	1.73	1.61

从不良资产规模的分布区间来看,2021 年亿元及以上不良资产公司为 59 家(占全部信托公司数的 96.72%),较 2020 年增加 16 家(见表 7－4)。亿元及以上不良资产公司产生了 100% 的信托行业不良资产,监管对象和风控重点应集中在这 59 家公司,还有 7 家公司没有披露不良资产,应引起关注。

表7-4　　自营业务不良资产规模分布

不良资产规模区间	亿元及以上区间	0~亿元区间	0元	总计
2021年公司数目（占比）	59家（96.72%）	0家（0）	2家（3.28%）	61家
2020年公司数目（占比）	43家（68.25%）	10家（15.87%）	10家（15.87%）	63家
2021年不良资产规模合计（占比）	60501524.57万元（100%）	0	0	60501525万元
2020年不良资产规模合计（占比）	4968075.16万元（99.43%）	28676.63万元（0.57%）	0	4996752万元

从信托公司不良资产规模增幅来看，2021年不良资产规模缩减最多的是渤海信托，其次是中信信托和中粮信托。不良资产率缩减最大的是中粮信托，其次是渤海信托和英大信托（见表7-5）。

表7-5　　自营业务不良资产缩减排名前5的信托公司

排名	不良资产规模缩减前5名（2021年）	不良资产规模缩减前5名（2020年）	不良资产率缩减前5名（2021年）	不良资产率缩减前5名（2020年）
第1名	渤海信托（-135130万元）	兴业信托（-103565万元）	中粮信托（-21.53%）	浙商金汇（-18.86%）
第2名	中信信托（-133149万元）	华宝信托（-53871万元）	渤海信托（-7.94%）	华宝信托（-6.64%）
第3名	中粮信托（-98777万元）	华润信托（-52300万元）	英大信托（-5.82%）	山西信托（-6.57%）
第4名	安信信托（-97202万元）	浙商金汇（-51467万元）	昆仑信托（-5.06%）	中粮信托（-5.76%）
第5名	英大信托（-67346万元）	陕西国信（-50650万元）	华宸信托（-4.91%）	兴业信托（-5.72%）

从不良资产的构成来看，按照银保监会要求，我国信托公司资产质量实行五级分类管理，次级、可疑和损失类资产即不良资产直接反映了信托公司资产的质量和安全程度。2021年信托公司正常类资产平均为100.72亿元，占全部资产的83.51%，而次级、可疑和损失类不良资产总计9.75亿元，占资产总额的8.08%（见表7-6）。

表 7－6　　2021 年信托公司资产类别　　单位：万元

资产类别	正常	关注	次级	可疑	损失	不良资产合计
合计	60432917	6080243	2702522	1705467	1443107	5851097
平均	1007215	101337	45042	28424	24052	97518
占比（%）	83.51	8.40	3.73	2.35	1.99	8.08

第八章　人力资源分析

第一节 人力资源基本情况

2021 年信托行业从业人员总数为 19806 人,较上一年减少 1.51%,增速上升 4.55 个百分点。信托行业人员总数略有减少,同时信托行业在金融机构中属从业人员较少的行业。具体在披露的 61 家公司中,27 家公司出现人员递增的情况,较 2020 年减少 7 家。2021 年信托行业人员的变异系数为 0.55,各公司间人员差距仍然存在但呈逐步缩小趋势(见表 8-1)。信托行业近几年快速发展带来的良好发展平台和较高的薪酬水平,吸引了大量高学历人才(包括博士、硕士两个层次)的加入。9 家公司高学历人员占比 70% 以上,46 家公司高学历人员占比 50% 以上,18 家公司高学历人员规模超过 200 人。

表 8-1　　2016—2021 年信托公司从业人员规模的统计分析表

项目	2016 年	2017 年	2018 年	2019 年	2020 年	2021 年
总数(人)	18393	19766	20243	21408	20110	19806
平均值(人)	271	295	298	324	324	324
平均值增长幅度(人)	13	24	3	26	0	0
平均值增长率(%)	5.04	8.86	-0.875	8.72	0	0
公司数目(家)	68	68	68	68	57	61
从业人员增加的公司数(家)	47	57	56	51	34	27
最大值(人)	1939	1974	808	945	948	889
最小值(人)	76	74	80	88	81	72
标准差(人)	253.84	255	161.21	191.36	186.58	180.22
变异系数	0.94	0.86	0.54	0.59	0.58	0.55

信托公司主要是从业人员规模在 1000 人以下的中小型公司,2021 年规模排名前 3 的公司为光大兴陇、平安信托和长安国信(见表 8-2)。2021 年信托从业人员增幅排名前 3 的公司为平安信托、山东国信和天津信托(见表 8-3),高质量人员的流入也为这些

公司业绩增长带来了一定支撑。

表 8－2　　2018—2021 年从业人员规模排名前 3 的信托公司

排名	2021 年	2020 年	2019 年	2018 年
第 1 名	光大兴陇（889 人）	长安国信（948 人）	光大兴陇（945 人）	中融信托（808 人）
第 2 名	平安信托（872 人）	光大兴陇（868 人）	长安国信（872 人）	四川信托（734 人）
第 3 名	长安国信（746 人）	中信信托（752 人）	四川信托（792 人）	长安信托（719 人）

注:括号内数值为从业人员规模。

表 8－3　　2018—2021 年从业人员规模增幅排名前 3 的信托公司

排名	2021 年	2020 年	2019 年	2018 年
第 1 名	平安信托（190 人）	平安信托（219 人）	光大兴陇（454 人）	光大兴陇（182 人）
第 2 名	山东国信（115 人）	五矿信托（88 人）	长安国信（153 人）	安信信托（168 人）
第 3 名	天津信托（92 人）	长安国信（76 人）	东莞信托（142 人）	五矿信托（125 人）

注:括号内数值为从业人员规模增幅。

从披露的信托公司从业人员年龄来看,已披露的 10 家公司中,平均年龄为 37.13 岁,与 2020 年相比有所上涨。从业人员最大年龄为 41.16 岁,最小年龄 35 岁,行业内分布几乎不存在差异化(见表 8－4)。

表 8－4　　2016—2021 年信托公司从业人员年龄的统计分析表

项目	2016 年	2017 年	2018 年	2019 年	2020 年	2021 年
平均值(岁)	35.36	35.54	35.67	35.79	36	37.13
平均值增长幅度(岁)	0.36	0.18	0.13	0.12	0.21	1.13
平均值增长率(%)	1.03	0.51	0.36	0.34	0.59	3.13
公司数目(家)	16	12	11	13	11	10
最大值(岁)	40.92	41.97	42.73	41.86	40.83	41.16
最小值(岁)	30.47	33	33.4	33.2	34.2	35
标准差(岁)	2.62	2.07	2.63	2.10	1.65	1.35
变异系数	0.07	0.08	0.07	0.06	0.05	0.04

2021 年披露信息的公司中,平均年龄最小的是百瑞信托,为 35 岁,各年度从业人员

平均年龄变化不大(见表8-5)。

表8-5　　2018—2021年从业人员年龄最小的前3名信托公司

排名	2021年	2020年	2019年	2018年
第1名	百瑞信托 (35.0岁)	上海信托 (34.2岁)	大业信托 (33.2岁)	上海信托 (33.4岁)
第2名	浙商金汇 (36.0岁)	百瑞信托 (35.0岁)	上海信托 (33.9岁)	兴业信托 (34.0岁)
第3名	北京国信 (36.0岁)	北京国信 (35岁)	浙商金汇 (35.0岁)	浙商金汇 (34.0岁)

注:括号内数值为从业人员年龄。

第二节　人力资源岗位分布

一、人力资源岗位总体分布

从2021年披露情况来看,在信托公司人员岗位分布中,高管人员平均人数为9人,占比为2.26%,自营人员平均为8人,占比为2.95%,信托业务人员平均173人,占比为52.02%,其余为其他人员(见表8-6)。其中,信托与自营业务人员的变异系数最大,公司间差异较大。高管人数最多的是重庆国信(25人),人数最少的为长城新盛(2人);自营人员人数最多的为光大兴陇(28人),中融信托人数最少(1人);平安信托的信托业务人员达到657人,居行业首位。回归信托本源,顺应监管要求,需要信托公司首先从人才队伍建设上满足信托主业的需求;其次才是开展自营业务创新,取得平衡发展。

表8-6　　2021年信托公司从业人员岗位分布的统计分析表

项目	高管	自营	信托
平均值(人)	9	8	173
占比(%)	2.26	2.95	52.02
公司数目(家)	60	54	58
最大值(人)	25	28	657
最小值(人)	2	1	26
标准差(人)	4.24	5.87	126.06
变异系数	0.43	0.73	0.73

二、信托业务人员分布

信托业务人员是信托公司的主力。从2016—2021年信托业务人员的统计分析来看,2021年信托业务人员的平均人数为173人,较上年有所上升,占全部从业人员比重下降了0.91个百分点(见表8-7)。信托人员的行业内分布不均现象仍然明显,公司间差异较大。

表8-7　　2016—2021年信托公司信托业务人员的统计分析表

项目	2016年	2017年	2018年	2019年	2020年	2021年
平均值(人)	157	157	170	180	171	173
占比(%)	57.97	53.22	57.34	55.58	52.92	52.01
占比增幅(百分点)	10.9	-4.75	4.12	-1.76	-2.66	-0.91
最大值(人)	974	974	743	722	643	657
最小值(人)	26	26	24	24	27	26
标准差(人)	156.85	154.85	127.64	146.85	121.82	126.06
变异系数	0.99	0.99	0.75	0.81	0.71	0.73

三、高学历信托业务人员分布

2016—2021年高学历人员(包括硕士和博士两个层次)数量总体呈上升趋势,其中大多数企业2021年高学历人员占比超过了50%。此外,2021年与2020年相比,标准差与变异系数均有所上升,表明2021年各公司间高学历人员分布差异性提升(见表8-8)。

表8-8　　2016—2021年高学历信托公司从业人员统计分析表

项目		2016年	2017年	2018年	2019年	2020年	2021年
披露公司数目(家)		68	67	68	66	62	58
高学历	平均值(人)	134	150	160	178	185	173
	占比(%)	49.38	52.51	52.84	55.13	56.82	52.01
	占比增长幅度(百分点)	1.53	3.13	0.33	2.29	1.69	-4.81
	最大值(人)	607	571	477	585	548	657
	最小值(人)	30	27	19	36	36	26
	标准差(人)	101.67	384.67	97.26	113.98	115.93	126.06
	变异系数	0.76	2.56	0.61	0.64	0.62	0.72

综合博士和硕士高学历人员,2021年光大兴陇占据高学历规模第1名位置,百瑞信

托占据高学历占比第 1 名位置（见表 8－9）。

表 8－9　　2020—2021 年人力资源高学历分布排名前 3 的信托公司

排名	2021 年		2020 年	
	高学历规模（人）	高学历占比（%）	高学历规模（人）	高学历占比（%）
第 1 名	光大兴陇（573）	百瑞信托（86.0）	中信信托（548）	百瑞信托（86.40）
第 2 名	平安信托（518）	北京国信（77.8）	光大兴陇（542）	山东国信（77.87）
第 3 名	中信信托（511）	英大信托（76.19）	长安国信（465）	北京国信（76.39）

光大兴陇、平安信托两家公司研究生人数都超过 500 人，持续优化形成高学历人才结构。行业头部公司打造长期人才战略，不断加大人才培训力度；持续推动创新业务发展，员工激励机制逐步完善；同时人力资源管理数字化进程加快。

可以看出，随着信托行业转型迈入深水区，无论是标品、股权还是财富方面，信托公司都离不开对人才结构的持续优化，人才和队伍将扮演至关重要的角色。尤其在资管新规落实后，信托公司纷纷开启净值化转型和非标转标的进程，搭建涵盖固收、权益、另类等大类资产以及跨越国内外多市场的全方位产品体系，人才队伍建设是重中之重。

第九章　公司治理结构分析

第一节　信托公司股权结构分析

根据第一大股东持股信息数据(见表9-1),2021年68家信托公司中有63家信托公司对各大股东的持股比例进行了披露,与2020年相比有所增加。从2021年各大公司的披露数据来看,我国信托公司的股权结构依然呈现高度集中的特征,主要表现为:第一大股东股权比例在90%及以上的公司为12家,与2020年和2019年数据相同;持股比例在80%~90%的公司为9家,与2020年数量保持一致,比2019年多1家;持股比例在70%~80%的公司为12家,比2020年、2019年均多3家;持股比例在60%~70%的公司为6家,与2020年、2019年相比减少了3家;持股比例在50%~60%的公司为10家,比2020年增加1家,比2019年减少2家。总体来看,在所调查的68家信托公司中,2021年第一大股东持股比例在50%以上即达到绝对控股地位的有49家,比2020年增加1家、比2019年减少1家,而持股比例在50%以下的只有14家(见表9-2)。综观2019—2021年第一大股东持股情况,我们可以看出第一大股东持股比例一直居高不下,且呈增长趋势,绝对控股股东的持股比例也一直很高,保持在70%以上,且总体维持均衡状态。

表9-1　　第一大股东持股信息

序号	公司简称	第一大股东名称	持股比例(%)
1	中诚信托	中国人民保险集团股份有限公司	32.92
2	新华信托	未披露	未披露
3	华信信托	未披露	未披露
4	上海信托	上海浦东发展银行股份有限公司	97.33
5	中海信托	中国海洋石油集团有限公司	95.00
6	平安信托	中国平安保险(集团)股份有限公司	99.88

续表

序号	公司简称	第一大股东名称	持股比例(%)
7	厦门国信	厦门金圆金控股份有限公司	80.00
8	吉林信托	吉林省财政厅	97.50
9	东莞信托	东莞金融控股集团有限公司	60.83
10	西藏信托	西藏自治区财政厅	89.43
11	山西信托	山西金融投资控股集团有限公司	90.70
12	光大信托	中国光大集团股份公司	51.00
13	中融信托	经纬纺织机械股份有限公司	37.47
14	中信信托	中国中信有限公司	82.26
15	苏州信托	苏州国际发展集团有限公司	70.01
16	外贸信托	中化资本有限公司	97.26
17	江苏国信	江苏国信股份有限公司	81.49
18	华融国信	中国华融资产管理股份有限公司	76.79
19	粤财信托	广东粤财投资控股有限公司	98.14
20	天津信托	上海上实(集团)有限公司	77.58
21	北方国信	天津泰达投资控股有限公司	32.33
22	百瑞信托	国家电投集团资本控股有限公司	50.24
23	中原信托	河南投资集团有限公司	58.97
24	华宸信托	内蒙古交通投资(集团)有限责任公司	36.50
25	财信信托	湖南财信投资控股有限责任公司	96.00
26	兴业信托	兴业银行股份有限公司	73.00
27	工商信托	杭州市金融投资集团有限公司	57.99
28	建信信托	中国建设银行股份有限公司	67.00
29	国民信托	上海丰益股权投资基金有限公司	31.73
30	华宝信托	中国宝武钢铁集团有限公司	98.00
31	中泰信托	中国华闻投资控股有限公司	31.57
32	英大信托	国网英大股份有限公司	73.49
33	国联信托	无锡市国联发展(集团)有限公司	69.92
34	安信信托	上海国之杰投资发展有限公司	52.44
35	陕西国信	陕西煤业化工集团有限责任公司	34.58
36	新时代	未披露	未披露
37	山东国信	山东省鲁信投资控股集团有限公司	48.13
38	华润信托	华润金控投资有限公司	51.00
39	国元信托	安徽国元金融控股集团有限责任公司	49.69
40	雪松信托	未披露	未披露
41	国投信托	国投资本控股有限公司	61.29

续表

序号	公司简称	第一大股东名称	持股比例(%)
42	昆仑信托	中油资产管理有限公司	87.18
43	长安国信	西安投资控股有限公司	40.44
44	西部信托	陕西投资集团有限公司	57.78
45	云南国信	云南省国有金融资本控股集团有限公司	25.00
46	重庆国信	同方国信投资控股有限公司	66.99
47	北京国信	北京市国有资产经营有限公司	34.30
48	交银国信	交通银行股份有限公司	85.00
49	渤海信托	海航资本集团有限公司	51.23
50	中建投信托	中国建银投资有限责任公司	90.05
51	中铁信托	中国中铁股份有限公司	78.91
52	陆家嘴信托	上海陆家嘴金融发展有限公司	71.61
53	爱建信托	上海爱建集团股份有限公司	99.33
54	华能贵诚	华能资本服务有限公司	67.92
55	中航信托	中航投资控股有限公司	84.42
56	华澳信托	北京融达投资有限公司	50.01
57	金谷信托	中国信达资产管理股份有限公司	92.29
58	国通信托	武汉金融控股(集团)有限公司	75.00
59	四川信托	未披露	未披露
60	大业信托	中国东方资产管理股份有限公司	41.67
61	华鑫信托	中国华电集团资本控股有限公司	76.25
62	五矿信托	五矿资本控股有限公司	78.00
63	中粮信托	中粮资本投资有限公司	80.51
64	紫金信托	南京紫金投资集团有限责任公司	50.67
65	长城新盛	长城资产	35.00
66	浙商金汇	浙江东方金融控股集团股份有限公司	87.01
67	万向信托	中国万向控股有限公司	76.50
68	民生信托	武汉中央商务区建设投资股份有限公司	76.76

表 9-2　第一大股东持股比例分布情况

年份	≥90%	[80%, 90%)	[70%, 80%)	[60%, 70%)	[50%, 60%)	[0%, 50%)	披露公司数	持股比例 50% 以上公司数占比(%)
2021	12 家	9 家	12 家	6 家	10 家	14 家	63 家	77.78
2020	12 家	9 家	9 家	9 家	9 家	14 家	62 家	77.42
2019	12 家	8 家	9 家	9 家	12 家	18 家	68 家	73.53

由以上分析可以得出,2021年有绝对控股地位的公司数量与2020年相比有所上升,因此所调查信托公司在2021年股权高度集中和"一股独大"的情况更加明显。股权的高度集中导致控股股东对公司的控制力明显增强,有助于推动公司高级管理人员与股东尤其是控股股东的利益趋同,代理成本可以得到一定控制,一定程度上有利于公司的经营激励。

但股权的高度集中会导致控股股东对公司的参与程度过高,导致董事包括独立董事、监事甚至中介机构缺乏独立性,加大了控股股东与中小股东的代理成本,缺少对控股股东的制衡力,进而引发较为严重的利益侵占问题。"一股独大"的股权结构不利于信托公司治理结构的科学化,可能存在控股股东凭借控股地位侵占公司资源的风险。

由以上分析可知,大多数公司都存在股权过于集中的问题,因此如何设计合理的股权结构仍然是信托公司进行公司治理的关键。

就关联交易数量来看(见表9-3),由于我国信托行业市场化程度较低,关联交易现象普遍存在。在统计的68家公司中有58家信托公司披露了2021年的关联交易数量和金额,比2020年增加了3家,其中关联交易共计2074起,总金额达到152326504万元,而2020年的关联交易为1699起,总金额为135619712万元。可见,2021年我国信托行业总体关联数量进一步增加,且发生总金额相比2020年同样有所增加。2021年,平均每家信托公司发生的关联交易金额为2626319万元,2020年平均每家信托公司发生的关联交易金额为2465813万元,2021年信托行业关联交易的平均金额要比2020年有较小幅度的提升,上升幅度为6.51%。

表9-3　　信托公司关联交易序列表

序号	公司简称	关联交易数量(起)	关联交易金额(万元)
1	中诚信托	94	5206538
2	新华信托	未披露	未披露
3	华信信托	未披露	未披露
4	上海国信	3	-293866
5	中海信托	22	2869491
6	平安信托	57	4671568
7	厦门国信	24	482146
8	吉林信托	未披露	未披露
9	东莞信托	30	159327

续表

序号	公司简称	关联交易数量(起)	关联交易金额(万元)
10	西藏信托	1	3000
11	山西信托	3	2716
12	光大兴陇	27	17618570
13	中融信托	19	513197
14	中信信托	34	89523
15	苏州信托	247	641336
16	外贸信托	15	17449
17	江苏国信	5	94161
18	华融国信	4	1331051
19	粤财信托	7	132442
20	天津信托	0	0
21	北方国信	5	507452
22	百瑞信托	10	4178590
23	中原信托	183	1100067
24	华宸信托	3	2750
25	财信信托	79	1485498
26	兴业信托	18	14264090
27	工商信托	4	43373
28	建信信托	11	11167890
29	国民信托	1	10000
30	华宝信托	9	167134
31	中泰信托	6	17233
32	英大信托	547	40639273
33	国联信托	6	604
34	安信信托	未披露	未披露
35	陕西国信	未披露	未披露
36	新时代	未披露	未披露
37	山东国信	未披露	未披露
38	华润信托	26	9779198
39	国元信托	未披露	未披露
40	雪松国信	未披露	未披露
41	国投泰康	15	2616512
42	昆仑信托	5	1092432
43	长安国信	30	361252
44	西部信托	3	605

续表

序号	公司简称	关联交易数量(起)	关联交易金额(万元)
45	云南国信	4	6329
46	重庆国信	8	2074162
47	北京国信	3	183056
48	交银国信	5	3610946
49	渤海信托	8	668561
50	中建投信托	20	1079397
51	中铁信托	13	1300668
52	陆家嘴信托	12	1763378
53	爱建信托	14	48413
54	华能贵诚	8	11483636
55	中航信托	17	158105
56	华澳信托	1	66000
57	金谷信托	9	3106236
58	国通信托	1	161070
59	四川信托	未披露	未披露
60	大业信托	0	0
61	华鑫信托	321	3737814
62	五矿信托	11	158566
63	中粮信托	15	1154831
64	紫金信托	9	263141
65	长城新盛	3	56052
66	浙商金汇	11	90418
67	万向信托	13	2157
68	民生信托	15	180964
合计		2074	152326504
平均		36	2626319

2021年,信托行业关联交易金额最大的为英大信托,关联交易金额为40639273万元,位居第二的是光大兴陇,关联交易金额为17618570万元,然后是兴业信托,关联交易金额为14264090万元。在披露相关信息的58家公司中,发生关联交易金额超过平均值2626319万元的公司为13家,数量占比22.41%,金额占比高达86.88%。发生关联交易最少的两家信托公司分别为大业信托、天津信托,披露的关联交易金额均为0万元。信托公司2021年关联交易金额排序见表9-4。

表 9－4　　信托公司关联交易金额排序（2021 年）

序号	公司简称	关联交易数量（起）	关联交易金额（万元）
1	新华信托	未披露	未披露
2	华信信托	未披露	未披露
3	吉林信托	未披露	未披露
4	安信信托	未披露	未披露
5	陕西国信	未披露	未披露
6	新时代	未披露	未披露
7	山东国信	未披露	未披露
8	国元信托	未披露	未披露
9	雪松国信	未披露	未披露
10	四川信托	未披露	未披露
11	英大信托	547	40639273
12	光大兴陇	27	17618570
13	兴业信托	18	14264090
14	华能贵诚	8	11483636
15	建信信托	11	11167890
16	华润信托	26	9779198
17	中诚信托	94	5206538
18	平安信托	57	4671568
19	百瑞信托	10	4178590
20	华鑫信托	321	3737814
21	交银国信	5	3610946
22	金谷信托	9	3106236
23	中海信托	22	2869491
24	国投泰康	15	2616512
25	重庆国信	8	2074162
26	陆家嘴信托	12	1763378
27	财信信托	79	1485498
28	华融国信	4	1331051
29	中铁信托	13	1300668
30	中粮信托	15	1154831
31	中原信托	183	1100067
32	昆仑信托	5	1092432
33	中建投信托	20	1079397
34	渤海信托	8	668561
35	苏州信托	247	641336

续表

序号	公司简称	关联交易数量(起)	关联交易金额(万元)
36	中融信托	19	513197
37	北方国信	5	507452
38	厦门国信	24	482146
39	长安国信	30	361252
40	紫金信托	9	263141
41	北京国信	3	183056
42	民生信托	15	180964
43	华宝信托	9	167134
44	国通信托	1	161070
45	东莞信托	30	159327
46	五矿信托	11	158566
47	中航信托	17	158105
48	粤财信托	7	132442
49	江苏国信	5	94161
50	浙商金汇	11	90418
51	中信信托	34	89523
52	华澳信托	1	66000
53	长城新盛	3	56052
54	爱建信托	14	48413
55	工商信托	4	43373
56	外贸信托	15	17449
57	中泰信托	6	17233
58	国民信托	1	10000
59	云南国信	4	6329
60	西藏信托	1	3000
61	华宸信托	3	2750
62	山西信托	3	2716
63	万向信托	13	2157
64	西部信托	3	605
65	国联信托	6	604
66	天津信托	0	0
67	大业信托	0	0
68	上海国信	3	-293866
合计		2074	152326504
平均		36	2626319

由以上分析可知，与2020年相比，2021年我国信托行业的关联交易额小幅度上升，

且总体上依然保持在较高的水平，仍有 13 家信托公司的关联交易金额明显高于行业平均水平。虽然关联交易可以通过关联方彼此的信任实现高效有序的交易，达到降低交易成本、提高资金周转率和营运效率、避免信息不对称等目的，但频繁的关联交易也可能存在交易双方从中谋利、侵犯股东和中小投资者利益，以及关联方违规挪用信托公司财产和无偿拖欠信托公司贷款的状况。因此规范关联交易成为信托行业的突出问题，也将成为监管机构关注的重点之一。

第二节 董事会结构分析

依据 68 家信托公司 2021 年的董事会设置（见表 9－5），披露相关信息的 59 家公司的第一大股东都担任了董事长、监事或者其他高管职务。从总数来看，第一大股东对公司的经营决策仍然具有较高的掌控能力。在被研究的 68 家公司中，第一大股东兼任监事的共有 45 家企业，担任董事长并兼任总经理或者总裁一职的有 12 家，而该数据 2020 年为 30 家，2021 年较 2020 年两职兼任的公司数量减少了 18 家。可见，第一大股东通过占有董事会席位来影响董事会决策的现象有较大幅度的改善。董事兼任经营管理人员，一方面，董事行使总经理的权力，实现较为迅速的决策安排，节省相应的工资成本，并且在一定程度上降低了委托代理关系产生的代理成本。另一方面，兼任安排会导致公司管理架构缺失，对公司管理层次的提升产生负面影响，影响职工工作热情，而且权力过于集中可能导致董事长行事专断，导致决策者对执行者的监督和制约作用无法发挥，不利于公司的长足发展。

表 9－5 董事会设置情况

序号	公司简称	第一大股东名称	担任高管职务
1	中诚信托	中国人民保险集团股份有限公司	董事长、董事、监事长
2	新华信托	未披露	未披露
3	华信信托	未披露	未披露
4	上海信托	上海浦东发展银行股份有限公司	董事长、董事、监事
5	中海信托	中国海洋石油集团有限公司	董事长、董事、监事会主席、党委委员、副总裁
6	平安信托	中国平安保险（集团）股份有限公司	董事长、董事、监事会主席
7	厦门国信	厦门金圆金控股份有限公司	董事长、董事、监事会主席、监事、总经理、纪委书记
8	吉林信托	吉林省财政厅	董事、监事长

续表

序号	公司简称	第一大股东名称	担任高管职务
9	东莞信托	东莞金融控股集团有限公司	董事长、董事、独立董事
10	西藏信托	西藏自治区财政厅	董事长、董事、独立董事、监事
11	山西信托	山西金融投资控股集团有限公司	董事长、董事、独立董事、监事会主席
12	光大信托	中国光大集团股份公司	董事长、董事、监事
13	中融信托	经纬纺织机械股份有限公司	董事长、副董事长、董事、监事
14	中信信托	中国中信有限公司	董事长、副董事长、董事、独立董事、监事会主席、监事、总经理
15	苏州信托	苏州国际发展集团有限公司	董事长、董事、独立董事、监事长、监事
16	外贸信托	中化资本有限公司	董事长、董事、独立董事、监事会主席、监事、总经理
17	江苏国信	江苏国信股份有限公司	董事长、董事、监事长、监事
18	华融国信	中国华融资产管理股份有限公司	董事长、董事、独立董事、监事长、监事
19	粤财信托	广东粤财投资控股有限公司	董事长、董事、独立董事、监事长
20	天津信托	上海上实(集团)有限公司	董事长、董事、独立董事、监事长、监事
21	北方国信	天津泰达投资控股有限公司	董事长、董事
22	百瑞信托	国家电投集团资本控股有限公司	董事长、董事、执行董事、独立董事、监事
23	中原信托	河南投资集团有限公司	董事、监事
24	华宸信托	内蒙古交通投资(集团)有限责任公司	未披露
25	财信信托	湖南财信投资控股有限责任公司	董事长、董事、独立董事、监事会主席
26	兴业信托	兴业银行股份有限公司	董事长、董事
27	工商信托	杭州市金融投资集团有限公司	董事长、董事
28	建信信托	中国建设银行股份有限公司	董事长、执行董事、董事、总裁、监事
29	国民信托	上海丰益股权投资基金有限公司	副董事长
30	华宝信托	中国宝武钢铁集团有限公司	董事长、董事、独立董事、监事会主席、监事、总经理
31	中泰信托	中国华闻投资控股有限公司	董事长、董事、独立董事、监事会主席、股东代表、监事
32	英大信托	国网英大股份有限公司	董事长、董事、监事会主席、总经理、副总经理
33	国联信托	无锡市国联发展(集团)有限公司	董事长、董事、监事会主席
34	安信信托	上海国之杰投资发展有限公司	未披露
35	陕西国信	陕西煤业化工集团有限责任公司	未披露
36	新时代	未披露	未披露
37	山东国信	山东省鲁信投资控股集团有限公司	董事长、执行董事、非执行董事、监事
38	华润信托	华润金控投资有限公司	董事长、董事、监事
39	国元信托	安徽国元金融控股集团有限责任公司	董事长、董事、独立董事、监事长、总裁

续表

序号	公司简称	第一大股东名称	担任高管职务
40	雪松信托	未披露	未披露
41	国投信托	国投资本控股有限公司	董事长、董事、独立董事
42	昆仑信托	中油资产管理有限公司	董事长、董事、独立董事、监事会主席、监事、总裁
43	长安国信	西安投资控股有限公司	董事长、董事、独立董事、监事会主席
44	西部信托	陕西投资集团有限公司	董事长、董事
45	云南国信	云南省国有金融资本控股集团有限公司	董事、独立董事、监事长
46	重庆国信	同方国信投资控股有限公司	董事长、董事、监事会主席
47	北京国信	北京市国有资产经营有限公司	董事长、总经理、董事
48	交银国信	交通银行股份有限公司	董事长、执行董事、董事、候任董事、监事长
49	渤海信托	海航资本集团有限公司	董事长、董事
50	中建投信托	中国建银投资有限责任公司	董事长、董事、独立董事、监事会主席、监事
51	中铁信托	中国中铁股份有限公司	董事长、董事
52	陆家嘴信托	上海陆家嘴金融发展有限公司	董事长、董事、监事会主席、监事、总经理
53	爱建信托	上海爱建集团股份有限公司	董事长、董事、监事长、监事、总经理、常务副总经理
54	华能贵诚	华能资本服务有限公司	董事长、董事
55	中航信托	中航投资控股有限公司	董事长、董事、监事会主席
56	华澳信托	北京融达投资有限公司	董事长、董事、独立董事
57	金谷信托	中国信达资产管理股份有限公司	董事长、董事、监事会主席、监事
58	国通信托	武汉金融控股(集团)有限公司	董事长、董事、监事长
59	四川信托	未披露	未披露
60	大业信托	中国东方资产管理股份有限公司	董事、独立董事、监事
61	华鑫信托	中国华电集团资本控股有限公司	未披露
62	五矿信托	五矿资本控股有限公司	董事长、董事、监事
63	中粮信托	中粮资本投资有限公司	董事长、董事
64	紫金信托	南京紫金投资集团有限责任公司	董事长、董事、独立董事、监事会主席
65	长城新盛	长城资产	董事长、董事、独立董事
66	浙商金汇	浙江东方金融控股集团股份有限公司	董事长、董事、独立董事、监事会主席、监事
67	万向信托	中国万向控股有限公司	董事长、董事、监事
68	民生信托	武汉中央商务区建设投资股份有限公司	董事长、副董事长、董事、独立董事、监事会主席、监事会副主席、监事

就董事会中董事数量而言(见表 9－6),2021 年披露相关信息的公司为 63 家,较 2020 年增加 2 家。依据调查,2021 年董事会成员总数为 533 人,较 2020 年董事会成员总

数(530人)增加了3人。2021年信托行业董事会平均董事人数为8.46人,与2020年、2019年平均人数基本持平。其中,董事人数最多的是北京国信和万向信托,董事人数都是13人,其次是中诚信托、重庆国信、民生信托,董事人数为12人,然后是百瑞信托、陕西国信和中建投信托,董事人数为11人,人数最少的为吉林信托,董事人数为4人。可以看出,2021年董事会成员与上一年度相比没有较大变化。对于董事会规模与公司绩效之间的关系,学界普遍认为存在明显的倒U形曲线关系,即人数过多会导致沟通不到位、决策效率低下、成本上升等问题,人数过少又难以实现真正的集体决策,一般认为7~8人为最佳人数。由以上的分析可以得知,我国信托公司的董事会规模结构与2020年相比变化不大,但同时也应该考虑信托行业的特殊性。

表9-6　　董事数量　　单位:人

序号	公司简称	董事数量
1	新华信托	未披露
2	华信信托	未披露
3	新时代	未披露
4	雪松信托	未披露
5	四川信托	未披露
6	北京国信	13
7	万向信托	13
8	中诚信托	12
9	重庆国信	12
10	民生信托	12
11	百瑞信托	11
12	陕西国信	11
13	中建投信托	11
14	中原信托	10
15	长安国信	10
16	上海信托	9
17	平安信托	9
18	厦门国信	9
19	光大信托	9
20	中融信托	9
21	苏州信托	9
22	江苏国信	9
23	兴业信托	9

续表

序号	公司简称	董事数量
24	工商信托	9
25	建信信托	9
26	华宝信托	9
27	中泰信托	9
28	英大信托	9
29	国联信托	9
30	华润信托	9
31	国元信托	9
32	国投信托	9
33	昆仑信托	9
34	西部信托	9
35	云南国信	9
36	华能贵诚	9
37	中航信托	9
38	五矿信托	9
39	浙商金汇	9
40	中海信托	8
41	中信信托	8
42	华融国信	8
43	粤财信托	8
44	天津信托	8
45	国民信托	8
46	山东国信	8
47	交银国信	8
48	爱建信托	8
49	大业信托	8
50	中粮信托	8
51	长城新盛	8
52	东莞信托	7
53	西藏信托	7
54	北方国信	7
55	华宸信托	7
56	财信信托	7
57	中铁信托	7
58	陆家嘴信托	7

续表

序号	公司简称	董事数量
59	山西信托	6
60	外贸信托	6
61	渤海信托	6
62	华澳信托	6
63	金谷信托	6
64	国通信托	6
65	华鑫信托	6
66	紫金信托	6
67	安信信托	5
68	吉林信托	4
合计		533
平均值		8.46

第三节　治理结构相关规定

公司治理不完善是金融市场乱象的主要表现形式，是引发金融风险的重要源头之一。近年来，银保监会大力整治公司治理乱象，形成了常态化监管机制，已产生震慑惩戒效应，取得了不错成效。

一、监管要求

早在2020年两会期间，银保监会便表示"目前中小金融机构股东股权领域的问题依然比较突出、不规范金融创新业务仍存挑战……推动落实商业银行股权托管举措，并研究出台大股东行为监管指引、银行保险机构公司治理指引、关联交易管理办法，防止乱象反弹回潮，推动各项政策落到实处"。目前，证券公司、商业银行、信托公司以及保险公司四大金融行业的股权管理规定或暂行办法均已经发布（见表9－7）。

表9－7　　四大金融行业股权管理办法

2022年1月	银保监会发布《银行保险机构关联交易管理办法》（银保监会2022年第1号令）
2021年11月	银保监会发布《2021年银行保险机构公司治理监管评估结果总体情况》
2021年9月	银保监会发布《银行保险机构大股东行为监管办法（试行）》（银保监发〔2021〕43号）

续表

2021 年 6 月	银保监会发布《保险公司董事、监事和高级管理人员任职资格管理规定》(2021 年第 6 号令)、《关于加强保险公司省级分公司以下分支机构负责人管理的通知》(银保监办发〔2021〕74 号)
2021 年 5 月	银保监会发布《银行保险机构董事监事履职评价办法(试行)》(2021 年第 5 号令)
2021 年 3 月	证监会发布《关于修改〈证券公司股权管理规定〉的决定》(证监会第 183 号令)
2020 年 6 月	证监会发布《关于修改〈证券公司股权管理规定〉的决定》和《关于修改〈关于实施证券公司股权管理规定有关问题的规定〉的决定》(证监会第 156 号令)
2020 年 1 月	银保监会发布《信托公司股权管理暂行办法》(2020 年第 4 号令)
2019 年 7 月	银保监会发布《商业银行股权托管办法》(2019 年第 2 号令)
2019 年 7 月	证监会发布《证券公司股权管理规定》(证监会第 156 号令)
2018 年 3 月	保监会发布《保险公司股权管理办法》(保监会 2018 年第 5 号令)
2018 年 2 月	银监会发布《中国银监会办公厅关于做好〈商业银行股权管理暂行办法〉实施相关工作的通知》和《中国银监会办公厅关于规范商业银行股东报告事项的通知》(银监办发〔2018〕49 号)
2018 年 1 月	银监会发布《商业银行股权管理暂行办法》(银监会 2018 年第 1 号令)

(一)股权治理相关政策

从 2020 年 7 月首次披露算起,银保监会已经五次披露重大违法违规股东名单,累计已披露了 124 家重大违法违规股东名单,累计涉及 50 家金融机构,具体包括 7 家城商行、26 家农村金融机构、6 家金融租赁公司、4 家信托公司、4 家保险公司、2 家汽车金融公司以及 1 家财务公司,其中,4 家信托公司分别为四川信托、华信信托、国民信托与民生信托。可以看出,整治金融机构股权治理与关联交易乱象已经是比较明显的政策导向,并将在以后成为常态化监管要点。

从目前披露的重大违法违规股东行为来看,违法违规行为还是比较集中。主要包括以下 14 个方面:

①违规开展关联交易或牟取不当利益。②关联持股超过监管比例限制以及单一股东持股超过监管比例限制。③入股资金来源不符合监管规定。④股东或实控人存在涉黑涉恶等违法犯罪行为。⑤编制或提供虚假材料。⑥股东及其关联方违规挪用、占用资金。⑦拒不按照监管意见进行整改,不配合监管部门开展风险处置。⑧违规将所持股权进行质押融资。⑨以不正当手段获得行政许可。⑩隐瞒关联关系。⑪存在严重逃废债行为。⑫违规转让股权和违规代持股权。⑬利用平台虚构业务进行融资等。⑭违规安排未经任职资格核准的人员实际履行董事、高管职责。

（二）关联交易相关政策

近年来，关联交易引发风险暴露的情况不断显现，通过隐匿关联关系、设计复杂交易结构、利用子公司违规提供资金等方式规避监管、套取利益等现象时有发生，甚至引发重大风险。为此，2022年1月，银保监会在《商业银行与内部人和股东关联交易管理办法》的基础上，发布《银行保险机构关联交易管理办法》（银保监会2022年第1号令），以加强关联交易监管，防范利益输送风险。

当前比较明显的导向是，政策文件对金融机构的约束不再局限于具体的量化监管指标，一些定性的禁止性规定也越来越重要。例如，《银行保险机构关联交易管理办法（征求意见稿）》以及其他文件通过"不得""禁止""应当"等词汇表达政策层面的背后含义。具体汇总如表9－8所示。

表9－8　各金融机构有关关联交易的禁止性事项规定

整体规定	
银行保险机构	1. 不得通过交易进行不当利益输送或监管套利，应当采取有效措施，防止关联方利用其特殊地位，通过关联交易侵害银行保险机构利益。 2. 不得通过掩盖关联关系、拆分交易等各种隐蔽方式规避重大关联交易审批或监管要求。 3. 不得利用各种嵌套交易拉长融资链条、模糊业务实质，规避监管规定，为股东及其关联方违规融资、腾挪资产、空转套利、隐匿风险等。 4. 公司治理监管评估结果为E的银行保险机构，不得开展信贷类或投资类关联交易，经银保监会认可的情形除外。 5. 关联方不得通过隐瞒关联关系等不当手段规避关联交易的内部审查、外部监管以及报告披露义务。 6. 不得聘用关联方控制的会计师事务所为其审计。 7. 应当按照实质重于形式和穿透的原则认定关联方。 8. 持有银行保险机构5%以上股权的股东质押股权数量超过其持有该银行保险机构股权总量50%的，银保监会或其派出机构可以限制其与银行保险机构开展关联交易。
各类别机构特别规定	
银行机构	1. 不得直接通过或借道同业、理财、表外等业务，突破比例限制或违反规定向股东及其关联方提供资金。 2. 不得接受本行的股权作为质押提供授信（不得直接或间接接受本银行股票为担保物）。 3. 不得为关联方的融资行为提供担保（含等同于担保的或有事项），但关联方以银行存单、国债提供足额反担保的除外。 4. 向关联方提供授信不得优于其他客户同类授信的条件。 5. 向关联方提供授信发生损失的，自发现损失之日起两年内不得再向该关联方提供授信，但为减少该授信的损失，经银行机构董事会批准的除外。

续表

各类别机构特别规定	
保险机构	1. 不得借道不动产项目、非保险子公司、信托计划、资管产品投资,或其他通道、嵌套方式等变相突破监管。 2. 保险公司股东质押股权时,不得与质权人约定债务人不履行到期债务时被质押的保险公司股权归债权人所有,不得约定由质权人或者其关联方行使表决权等股东权利,也不得采取股权收益权转让等其他方式转移保险公司股权的控制权。
金融资管公司	1. 不得与关联方开展无担保的以资金为基础的关联交易,同业拆借、股东流动性支持以及金融监管机构另有规定的除外。非金融子公司负债依存度不得超过70%。 2. 金融资产管理公司及其子公司将自身形成的不良资产在集团内部转让的,应当由集团母公司董事会审批,金融子公司按规定批量转让的除外。
金融租赁公司	与关联方开展以资产、资金为基础的关联交易发生损失的,自发现损失之日起两年内不得与该关联方新增以资产、资金为基础的关联交易,但为减少损失,经金融租赁公司董事会批准的除外。
信托公司	1. 开展固有业务,不得向关联方融出资金或转移财产,不得为关联方提供担保。 2. 不得以信托资金与关联方进行不当交易、利益输送、内幕交易和操纵市场,包括但不限于投资于关联方虚假项目、与关联方共同收购上市公司、向本机构注资等。 3. 开展结构化信托业务,不得以利益相关人作为劣后受益人,利益相关人包括但不限于信托公司及其全体员工、信托公司股东等。 4. 管理集合资金信托计划,不得将信托资金直接或间接运用于信托公司的股东及其关联人,但信托资金全部来源于股东或其关联方的除外。

二、政策导向

2021 年 6 月 2 日,银保监会发布的《银行保险机构公司治理准则》(银保监发〔2021〕14 号)呈现了政策部门对公司治理的相关要求,除大部分内容遵循了公司法的要求外,政策部门也有一些自己的特殊要求。

根据 14 号文的意见,良好的公司治理包括但不限于以下内容:①清晰的股权结构;②健全的组织架构;③明确的职责边界;④科学的发展战略;⑤高标准的职业道德准则;⑥有效的风险管理与内部控制;⑦健全的信息披露机制;⑧合理的激励约束机制;⑨良好的利益相关者保护机制;⑩较强的社会责任意识。

三、改善措施

(一)明晰股权结构,健全组织架构

大股东应当逐层说明其股权结构直至实控人、最终受益人,以及与其他股东的关联

关系或一致行动关系,严禁隐藏实控人、隐瞒关联关系、股权代持、私下协议等违法违规行为。信托公司的控制类股东及实际控制人应没有“关联企业众多、股权关系复杂且不透明、关联交易频繁且异常”等情形。实际控制人不得滥用控制权,损害信托公司、股东、债权人以及其他利益相关人的合法权益。保证董事会运行的有效性,对监事会和管理层运作做出规范。

(二)设立关联交易控制委员会

严禁大股东与信托机构开展不当关联交易,鼓励大股东减少关联交易的数量和规模。借鉴银行保险机构经验,应当制定关联交易管理制度、设立关联交易控制委员会。关联交易控制委员会应当由三名以上董事组成,且由独立董事担任负责人,重大关联交易应经关联交易控制委员会会议讨论。一般关联交易报关联交易控制委员会备案,重大关联交易由关联交易控制委员会审查后提交董事会批准且需经参会的非关联董事2/3以上通过(非关联董事人数不足3人的,应当提交股东会审议),并在签署交易协议后15个工作日内向银保监会或其派出机构报告。

(三)健全信息披露机制

监管机构可以派员列席股东大会、董事会、监事会等会议,相关会议应当至少提前三个工作日通知监管机构,同时将股东大会、董事会和监事会的会议记录和决议等文件及时报送监管机构,并对重大事项合理对外披露。

第十章　非财务信息披露情况分析

第一节 影响信托公司发展的有利因素分析

信托行业的特殊性要求在年报中披露影响公司发展的有利因素和不利因素。根据所调查的数据,2021 年被调查信托公司普遍认为影响自身发展的前 5 个有利因素为:①经济平稳发展,宏观经济环境好;②监管体系和行业发展配套机制不断完善;③转型发展持续推进;④经济结构不断优化,新兴动能加快成长,质量效益明显提高;⑤消费需求对经济增长的拉动作用保持强劲。相对而言,2020 年被调查信托公司普遍认为影响自身发展的前 5 个有利因素为:①监管体系和行业发展配套机制不断完善;②经济平稳发展,宏观经济环境好;③经济结构不断优化,新兴动能加快成长,质量效益明显提高;④转型发展持续推进;⑤消费需求对经济增长的拉动作用保持强劲。2019 年被调查信托公司普遍认为影响自身发展的前 5 个有利因素为:①监管体系和行业发展配套机制不断完善;②经济平稳发展,宏观经济环境好;③经济结构不断优化,新兴动能加快成长,质量效益明显提高;④为实体行业及新兴行业的发展提供更广阔的业务拓展空间;⑤转型发展持续推进。2018 年被调查信托公司普遍认为影响自身发展的前 5 个有利因素为:①经济平稳发展,宏观经济环境好;②经济结构不断优化,新兴动能加快成长,质量效益明显提高;③高净值人群的增长使得财富管理进一步深化 ;④监管体系和行业发展配套机制不断完善;⑤为实体行业及新兴行业的发展提供更广阔的业务拓展空间。

综上可以发现,过去 4 个年度影响信托公司发展的有利因素没有发生重大变化,宏观环境、行业环境和监管环境基本是大家认同的主要影响因素。与 2020 年相比,被调查信托公司普遍认为影响自身发展的前 5 个有利因素基本不变。当前信托业仍处于转型发展阶段,需要监管部门不断推进信托制度与现有法律法规的融合,满足信托机构在业务发展等多方面的制度需求,从而有效促进行业健康、可持续发展。以下具体分析 2021

年信托业发展的有利因素。

一、经济平稳发展，宏观经济环境好

2021年，尽管全球新冠肺炎疫情影响仍在持续，国际环境更趋复杂严峻和不确定，国内发展面临需求收缩、供给冲击、预期转弱三重压力，但在宽松流动性和积极财政政策下，我国科学统筹疫情防控和经济社会发展，有力有效推动生产生活秩序恢复，工业、服务业继续回升，投资消费不断改善，国民经济持续稳定恢复。

2021年，我国国内生产总值达1143670亿元，同比增长8.1%，2020年、2021年两年平均增长5.1%。其中，第一产业增加值83086亿元，同比增长7.1%；第二产业增加值450904亿元，同比增长8.2%；第三产业增加值609680亿元，同比增长8.2%。第一产业增加值占国内生产总值比重为7.3%，第二产业增加值比重为39.4%，第三产业增加值比重为53.3%。2020年全年最终消费支出拉动国内生产总值增长5.3个百分点，资本形成总额拉动国内生产总值增长1.1个百分点，货物和服务净出口拉动国内生产总值增长1.7个百分点。从2021年国内生产总值的季度走势来看，年内国内生产总值呈现逐季上升趋势，同比增速呈逐步收窄态势。2021年第一季度国内生产总值在上一年疫情造成的极低基数下大幅反弹，但随后在疫情反复下，其增速逐季下滑。相关数据显示，2021年第一、第二、第三、第四季度国内生产总值同比增速分别为18.3%、7.9%、4.9%、4%。

生活方面，2021年CPI同比上涨0.9%。从全年走势看，CPI始终表现低迷，开年连续两月涨幅为负值；3月起涨幅回正，但连续多月处于2%以下；直到11月，受猪价反弹、菜价高位等因素影响，CPI涨幅短暂回升至2%以上；12月又再次回落，同比上涨1.5%。自2021年2月开始，猪肉价格连续9个月环比下跌，全年均价同比下滑38%，对CPI同比拉动为-0.7%，多数月份食品价格同比为负值。尽管油价回升支撑非食品CPI上涨，但核心CPI上涨有限。

在保供稳价措施持续显效叠加国际大宗商品价格回落的因素影响下，2020年全年持续高位的PPI在临近年底时涨幅连续下降，最终全年同比上涨8.1%。进入2021年下半年以来，随着全国多地区多部门统筹推进保供稳价政策效果显现，生产资料端上游价格回落，供给端改善带动多品类市场价格逐渐回归合理区间。2021年12月，从环比看，PPI由上月持平转为下降1.2%。其中，生产资料价格下降1.6%，降幅比上月扩大1.5个百分点；生活资料价格由上涨0.4%转为持平。以煤炭为例，2021年12月，煤炭价格继续回落,煤炭开采和洗选业价格下降 8.3%,降幅扩大 3.4 个百分点;煤炭加工价格下降 15.4%,降幅扩大 7 个百分点。

收入、消费方面,2021 年全国居民人均可支配收入 35128 元,比上年增长 9.1%,扣除价格因素,实际增长 8.1%。按常住地分,城镇居民人均可支配收入 47412 元,比上年增长 8.2%,扣除价格因素,实际增长 7.1%。农村居民人均可支配收入 18931 元,比上年增长 10.5%,扣除价格因素,实际增长 9.7%。城乡居民人均可支配收入比值为 2.50,比上年缩小 0.06。

2021 年全国居民人均消费支出 24100 元,比上年增长 13.6%,扣除价格因素,实际增长 12.6%。其中,人均服务性消费支出 10645 元,比上年增长 17.8%,占居民人均消费支出的比重为 44.2%。按常住地分,城镇居民人均消费支出 30307 元,比上年增长 12.2%,扣除价格因素,实际增长 11.1%;农村居民人均消费支出 15916 元,比上年增长 16.1%,扣除价格因素,实际增长 15.3%。全国居民恩格尔系数为 29.8%,其中城镇为 28.6%,农村为 32.7%。

工业方面,2021 年规模以上工业增加值增长 9.6%,增速比 2020 年提高 6.8 个百分点,2020 年、2021 年两年平均增长 6.1%,接近正常年份水平。工业产能利用率达到 77.5%,为近年来最高水平。分季度看,在高基数和疫情汛情、芯片短缺、能源保障不足等因素影响下,同比增速前高后低,随着振作工业经济运行各项政策措施出台显效,四个季度增速逐步回升。

制造业比重有所回升。全年规模以上制造业增加值增长 9.8%,2020 年、2021 年两年平均增长 6.6%;制造业增加值占 GDP 比重达到 27.4%,规模达到 31.4 万亿元,连续 12 年位居世界首位。企业效益明显改善。在大宗原材料价格上涨、助企惠企政策显效等因素带动下,全年规模以上工业企业利润增长 34.3%,2020 年、2021 年两年平均增长 18.2%,营业收入利润率达到 6.81%,比上年提高 0.76 个百分点。工业出口保持较快增长。全球经济恢复、外贸订单回流等因素与我国产业链优势有效衔接,2021 年规模以上工业出口交货值比上年增长 17.7%,两年平均增长 8.3%。

对外贸易方面,对外贸易实现超预期增长,净出口对 GDP 形成正向拉动。2021 年货物进出口总额 391009 亿元,比上年增长 21.4%。其中,出口 217348 亿元,比上年增长 21.2%;进口 173661 亿元,比上年增长 21.5%。货物进出口顺差 43687 亿元,比上年增加 7344 亿元。以美元计价,我国进出口规模达到 6.05 万亿美元,在 2013 年首次达到 4

万亿美元的8年后，跨过5万亿美元、6万亿美元两大台阶，达到历史高点，这一年的外贸增量达到1.4万亿美元。出口方面，2021年，多数新兴经济体依然深受疫情困扰，部分国家实施行动管制令，生产生活一度中断，全球需求向我国倾斜的趋势延续，推动我国出口总量在2020年的高基数上进一步增长。进口方面，2021年国内投资、消费稳步回暖，人民币升值利好等，对原材料和中间品进口产生较强拉动。

汇率方面，2021年人民币汇率呈现强势升值态势。2020年12月31日至2021年12月31日，人民币兑美元汇率中间价由6.5249上升至6.3757，总体上升值了2.3%。同期内人民币兑欧元和兑日元汇率分别升值了10.0%和12.4%。2021年下半年，在美元指数上升的背景下，人民币兑美元汇率依然走强。这主要受三方面因素推动：一是中国出口增速继续保持强劲，带动货物贸易顺差创出阶段性新高；二是新冠肺炎疫情后中国经济复苏早于其他国家，且长期利率显著高于主要发达经济体，导致中国对短期资本流动的吸引力较强；三是中国外汇储备规模稳中有升，增强了国内外投资者对人民币汇率的信心。

总的来说，2021年全年，面对严峻复杂的国际形势、艰巨繁重的国内改革发展稳定任务特别是新冠肺炎疫情的严重冲击，我国坚持高质量发展方向不动摇，统筹疫情防控和经济社会发展，经济运行逐季改善、逐步恢复常态，为信托业的转型发展奠定了坚实的经济基础。

经济决定金融，实体经济发展水平和质量从根本上决定金融发展水平和质量。2021年，信托业进一步强化了支持实体经济发展规律的认识，并以多种方式推动资金流入实体经济部门，信托投向结构不断改善。

截至2021年第四季度末，全行业资金信托规模为15.01万亿元，在投向上也发生了较大变化。从资金信托在五大领域占比来看，2021年第四季度末排序为工商企业（27.73%）、证券市场（22.37%）、金融机构（12.44%）、房地产业（11.74%）、基础产业（11.25%）。2021年资金信托投向工商企业的占比小幅下降为27.73%，同比下降了2.68个百分点，但在所有投向中的占比仍然最高，稳居第一。受资本市场发展、资管产品非标转标、投资者需求多元化等因素影响，资金信托投向证券市场的占比自2020年开始大幅提升，2020年底占比为13.87%，同比提升了2.95个百分点，2021年底占比更是达到22.37%，同比大幅上升了8.50个百分点。资金信托投向金融机构、房地产业和基础产业三大领域的占比呈现持续下降态势。

二、监管体系和行业发展配套机制不断完善

2021 年信托行业延续了严监管的基调。无论是从信托资产规模的压降来看，还是从金融子公司和异地机构的清理来看，信托行业整体的合规程度更上一层楼。自 2018 年资管新规出台以来，经历三年的监管收紧和业务调整，信托公司的转型步入成效期。2021 年作为资管新规过渡期延长后的最后一年，信托行业在“两项业务”的压降上已经取得长足的进步，但风险防范仍是重大问题。

回顾 2021 年信托行业的相关监管会议及监管文件，基本延续了 2018 年以来资管新规的要求，把对信托行业的业务监管、风险防范以及公司治理的合规工作抓在实处。从众多的监管会议和监管文件来看，2021 年监管环境较 2020 年有继续收紧的趋势，信托行业的监管主要集中在三个方向：一是“两项业务”的压降；二是风险防范；三是公司治理。

2021 年部分出台文件见表 10 - 1。

表 10 - 1　　2021 年部分出台文件

发布时间	发布单位	文件名称
2021 年 2 月	银保监会	《银行保险机构声誉风险管理办法(试行)》
2021 年 3 月	银保监会	《关于辖内信托公司做好“两项业务”压降及风险资产处置相关工作的通知》
2021 年 5 月	银保监会	《信托公司监管评级评分操作表》
2021 年 5 月	银保监会	《关于推进信托公司与专业机构合作处置风险资产的通知》
2021 年 7 月	银保监会	《关于清理规范信托公司非金融子公司业务的通知》
2021 年 7 月	银保监会	《银行保险机构进一步做好地方政府隐性债务风险防范化解工作的指导意见》
2021 年 9 月	银保监会	《关于加强信托公司异地信托业务监管的通知(征求意见稿)》
2021 年 11 月	银保监会	《关于进一步推进信托公司“两项业务”压降有关事项的通知》
2021 年 12 月	央行、银保监会	《关于做好重点房地产企业风险处置项目并购金融服务的通知》

2021 年 2 月，银保监会下发《银行保险机构声誉风险管理办法(试行)》，要求银行保险机构承担声誉风险管理的主体责任，构建组织健全、职责清晰的声誉风险治理架构，从风险排查、应急演练等方面做好声誉风险日常管理工作；要求监管机构将银行保险机构的声誉风险管理纳入法人监管体系，将机构的声誉风险管理状况作为监管评级及市场准入的考虑因素，并针对发现的问题依据现行有关法律法规实施行政处罚。

2021 年 3 月，银保监会下发《关于辖内信托公司做好“两项业务”压降及风险资产处

置相关工作的通知》,对是否属于信托投资项目进行严格划分。

2021年5月,银保监会发布《信托公司监管评级评分操作表》,其中,“两压一降”等监管政策落实情况被列入减分项,这意味着如果该项工作执行不到位,将予以扣分。同月,发布《关于推进信托公司与专业机构合作处置风险资产的通知》,鼓励信托公司与中国信托业保障基金有限责任公司、金融资产管理公司和地方资产管理公司等专业机构合作处置信托公司固有不良资产和信托风险资产。

2021年7月,银保监会发布《关于清理规范信托公司非金融子公司业务的通知》,以“压缩层级、规范业务”为主要思路,加强信托公司境内一级非金融子公司管控,明确清理规范工作安排;同月,发布《银行保险机构进一步做好地方政府隐性债务风险防范化解工作的指导意见》及其补充通知,对政府融资平台涉及的地方政府隐性债务的新增与化解做出明确规定。

2021年9月,银保监会出台《关于加强信托公司异地信托业务监管的通知(征求意见稿)》,是首次针对信托公司开展异地业务出台的具体监管措施。

2021年11月,银保监会再度下发《关于进一步推进信托公司“两项业务”压降有关事项的通知》,要求信托公司统筹“两项业务”压降和风险处置。

2021年12月,央行、银保监会出台《关于做好重点房地产企业风险处置项目并购金融服务的通知》,鼓励银行稳妥有序开展并购贷款业务,重点支持优质的房地产企业兼并收购出险和困难的大型房地产企业的优质项目。鼓励优质企业按照市场化原则加大房地产项目兼并收购,鼓励金融机构提供兼并收购的金融服务,助力化解风险、促进行业出清。

总体来看,2021年对信托行业的监管仍处于比较严格的状态。未来随着对信托行业监管框架的不断完善,监管对信托行业转型发展的引导作用将越来越大,强化监管导向,鼓励信托公司开展本源业务,引导信托公司完善公司治理,真正实现信托业转型发展。不断完善行业发展配套机制,通过对信托行业发展环境的优化,进一步提高行业发展质量,增加行业发展潜力,为信托公司发展提供有效的法律保障和制度保障。

三、转型发展持续推进

2021年,61家信托公司管理的信托资产规模整体略有增长,但其内部结构发生重要变化,反映业务转型的持续深入。这主要体现在主动管理信托中的融资类信托加速下降，投资类信托则持续上升，事务管理类信托中的通道信托加速下降，而服务信托则快速上升。

主动管理信托方面，2021 年底，融资类信托规模降至 3. 58 万亿元，比上年末压缩了 1. 28 万亿元，降幅高达 26. 28%；占比降至 17. 43%，比上年末下降了 6. 28 个百分点。规模与占比的年度降幅均为近年来最大，压降成效显著。2021 年融资类信托规模下降的信托公司有 57 家，说明这已成为行业的普遍现象，融资类信托已不再是主动管理信托的主导产品。与此同时，2021 年底，投资类信托规模增至 8. 50 万亿元，比上年末增加了 2. 06 万亿元，增幅高达 31. 92%；占比则增至 41. 38%，比上年末上升了 9. 92 个百分点。规模与占比的年度增幅均为近年来最大。2021 年共有 38 家信托公司的投资类信托规模实现增长，已经成为主动管理信托最主要的产品形式。

与此同时，证券投资、股权投资两类主动管理信托业务的发展态势良好，2021 年分别实现了 108. 39%、66. 59% 的超高速增长。整体来看，2021 年信托公司主动管理信托资产规模的增长，主要是由证券投资、股权投资两类业务拉动。2021 年 61 家信托公司平均证券投资信托业务规模达到 660. 12 亿元，同比增长 54. 14%，在资金信托中的占比从上年的 13. 30% 提升至 20. 27%。具体来看，华润信托、外贸信托证券投资信托规模已分别达到 8434. 15 亿元和 7098. 30 亿元，两家信托公司合计达到行业规模的近四成，排第 3 到第 5 名的五矿信托、建信信托、平安信托证券投资信托规模分别为 3003. 57 亿元、2376. 56 亿元和 2141. 42 亿元，前五名公司合计达到 2. 31 万亿元，已超过市场规模的半数。这反映出较高的行业分化程度，头部化现象非常突出。

事务管理类信托方面，2021 年底，事务管理类信托规模降至 8. 47 万亿元，与上年末相比下降 7. 85%；占比进一步降至 41. 20%，比上年末下降了 3. 64 个百分点。同时其内部结构也发生了重大变化，通道信托驱动的事务管理类信托快速下降，服务信托驱动的事务管理类信托则快速增长。资产证券化、保险金信托、破产重整信托等服务信托是近年来监管部门倡导的重要转型业务。在财产权信托规模余额排名前十的信托公司中，建信信托、英大信托、华能信托、外贸信托等公司在服务信托方面取得了突出成效，其资产证券化、家族信托、破产重整信托等业务规模居于行业前列。

2021 年，资产证券化产品的发行规模继续扩大。2021 年我国共发行资产证券化产品 30999. 32 亿元，同比增长 8%；年末市场存量为 59280. 95 亿元，同比增长 14%。家族信托的发展规模也有所扩大，中信登相关数据显示，截至 2021 年末，我国家族信托存量规模已达3494.81亿元,较2020年增长约30%,行业家族信托规模排前3位的分别是建信信托、平安信托和中信信托。相关年报显示,截至2021年末,建信信托的家族财富管理规模超过800亿元;平安信托的家族信托受托管理规模增长68%;中信信托的家族信托、保险金信托和慈善信托服务客户超过3600名,合作渠道超30家,受托资产规模近560亿元,同比增长13%。与此同时,近年来,在经济下行压力加大的宏观背景下,风险资产规模不断扩大,一批大型企业接连进入司法破产重整程序,成为信托公司探索破产重整服务信托业务的重要标的,破产重整服务信托得到快速发展。

四、经济结构不断优化,新兴动能加快成长,质量效益明显提高

2021年供给侧结构性改革继续向振兴实体经济发力、聚力,产业结构、需求结构、城乡区域结构等不断优化。新产业蓬勃发展,经济结构不断优化,新兴动能加快成长,质量效益明显提高。同时,2021年信托业转型发展日见成效,信托业服务实体经济发展的趋势明显增强。

疫情期间新产业、新业态、新模式不断涌现,诸如远程办公、视频会议、在线教育、无人配送等新模式迅速普及,云计算、大数据、人工智能等新技术快速发展,数字经济、智能制造、生命健康等新产业发展壮大。

数据显示,2021年规模以上工业增加值增长9.6%,增速比2020年提高6.8个百分点,2020年、2021年两年平均增长6.1%,接近正常年份水平。分产品看,新能源汽车、工业机器人、集成电路产量同比分别增长205.0%、69.8%、48.1%,两年平均增速均超过30%。

同时,新经济、数字经济发展值得关注。高技术制造业中,计算机及办公设备制造业、医疗仪器设备及仪器仪表制造业投资同比分别增长47.5%、34.2%;高技术服务业中,电子商务服务业、研发设计服务业投资同比分别增长32.9%、28.4%。

生产方面,“高技术”“高附加值”的产品成为工业制品主力。2021年,我国手机产量达17.6亿部,同比增长7%,其中智能手机产量12.7亿部,同比增长9%;微型计算机设备产量4.7亿台,同比增长22.3%。2021年1—12月我国汽车产量为2652.8万辆,累计同比增长4.8%,连续多年稳居全球第一。新产业、新业态、新商业模式蓬勃发展,新动能保持高速增长。2021年,规模以上高技术制造业增加值比上年增长18.2%,高于规模以上工业8.6个百分点。

以新技术为引领的相关服务业营业收入保持增长,2021 年战略性新兴服务业企业营业收入比上年增长 16.0%;全年实物商品网上零售额 108042 亿元,按可比口径计算,比上年增长 12.0%,占社会消费品零售总额的比重为 24.5%。

需求结构进一步优化,内需对经济增长的贡献占主导。2021 年内需对经济增长贡献率为 79.1%,其中最终消费支出贡献率为 65.4%,比资本形成总额高 51.7 个百分点。消费结构持续升级。2021 年,全国居民恩格尔系数为 29.8%,比上年下降 0.4 个百分点;居民人均服务性消费支出比上年增长 17.8%,占居民人均消费支出比重为 44.2%,比上年提高 1.6 个百分点。

伴随着供给侧结构性改革的持续深入,我国经济结构不断优化,新兴动能持续增长,信托行业的质量效益也得到了明显提高。信托行业采取有效措施,积极转型发展,用实际行动响应国家重大战略政策。其中,服务支持实体经济是金融供给侧结构性改革的核心要求,也是信托业转型的重要方向。

2021 年信托业转型成果显现,其中一个特点是非标投资明显减少,标准化投资快速增加。从数据上看,自 2021 年第一季度以来,证券市场一跃成为资金信托投向的第二大领域,且保持持续增长态势。资金信托投向证券市场的占比自 2020 年开始大幅提升,2020 年底占比为 13.87%,同比提升了 2.95 个百分点,2021 年底占比更是达到 22.37%。2021 年 1—6 月,投资证券市场的集合信托产品成立数量为 6399 款,同比增长 90%,成立规模达 2415.70 亿元。信托业务转型明显,信托公司应继续充分发展标品投资业务,促进资本市场和实体经济的发展。

五、消费需求对经济增长的拉动作用保持强劲

经受住新冠肺炎疫情多点散发、极端天气等严峻考验,2021 年全年社会消费品零售总额达 44.08 万亿元,同比增长 12.5%,2020 年、2021 年两年平均增长 3.9%,限额以上单位消费品零售总额增长 13.4%,2020 年、2021 年两年平均增长 5.8%,已快于 2019 年限上消费品零售总额增速。2021 年最终消费支出拉动经济增长 5.3 个百分点,对经济增长的贡献率提升至 65.4%,是稳定经济增长的主要引擎,为加快构建新发展格局和实现全体人民共同富裕提供了有力支撑。

中央金融工作会议强调要关注消费的驱动力量,促进产业和消费“双升级”,要充分挖掘超大规模市场优势,发挥消费的基础作用和投资的关键作用。从消费金融发展的外

部环境看,消费金融行业目前处于发展的旺盛时期,随着居民收入提高、消费需求升级,消费金融行业成为金融领域的又一风口。除了介入较早的外贸信托、中航信托,其他信托公司也在争相发力消费金融业务,谋求转型发展,消费金融业务属于目前竞争比较激烈的业务领域。

第二节 影响信托公司发展的不利因素分析

2021年不利于信托公司发展的因素按照重要性排在前6位的为:①国外经济不确定因素增加,我国经济面临下行压力;②行业风险不断显现和暴露;③信托转型压力日益加大;④全面从严监管升级;⑤宏观经济波动性加大;⑥信托行业竞争日趋激烈。2020年不利于信托公司发展的因素按照重要性排在前5位的为:①国外经济不确定性因素增加,我国经济面临下行压力;②全面从严监管升级;③信托行业竞争日趋激烈;④信托业转型压力日益加大;⑤宏观经济波动性加大。2019年不利于信托公司发展的因素按照重要性排在前5位的为:①全面从严监管升级;②国外经济不确定性因素增加,我国经济面临下行压力;③信托业转型压力日益加大;④信托行业竞争日趋激烈;⑤跨市场风险管理难度加大,部分金融产品交易复杂,风险管控能力需提升。2018年影响信托公司发展的不利因素同2019年。2017年被普遍认可的不利于信托公司发展的因素按照重要性排在前5位的为:①全面从严监管升级;②信托业转型压力日益加大;③资管新规对通道业务的禁止会使公司通道业务受限,业务管理规模有所下降;④行业发展增速持续放缓;⑤相关配套制度仍待进一步完善。2016年不利于信托公司发展的因素按照重要性排在前5位的为:①宏观经济持续下行,利率下降,部分宏观调控政策增加了传统信托融资风险;②经济进入新常态,信托公司传统的行业投向利润收窄、风险增加;③市场不确定性增加,金融市场波动大,业务风险管理压力加大;④资产管理市场同质化竞争加剧,优质业务机会少,信托行业处于弱势地位;⑤信托传统业务难以支撑营收增长,新的增长点尚未形成,行业进入转型和创新的关键时期。

从过去6个年度影响信托公司发展的不利因素分析来看,行业发展增速放缓、配套制度不完善及资管新规对行业业务影响的重要程度减小,不再排在前5位,主要因素包括:全面从严监管升级;国外经济不确定因素增加,我国经济面临下行压力;信托行业自身的转型压力;行业竞争加剧;跨市场风险管理难度加大。以下具体分析2021年信托业发展的不利因素。

一、国外经济不确定因素增加，我国经济面临下行压力

2021年，国内需求端内需不足、供给端冲击强化以及对经济增长预期减弱的三重压力还在延续且有加大趋势，同时多点暴发的疫情也衍生出了一系列需要加以关注的新情况、新变化。经济全球化正面临经济政治博弈加剧和新冠肺炎疫情持续反复的双重冲击，国际政治、经济、金融、贸易、投资格局进入动荡变革期，世界经济复苏动力减弱。

表10－2　　2019—2021年中央经济工作会议内容对比

	2021年中央经济工作会议（12月8日至10日）	2020年中央经济工作会议（12月16日至18日）	2019年中央经济工作会议（12月10日至12日）
当年工作总结	2021年我国经济发展和疫情防控保持全球领先地位；构建新发展格局迈出新步伐，高质量发展取得新成效，实现了“十四五”良好开局	我国成为全球唯一实现经济正增长的主要经济体；“十三五”规划主要目标任务即将完成	“十三五”规划主要指标进度符合预期，全面建成小康社会取得新的重大进展
未来环境分析	我国经济发展面临需求收缩、供给冲击、未来预期转弱三重压力。世纪疫情冲击下，百年环境宏观变局加速演进，外部环境更趋复杂严峻和不确定	疫情变化和外部环境存在诸多不确定性，我国经济恢复基础尚不牢固；2021年世界经济形势仍然复杂严峻，复苏不稳定不平衡，疫情冲击导致的各类衍生风险不容忽视	我国正处在转变发展方式的关键时期。“三期叠加”影响持续深化，经济下行压力加大；当前世界经济增长持续放缓，世界大变局加速演变——全球动荡源和风险点显著增多
第二年工作目标	继续做好“六稳”“六保”工作，持续改善民生，着力稳定宏观经济大盘，保持2022年经济运行在合理区间，保持社会大局稳定，迎接党的二十大胜利召开。推动经济实现质的稳步提升和量的合理增长	扎实做好“六稳”工作、全面落实“六保”任务，科学精准实施宏观政策，努力保持经济运行在合理区间	紧扣全面建成小康社会目标任务，坚持稳中求进工作总基调……全面做好“六稳”工作；保持经济运行在合理区间，确保经济实现量的合理增长和质的稳步提升

如表10－2所示，2021年中央经济工作会议首提我国经济发展面临“需求收缩、供给冲击、未来预期转弱”三重压力，同时外部环境更趋复杂严峻和不确定，表明当前经济内外部环境面临的挑战增加，经济下行压力加大。与2020年“我国经济恢复基础尚不牢固”“世界经济形势仍然严峻复杂”的笼统表述相比更加清晰精准、直指要害。自2019年起，2021年继续强调“做好‘六稳’‘六保’工作”，主因在于国内经济恢复基础尚不牢固，制造业投资和居民消费等经济内生动能恢复仍需必要政策支持，而“六稳”“六保”目标

是经济内生动能恢复的基础。当前经济内外部环境面临的挑战增加,经济下行压力加大,具体来看:

国内方面,经济面临"需求收缩、供给冲击、预期转弱"三重压力。一是需求收缩,主要表现为"地产投资增速下降、基建托底作用不强、出口面临放缓风险,但消费恢复持续偏慢",如房地产、基建投资2020年、2021年两年平均增速分别由1—5月的8.6%、2.6%降至1—10月的6.7%和0.3%,出口高增背后价格已替代数量(需求)占据主导地位,消费两年平均增速仅为疫情前的五成左右。二是供给冲击,主要指"低碳转型过程中的环保限产、拉闸限电,疫情冲击带来产能恢复与运输受阻"等,如国内高炉开工率由2021年1月的65.9%持续回落至11月的48.6%,大幅低于往年平均水平;制造业PMI供应商配送时间指数持续低于50%,表明原材料供应及产品交付不畅问题严峻。面对供给制约,2021年第三季度以来国内生产明显放缓,同时PPI价格大幅飙升至10%以上的水平。三是预期转弱,主要体现为"中小微企业投资信心不足,政策的不确定性扰动企业预期,人口出生率下降、老龄化加重"等,如受原材料价格上涨持续挤占中下游企业利润空间、供给紧缺和需求趋弱等因素影响,小型企业PMI已连续7个月低于临界值,投资意愿明显不足。

国外方面,外部环境更趋复杂严峻和不确定。一是疫情的不确定性冲击难消。新冠毒株变异给疫情防控带来挑战,加大疫情长期化的风险,对全球服务业修复和产业链供应链恢复继续形成明显的抑制作用,加剧经济恢复的不确定性。二是主要发达经济体流动性边际收紧带来的外溢效应值得警惕。随着主要发达经济体通胀走高和经济持续恢复,2021年11月美联储已开启缩减购债进程。市场预计,2022年美联储将加息2次,未来若发达经济体货币政策进一步调整超出预期,可能引发资产价格波动,并可能通过利率、汇率、跨境资本流动等渠道对新兴经济体产生溢出影响,影响全球金融市场的稳定。三是疫后百年变局存在加速演进风险。如疫情带来的贫富分化、就业减少导致全球治理体系和多边合作中的已有"裂缝"加大加深,全球治理体系进入新旧动能转换和重构期,大国战略竞争加剧,全球产业供应链的稳定面临冲击。

二、行业风险不断显现和暴露

由于经济环境变化、金融环境变化以及监管环境变化,信托传统主导业务模式呈现"需求递减、风险递增"的特征。随着监管机构对信托行业"脱渠道"要求进一步加强,中国信托行业正从融资通道类业务逐步向服务投资类业务转型，资产结构转型比较明显，但信托行业风险出清仍在路上，尤其是资产不良率还维持高位。另外，在“房住不炒”的战略要求下，作为信托资金主要应用领域的房地产信托规模增长趋于停滞，且出现多起地产信托违约事件。

资产不良率趋势递增。信托业协会最新数据显示，2021 年底，全行业自营资产 8752.96 亿元，同比增长 6.12%。但就目前 61 家信托公司在年报已披露的自营资产质量情况而言，同口径下，这 61 家信托公司合计自营不良资产余额为 585.11 亿元，较上年 499.68 亿元增加了 17%。

表 10－3　　2021 年自营资产不良率排名前 10 的信托公司

排名	信托公司	2021 年不良率(%)	2021 年不良资产余额(万元)	2020 年不良率(%)	2020 年不良资产余额(万元)
1	安信信托	99.07	853356.31	98.47	950558.4038
2	民生信托	60.94	429392.69	55.06	494718.03
3	万向信托	42.90	217327.19	14.69	53851.22
4	长安国信	40.89	60551.21	25.67	332206.01
5	华宸信托	39.28	504347.00	44.19	64297.56
6	大业信托	34.19	222278.35	36.50	121171.09
7	华澳信托	30.75	184181.10	16.34	93150.00
8	中建投信托	26.05	355068.49	28.28	370424.44
9	渤海信托	25.82	454321.00	33.76	589451.00
10	兴业信托	21.63	504347.00	0.86	18500.00

由表 10－3 可知，安信信托、民生信托、万向信托、长安国信的自营资产不良率依次为 99.07%、60.94%、42.90%、40.89%，均超 40%。前 10 名中万向信托和兴业信托属于新加入的公司。万向信托 2021 年末固有业务不良资产余额为 21.73 亿元，较上年新增 16.35 亿元，自营资产不良率同比上升 28.21 个百分点；2021 年计提资产减值准备 1.9 亿元。兴业信托 2021 年末固有业务不良资产余额为 50 亿元，同比增长 48.58 亿元，自营资产不良率同比上升 20.77 个百分点。整体而言，61 家信托公司平均不良资产合计 9.75 亿元，同比增加 1.56 亿元。平均自营资产不良率达到 10.8%，比上年增加 1.29%。由此可见，2021 年信托公司自营资产的风险仍在不断扩大。

地产信托业务雪上加霜。在国家“房住不炒”的严监管背景下，地产行业的融资条件不断收紧，并且叠加房企爆雷事件频发等影响，信托行业在房地产领域的资金投入持续减少，房地产信托业务展业亦越发艰难。

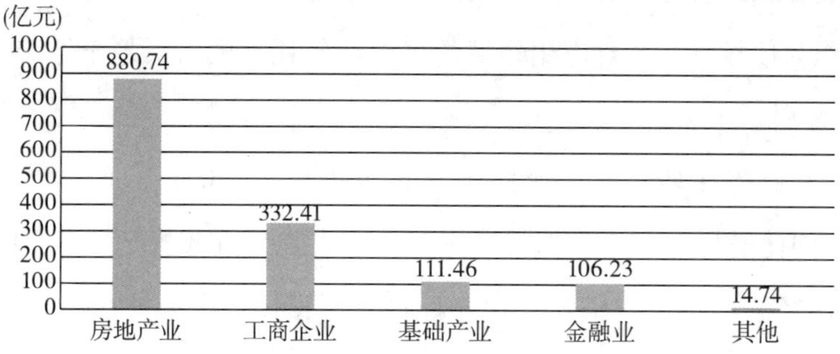

图10－1　2021年投向各领域信托产品违约金额

从图10－1可以看出，2021年可谓地产项目违约大年。据不完全统计，2021年房地产信托共出现违约事件105起，约占信托产品总违约数量的38.32%，涉及金额880.74亿元，约占行业总违约金额的60.92%。其中8月和10月违约金额占比均在70%左右，9月也接近60%。2021年11月发生信托产品违约事件33起，涉及金额191.15亿元。其中，涉及房地产违约的10起，金额为141.60亿元，占比高达74.1%。与此同时，2020年11月成立的房地产信托规模也同比下降74.90%，房地产信托业务收缩明显。随着房地产行业偿债高峰的到来、国家房地产调控政策效果的显现，以及房地产融资渠道的快速收窄，房地产行业风险开始逐渐暴露，将对信托行业产生重要影响。

三、信托转型压力日益加大

2019年起监管机构调控措施频出，强力引导信托业转型。2020年，信托资产总规模降至20.49万亿元，相较于2017年的历史峰值减少5.76万亿元。2021年，全行业信托资产规模为20.55万亿元，较上年末增加600亿元，增幅虽然不大，但却是信托业自2018年步入下行期以来的首年度止跌回升。从纳入资管新规的资金信托的情况来看，截至2021年末，资金信托规模为15.0万亿元，较2020年末下降1.3万亿元，同比下降8%，资金信托规模仍处于不断压缩的趋势中。

监管对行业转型的要求已经明确。2020年8月，央行宣布资管新规过渡期延长至2021年底，信托公司资金信托业务对照资管新规进行整改的时限也相应延长。此外，新的监管政策对信托公司集合融资类信托、交易对手集中度、固有资金投资信托计划比例以及关联交易等方面提出了严格的指标要求，信托公司将面临刚性的转型压力。

融资类信托的收入规模持续压降。2021 年,61 家信托公司主动管理型信托业务中融资类业务占比为 29.15%,较 2020 年下降 14.36 个百分点,降幅明显。从图 10-2 可以明确看出,2021 年融资类业务占比超过 40% 的信托公司有 6 家,较上一年减少了 3 家;融资类业务占比介于[20%,40%)的信托公司有 26 家,较上一年减少了 8 家;融资类业务占比介于[0,20%)的信托公司有 28 家,较上一年增加了 11 家。融资类信托的压降极大地削减了信托公司的收益,促使信托公司回归本源、创新转型。

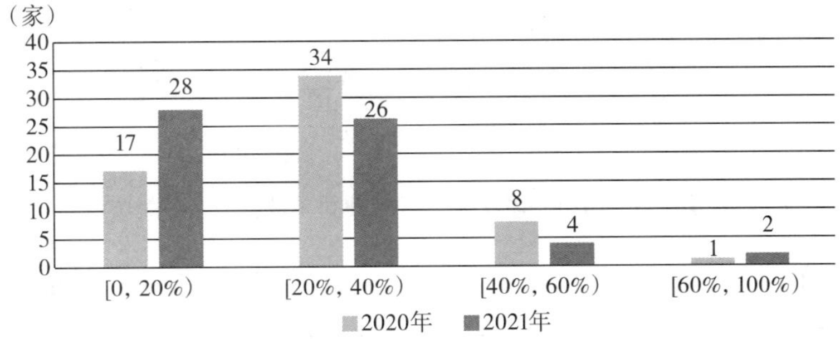

图 10-2　2020 年、2021 年信托公司融资类业务各区间占比数量

四、全面从严监管升级

近年来,金融监管趋严已成为常态,对信托行业的监管同样如此。2021 年,信托业受到行政处罚的原因主要涉及以下几方面:一是违反审慎经营规则,变相接受地方政府提供担保、为地方政府及其部门提供融资及相关服务、尽职调查不充分、尽职管理不到位;二是具体业务违规,违规开展个人信托贷款业务、违规开展银信合作业务、员工行为管理不到位、贷前贷后审查不严、信托资金违规用于缴纳土地出让价款;三是关联交易和信息披露违规,未按监管规定及时进行信息披露、未按照相关监管规定准确反映信托业务风险状况、开展的部分关联交易未逐笔向监管机构事前报告等。这与 2020 年银保监会开展的市场乱象整治工作一脉相承,信托公司的各项业务仍然处于严格的管控环境下。

《中国信托业发展报告》显示,2019 年 29 家信托公司因各类违规遭受处罚 44 次,处罚金额共计 2700 万元。2020 年,14 家信托公司因各类违规情形受到监管部门 15 次处罚,处罚金额达 2235 万元。2021 年,各银保监局对信托公司开出了 20 张罚单,18 家信托公司以及 37 人次受到处罚,其中部分信托公司及少数人收到不止一张罚单。信托公司共计被处以罚款 7071 万元,其中,四川信托收到的罚单金额达 3490 万元;信托公司相关人员共计被处罚 175 万元,多数被处罚人员同时还被给予警告。2015—2018 年,信托业单年处罚金额并未超过 2000 万元,而 2019—2021 年连续 3 年,信托业每年收到的罚单金额都超过 2000 万元(见图 10 -3)。

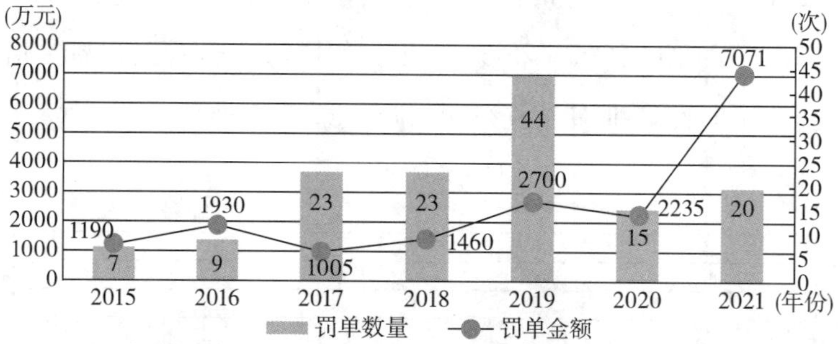

图 10 -3　2015—2021 年信托行业罚单数量和金额

2021 年,"两压一降"成信托公司监管评级刚性指标。5 月,银保监会发布《信托公司监管评级评分操作表》,与之前的评分表相比,一共调整了 23 个评价要素细项,涉及"两压一降"、关联交易、股东责任、风险监控、信托保障基金公司、实体经济支持等方面。总体上看,2021 年对信托业务的监管并未放松,"两压一降"的监管要求对信托公司传统业务的开展产生了一定影响。

2021 年堪称信托严监管年。7 月,《中国银保监会关于清理规范信托公司非金融子公司业务的通知》(以下简称《通知》)发布,《通知》以"压缩层级、规范业务"为主要思路,加强信托公司境内一级非金融子公司管控,明确清理规范工作安排。9 月,出台《关于加强信托公司异地信托业务监管的通知(征求意见稿)》,严格加强信托公司异地展业管理。从具体内容来看,主要涉及两方面内容:一方面,整顿信托公司异地管理总部,这意味着以往信托公司"双总部"的运营模式将不再适用;另一方面,整顿信托公司异地部门,要求有异地部门的信托公司应在类别、数量、设立区域、员工规模等方面符合相关要求。这一系列举措均反映了监管部门对信托行业不动摇的严监管态度,也反映了监管部门对信托行业创新转型、回归本源的迫切希望。在这一背景下,信托公司过去长期依赖的融资类、通道类、非标类业务将面临极大的转型压力,传统业务转型创新业已成为信托公司未来的必然选择。

五、宏观经济波动性加大

2018 年世界 GDP 增速由 2017 年的 3.2% 放缓至 3.0% ,2019 年四个季度 GDP 增速

分别为3.1%、2.5%、2.5%和2.0%,全年平均2.4%,连续两年放缓。虽然根据联合国贸易和发展会议公布的数据,2021年全球GDP增速增至5.5%,相比此前大幅回升,但由于新冠病毒变异毒株造成新的威胁,再加上通胀、债务和收入不平等加剧可能危及新兴市场和发展中经济体的复苏,世界银行、IMF、联合国三大全球性机构在研报中都下调了2022年的全球经济增速。

全球通货膨胀普遍超限。除了大宗商品集体大涨外,联合国粮农组织的最新数据显示,2021年全球食品价格上涨了40%,与此同时,许多国家的房价在过去一年直线飙涨并录得10年来的最大涨幅,全球平均房价年度同比上涨超过9%。IMF数据显示,2021年全球整体的通胀率达到4.8%,成为自2007年以来最高的一次,其中有80多个国家和地区的通胀率创下近5年新高。

受全球经济环境不景气的影响,中国在2021年也需应对各种挑战。一是境外输入引起的疫情反复、极端天气引发的灾情险情,导致部分消费领域增长放缓,消费复苏进程受挫。二是基建投资增速明显放缓,带动固定资产投资增速平稳回落。三是国际大宗商品价格上涨以及国内双控预期,导致生产者价格涨幅进一步提升,而消费者价格涨幅继续回落,生产侧与需求侧价格分化加剧,对中下游行业特别是中小企业的生产经营造成不利影响。四是受以上因素综合影响,工业生产开始高位回落,服务业生产徘徊不前,下行缺口扩大。

分析信托资金的投向可知,资金信托投向工商企业的占比保持相对平稳。因受全球经济复苏缓慢、国内经济转型、压降非标融资等多种因素影响,2021年资金信托投向工商企业的占比小幅下降为27.73%,同比下降了2.68个百分点,但在所有投向中的占比仍然最高,稳居第一。从2018—2021年变化来看,前两年该投向占比保持小幅增长,后两年出现了小幅下降,但总体比较平稳,也一直保持了在所有投向中占比最高的地位,信托业仍然持续发挥对实体经济的直接支持作用。

同时,资金信托投向证券市场的占比大幅提升。受资本市场发展、资管产品非标转标、投资者需求多元化等因素影响,资金信托投向证券市场的占比自2020年开始大幅提升,2020年底占比为13.87%,同比提升了2.95个百分点,2021年底占比更是达到22.37%,同比大幅上升8.50个百分点,在所有投向中的名次也从2020年的第5位跃至第2位,成为仅次于工商企业的投向。

但是,资金信托投向基础产业、房地产和金融机构三大领域的占比呈现下降势头。

受规范政府平台融资、防控地方政府债务风险等政策影响，资金信托投向基础产业的占比自2020年开始下降，2021年底继续降至11.25%，同比下降了3.88个百分点，在所有投向中的占比名次也从前两年的第2位下降到末位（第6位）。受“房住不炒”、规范房地产融资、防控房地产金融风险等因素影响，资金信托投向房地产的占比也自2020年开始下降，2021年底继续降至11.74%，同比下降了2.23个百分点，在所有投向中的占比名次下降到了第5位，倒数第2。受去通道、去嵌套等政策因素影响，资金信托投向金融机构的占比在2018—2020年持续下降，2021年底略有回升，占比为12.44%，同比回升了0.27个百分点，在所有投向中位居第4（见表10-4）。

表10-4　　2017—2021年信托业务结构变化一览表

项目		2017年	2018年	2019年	2020年	2021年
按来源分类						
单一资金信托	金额（万亿元）	12.00	9.84	8.01	6.13	4.42
	占比（%）	45.73	43.33	37.10	29.94	21.49
集合资金信托	金额（万亿元）	9.91	9.11	9.92	10.17	10.59
	占比（%）	37.74	40.12	45.93	49.65	51.53
管理财产信托	金额（万亿元）	4.34	3.76	3.67	4,18	5.54
	占比（%）	16.53	16.55	16.98	20.41	26.98
按功能分类						
主动管理信托	金额（万亿元）	10.60	9.46	10.95	11.30	12.08
	占比（%）	40.38	41.64	50.70	55.17	58.81
融资类	金额（万亿元）	4.43	4.35	5.83	4.86	3.58
	占比（%）	16.87	19.15	26.99	23.71	17.43
投资类	金额（万亿元）	6.17	5.11	5.12	6.44	8.50
	占比（%）	23.51	22.49	23.71	31.46	41.38
事务管理类	金额（万亿元）	15.65	13.25	10.65	9.19	8.47
	占比（%）	59.62	58.36	49.30	44.84	41.20
按投向分类占比						
工商企业（%）		27.84（1）	29.90（1）	30.60（1）	30.41（1）	27.73（1）
金融机构（%）		18.76（2）	15.99（2）	13.96（4）	12.17（6）	12.44（4）
基础产业（%）		14.49（3）	14.59（3）	15.72（2）	15.13（2）	11.25（6）
证券投资（%）		14.15（5）	11.59（6）	10.92（6）	13.87（5）	22.37（2）
房地产（%）		10.42（6）	14.18（4）	15.07（3）	13.97（4）	11.74（5）
其他（%）		14.33（4）	13.74（5）	13.72（5）	14.45（3）	14.47（3）

六、信托行业竞争日趋激烈

2019年,信托行业"马太效应"凸显,2019年净利润排名前10的信托公司的合计净利润为252.73亿元,占比46.71%。2020年净利润排名前10的信托公司合计净利润为250.81亿元,占比51.07%。2021年,平安信托(合并)、华能贵诚、中信信托、重庆信托、华润信托分别以48.19亿元、37.88亿元、35.01亿元、33.82亿元、33.16亿元的净利润位列行业前5,净利润均超30亿元。排名前10的信托公司合计净利润为286.38亿元,行业占比为52.61%。在"两压一降"持续推进的情况下,55家信托公司平均营业收入仍实现5%左右增长。55家信托公司中,有29家信托公司实现营业收入正增长,有35家信托公司实现了净利润正增长,占已有数据企业六成以上。虽然部分企业实现了提质增效,盈利增速超过营业收入,但净利润增速超过20%的有14家,下降幅度超过20%的有12家,分化较2020年进一步加剧。

可以看出,2021年信托行业净利润越来越向头部公司集中。一方面,外部环境复杂多变,尤其是风险因素,对于信托公司经营考验较大,部分中小信托公司风险抵御能力不强。另一方面,信托业处于转型关键时期,大型信托公司转型思路更清晰、资源投入更大,成效显现,而中小信托公司在此方面相对滞后,传统业务增长受限,发展动力不足。行业内业绩分化明显,中小信托公司面临更大的生存压力。

信托公司未来不但需要继续面对信托同业间的激烈竞争,还需要与银行理财、基金、券商等其他资管细分行业展开更加激烈的跨界竞争。信托公司应提高主动管理能力,利用跨市场配置、灵活的投融资机制及资产受托管理等法律功能,打造细分市场的核心竞争力,构建产品体系及综合服务体系,在这个跨界竞争和同业竞争并存的时代,拓展足够的发展空间。此外,未来信托公司需要摆脱信贷文化以及刚兑思维,积极进行业务转型,并建立针对特定风险、特定产品的风控体系和风险管理工具。

附录　中航信托股份有限公司
2021年度报告

中航信托股份有限公司 2021 年度报告

1. 重要提示

1.1　本公司董事会及董事保证本报告所载资料不存在任何虚假记载、误导性陈述或者重大遗漏，并对其内容的真实性、准确性和完整性承担个别及连带责任。

1.2　本公司独立董事对年度报告内容的真实性、准确性、完整性无异议。

1.3　本公司董事长姚江涛、总经理周祺（报告年度兼任总会计师）保证年度报告中财务报告的真实和完整。

2. 公司概况

2.1　公司简介

2.1.1　公司法定名称

中文：中航信托股份有限公司

英文：AVIC Trust Co.，Ltd.

2.1.2　公司法定代表人：姚江涛

2.1.3　公司注册地址：江西省南昌市红谷滩新区会展路 1009 号航信大厦

邮编：330038

互联网网址：www.avictc.com

电子邮箱：zhxt@avictc.com

2.1.4　公司负责信息披露事务的高级管理人员：罗国华

办公电话：0791－86667992

办公传真：0791－86772268

电子邮箱：zhxt@avictc.com

2.1.5　公司选定的信息披露报纸：《金融时报》《证券时报》《上海证券报》

2.1.6　年报备置地点：江西省南昌市红谷滩新区会展路 1009 号航信大厦

2.1.7　公司聘请的会计师事务所：大华会计师事务所（特殊普通合伙）

办公地址：北京丰台区西四环中路 78 号院首汇广场 10 号楼

2.1.8　公司聘请的律师事务所：北京市君泽君律师事务所

办公地址：北京市西城区金融大街 9 号金融街中心南楼六层

2.2　组织结构图

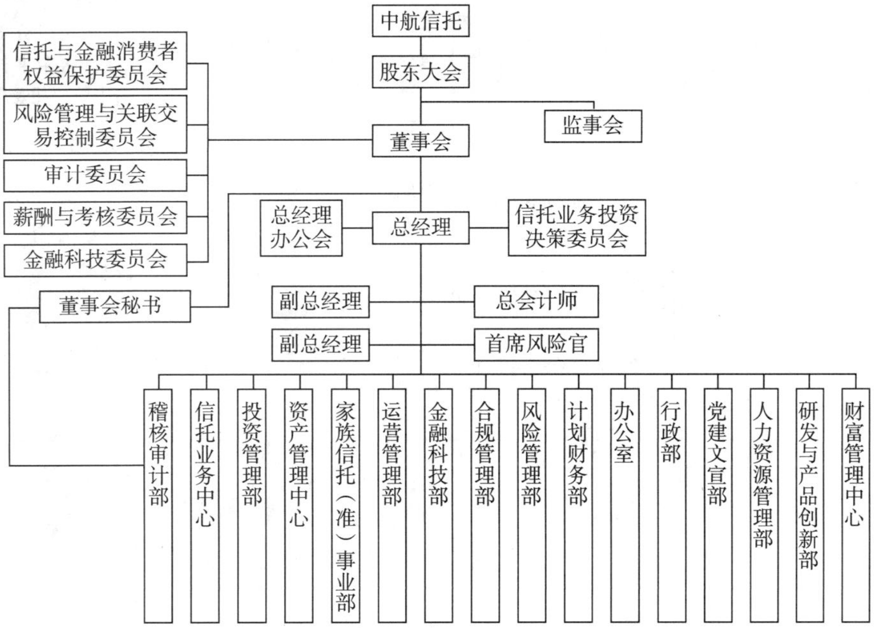

3. 公司治理

3.1　治理结构

3.1.1　报告期末，公司总股本 646613.2311 万股，实收资本 646613.2311 万元，股东单位共 2 家，具体情况如下：

股东名称	持股数（万股）	比例（%）	法人代表	注册资本	注册地址	主要经营业务
中航投资控股有限公司	545,882.2063	84.42	姚江涛	120.21亿元	北京市朝阳区望京东园四区2号中航资本大厦42层	中航投资控股有限公司（以下简称"中航投资"）是中国航空工业集团有限公司的重要金融投资平台，主要经营业务为实业投资；股权投资；投资咨询。
华侨银行有限公司	100,731.0248	15.58	黄三光	新币137.5亿	65 Chulia Street #09-00 OCBC Centre Singapore 049513	华侨银行及其子公司向客户提供全方位商业银行、专业金融和财富管理服务，包括个人业务、公司业务、投资业务、私人银行业务、交易银行业务、资金业务、保险、资产管理和股票经纪业务。
合计	646,613.2311	100				

注：中国航空工业集团有限公司是本公司的实际控制人。中航投资控股有限公司为中航工业产融控股股份有限公司（以下简称"中航产融"，证券代码：600705）的控股子公司，中航产融为中国航空工业集团有限公司控股子公司。

3.1.2 报告期末，公司董事、董事会及其下属委员具体情况如下：

表3.1.2.1（董事会成员）

姓名	职务	性别	年龄	任该职务日期	所推举的股东名称	该股东持股比例（%）	简要履历
姚江涛	董事长	男	59	2016年4月	中航投资控股有限公司	84.42	东北财经大学国民经济专业硕士研究生，现任中航产融董事长、总经理；中航信托董事长
张戈	董事	男	48	2013年10月	中航投资控股有限公司	84.42	北京大学经济学院金融学专业硕士研究生，高级经济师，现任中航产业投资有限公司副总经理
贾鸿鹏	董事	男	42	2018年5月	中航投资控股有限公司	84.42	对外经贸大学工商管理学专业硕士研究生，高级工程师，现任中航产融人力资源部部长
于庆伟	董事	男	45	2019年4月	中航投资控股有限公司	84.42	南京航空航天大学飞机设计专业学士，现任中航产融规划发展部部长
王克	董事	男	54	2021年2月	华侨银行有限公司	15.58	美国西北大学工商管理硕士学位，现任华侨永亨银行（中国）有限公司董事兼首席执行官

表 3.1.2.2(独立董事)

姓名	职务	性别	年龄	任该职务时间	工作单位	简要履历
朱武祥	独立董事	男	55	2014 年 8 月	清华大学	数量经济学专业博士研究生,清华大学经济管理学院金融系教授、博士生导师。
胡援成	独立董事	男	69	2018 年 4 月	江西财经大学	江西财经大学金融学资深教授、博士生导师
程炼	独立董事	男	46	2022 年 1 月	中国社会科学院金融研究所	中国社会科学院金融研究所研究员,综合研究部主任,《金融评论》编辑部主任
苏中兴	独立董事	男	45	2022 年 1 月	中国人民大学	中国人民大学教授,博士生导师,人力资源管理系主任

注:朱武祥先生于 2022 年 1 月不再担任中航信托独立董事职务

表 3.1.2.3(董事会下设专业委员会成员)

委员会名称	职责	组成人员姓名	职务
信托与金融消费者权益保护委员会	督促公司依法履行受托职责,当公司或股东利益与受益人利益发生冲突时,保证公司为受益人的最大利益服务	胡援成	主任委员
		姚江涛	委员
		王克	委员
风险控制与关联交易控制委员会	监督、评估公司的风险管理状况,提出完善风险管理意见,监督、评估公司风险管理部门的工作,负责关联交易的管理,及时审查关联交易,控制关联交易风险	程炼	主任委员
		姚江涛	委员
		于庆伟	委员
审计委员会	负责监督公司内、外部审计工作。	胡援成	主任委员
		张戈	委员
		于庆伟	委员
薪酬与考核委员会	研究董事与高级管理人员考核的标准,进行考核并提出建议;研究与审查董事、高级管理人员的薪酬政策与方案	苏中兴	主任委员
		姚江涛	委员
		贾鸿鹏	委员
金融科技委员会	探索科技与信托的充分融合,不断创新信托产品与服务,致力于为服务实体经济、践行普惠金融贡献力量	姚江涛	主任委员
		王克	委员
		程炼	委员

3.1.3　报告期末,公司监事、监事会具体情况如下:

姓名	职务	性别	年龄	任该职务时间	所推举的股东名称	该股东持股比例	简要履历
刘明志	监事会主席	男	59	2020 年 4 月	中航投资控股有限公司	84.42%	中国人民大学工商管理专业硕士,现任中航信托监事会主席
廖晓春	监事	男	59	2018 年 1 月	职工监事		旅游管理大专毕业,现任中航信托稽核审计部总经理

续表

姓名	职务	性别	年龄	任该职务时间	所推举的股东名称	该股东持股比例	简要履历
杨志芳	监事	男	41	2018年1月	职工监事		法学专业硕士研究生,现任中航信托风险管理部总经理
陈君枫	监事	女	38	2020年11月	职工监事		法学专业硕士研究生,现任中航信托合规管理部总经理
肖小和	监事	男	65	2022年1月	外部监事		经济学硕士研究生,高级经济师,2016年已退休,现任江西财经大学九银票据研究院执行院长及学术委员会主任、江西省金融学会票据委员会首席专家。

注:监事会下未设专业委员会。

3.1.4 报告期末,公司高级管理人员具体情况如下:

姓名	性别	职务	分管领域	任该职务时间	金融从业年限	简要经历(近十年从业机构及任职)	学位	专业	年龄
周祺	男	总经理、总会计师	主持公司日常经营管理工作、总经理办公会,主管计划财务工作	2019年11月	24	2010.01-2012.09 任中航国际租赁有限公司财务总监 2012.09-2018.06 任中航国际租赁有限公司副总经理、财务总监 2018.07-2019.10 任中航信托总会计师 2019.11 至 2022.2 任中航信托总经理兼总会计师 2022.2 至今任公司总经理兼党委书记	硕士	工商管理	56
李鹏	男	副总经理	协助管理信托业务	2019年7月	25	2009.12-2014.08 历任中航信托信托业务一部信托经理、副总经理、总经理 2014.08-2019.06 任中航信托总经理助理 2019.07 至今任中航信托副总经理	硕士	MBA	45
何唐兵	男	副总经理	协助管理战略管理、公司治理工作	2021年7月	20	2006.10-2015.03 先后任中国人寿保险股份有限公司发展改革部制度运行评估处经理,战略规划部发展改革处经理、战略规划与合作处高级经理,电子商务部电销业务处高级经理 2015.03-2020.03 历任中国人寿财险党委办公室主任助理、副主任、销售管理部副总经理,中国人寿集团公司党委办公室副主任,中国人寿企业大学筹备领导小组办公室副主任、保险职业学院党委委员、副院长 2020.03-2021.06 任中国人寿财险公司战略企划部/董事会办公室总经理 2021.06 至今 任中航信托副总经理	硕士	经济学	43

续表

姓名	性别	职务	分管领域	任该职务时间	金融从业年限	简要经历（近十年从业机构及任职）	学位	专业	年龄
魏颖晖	男	副总经理	协助管理信托业务	2013年10月	26	2010.01－2012.04 任中航信托信托业务一部总经理 2012.05－2013.04 任中航信托总经理助理兼信托业务一部总经理 2013.05－2013.10 任中航信托总经理助理 2013.10 至今任中航信托副总经理	硕士	工商管理	50
范华	女	副总经理	协助管理财富管理业务	2017年10月	34	2010.09－2014.09 中国对外经济贸易信托有限公司副总裁 2014.09 至 2017.10 华澳国际信托有限公司副总经理 2017.10 至今 任中航信托副总经理	硕士	货币银行学	56
张瑰	女	副总经理	协助管理信托业务	2020年6月	17	2005.07－2010.04 上海国际信托有限公司理财服务中心项目经理 2010.05－2020.06 中航信托股份上海业务部总经理助理、上海业务二部副总经理、资产管理部总经理、业务总监 2020.06 至今任中航信托副总经理	硕士	会计学	45
罗国华	男	董事会秘书	协助管理稽核审计，负责股东大会、董事会、监事会具体工作	2009年12月	34	2009.12 至今任中航信托董事会秘书	硕士	工商管理	58
郭若强	男	首席风险官	协助管理风险与合规，主持业务评审会	2010年9月	30	2007.05－2010.09 任新加坡华侨银行信用风险管理处副总裁 2010.10 至今任中航信托首席风险官	硕士	应用金融	57
严固	女	总经理助理	协助管理信托业务	2018年6月	34	2010.01－2012.11 任中航信托西南业务部总经理 2012.12－2018.06 任中航信托总经理助理，先后兼任西南业务部总经理、成都业务部总经理 2018.06 至今 任中航信托公司专员、公司总经理助理兼成都业务部总经理	学士	农业财务	54
刘文庆	男	总经理助理	协助管理行政办公、对外联系沟通方面工作	2015年8月	33	2003.10－2015.04 历任江西银监局任办公室副主任，政策法规处副处长、办公室主任、新余银监分局党委书记、局长等职务 2015.04－2015.08 江西银监局城商处处长 2015.8 至今任中航信托总经理助理	本科	经济学	53

续表

姓名	性别	职务	分管领域	任该职务时间	金融从业年限	简要经历（近十年从业机构及任职）	学位	专业	年龄
姜燕	女	总经理助理	协助管理家族信托工作	2019年4月	23	2011.01－2011.04 中国农业银行伦敦子行筹备组成员 2011.05－2013.05 花旗集团交易员 2013.06－2018.12 长安国际信托股份有限公司 总经理助理 2018.12－2019.03 任中航信托家族信托（准）事业部总经理 2019.04 至今任中航信托总经理助理兼家族信托（准）事业部总经理	硕士	国际金融	47

3.1.5 公司员工

报告期末，公司信托业务从业人员 529 人，具体分布如下：

项目		报告期年度	
		人数	比例
年龄分布	20－30	182	34.40%
	30－40	270	51.04%
	40－50	53	10.02%
	50以上	24	4.54%
学历分布	博士	9	1.70%
	硕士	376	71.08%
	本科	133	25.14%
	专科	9	1.70%
	其他	2	0.38%
岗位分布	董事、监事及高管人员	16	3.02%
	固有业务人员	4	0.76%
	信托业务人员	345	65.03%
	其他人员	164	31%

3.2 治理信息

3.2.1 年度内召开股东大会（股东会）情况

4月23日，召开2021年第一次股东大会（2020年度股东大会），会议听取了《2020年度经营班子工作报告》《监管部门对公司的监管意见与公司执行落实情况报告》《2020年度董事监事履职评价报告》《2020年度高级管理人员履职评价报告》，审议通过了《2020年度财务决算及2021年度财务预算报告》《2020年度利润分配方案》《2020年度董事会工作报告》《2020年度监事会工作报告》《关于2021年度聘任会计师事务所及律师事务所的议案》、关于修改《公司章程》的议案、关于修改《股东大会议事规则》《董事会议事规则》的议案、关于修改《监事会议事规则》的议案及《关于2021年增资扩股的议案》等九项议案。

8月5日，召开2021年第二次（临时）股东大会，同意公司通过整体吸收合并的方式合并江西航信运营管理有限公司。

10月12日，召开2021年第三次（临时）股东大会，同意修改《公司章程》《股东大会议事规则》《董事会议事规则》《监事会议事规则》，同意董监事会进行换届。

12月20日，召开2021年第四次（临时）股东大会，同意修改《公司章程》《董事监事履职评价暂行办法》。

3.2.2 年度内召开董事会情况及独立董事履职情况

①董事会本年度召开会议情况

3 月 1 日，召开三届董事会十八次会议，同意聘任范华作为职业经理人继续担任中航信托股份有限公司副总经理，同意公司董事王克担任董事会信托与金融消费者权益保护委员会委员，及董事会金融科技委员会委员、主任委员。

4 月 7 日，召开三届董事会十九次会议，会议同意公司开展企业年金基金管理业务。

4 月 23 日，召开三届董事会二十次会议，会议听取了《关于监管部门对公司的监管意见与公司执行落实情况的通报》《2020 年度经营班子工作报告》，审议通过了《2019 年度财务决算及 2020 年度财务预算报告》《关于2019 年度利润分配的议案》、2020 年度风险与合规管理工作、内控体系工作、金融消费者权益保护工作、内部审计工作等专项报告、《2020 年度董事会工作报告（稿）》《2020 年度股东评估报告》《关于聘请会计师事务所及律师事务所的议案》《关于 2020 年度报告披露等有关事项的议案》《关于修改〈公司章程〉的议案》《关于修改〈股东大会议事规则〉〈董事会议事规则〉的议案》《总经理办公会议事规则》《信托业务投资决策委员会会议事规则》《业务权限管理规定》《全面风险管理指引》《授信集中度管理办法》《声誉风险管理办法》《高级管理层信息报告制度》《中航信托股份有限公司“十四五”规划》《关于拟聘何唐兵为公司副总经理的议案》以及《关于召开 2020 年度股东大会的议案》等议案。

7 月 2 日，召开三届董事会二十一次会议，审议通过了《职业经理人薪酬绩效管理实施细则（试行）》。

8 月 5 日，召开三届董事会二十二次会议，同意公司通过整体吸收合并的方式合并江西航信运营管理有限公司，并将该议案提请公司股东大会审议。

10 月 12 日，召开三届董事会二十三次会议，审议通过了《关于修改〈公司章程〉的议案》《关于修改〈股东大会议事规则〉〈董事会议事规则〉的议案》，同意将议案提交至股东大会审议。还审议通过了《关于推荐第四届董事会独立董事候选人的议案》《中航信托股份有限公司违规责任追究实施办法》和《中航信托股份有限公司风险项目问责实施细则（试行）》。

11 月 18 日，召开三届董事会二十四次会议，审议通过了《中航信托股份有限公司恢复计划》与《中航信托股份有限公司处置计划建议》。

12 月 20 日，召开三届董事会二十五次会议，同意聘任李天舒为公司总会计师，待取得任职资格后正式履职，其任职资格经监管部门核准后生效。审议通过了《中航信托股份有限公司绩效薪酬追索扣回管理办法》；同意修订《中航信托股份有限公司审计规定》；审议通过了《关于核销 2021 年困境资产有关事项的议案》；同意公司增设后台部门行政部；同意修改《公司章程》及《董事监事履职评价办法》，并提交至股东大会审议。

②独立董事履职情况

公司独立董事在报告期内认真履行职责，参加了公司董事会及其专门委员会会议对有关问题的审议，对公司经营发展情况、高级管理人员任免、重大事项变更等重要事项积极发表意见；持续关注公司信托项目受益人利益实现情况，切实维护受益人利益，为公司保持健康快速发展起到了积极作用。

本报告年度内，公司董事会共召开 8 次会议，其中，现场表决会议 2 次，书面传签会议 6 次，独立董事参会情况如下：

独立董事姓名	现场会议	书面传签	授权	缺席
朱武祥	2	6	0	0
胡援成	2	6	0	0

3.2.3　监事会履行职责情况

监事会积极履行职责，列席董事会会议，定期听取高级管理层的工作汇报，开展各项调研等活动，有效实现对公司董事会、高级管理层的履职监督。监事会本年度召开会议情况：

1 月 25 日，召开三届监事会第十一次会议，会议讨论了《监事会 2020 年度工作报告》、研究监事会 2021 年度工作安排、审议通过了《2020 年度公司董事、监事履职评价方案》。

3 月 25 日，召开三届监事会第十二次会议，会议审议通过了《2020 年度董事会监事履职评价报告》《2020年度高级管理人员履职评价报告》及《2020 年度监事会工作报告》，同意将《2020 年度监事会工作报告》提交股东大会审议。

4 月 23 日，召开三届监事会第十三次会议，会议听取了《2020 年度经营班子工作报告》；审查了《2020 年度财务决算及 2021 年度财务预算报告》《2020 年度利润分配方案》《2020 年度内控体系建设工作报告》《2020 年度风险管理报告》《2020 年度金融消保工作报告》《2020 年度内部审计工作报告》《2020 年度董事会工作报告》《2020 年度报告》。

7 月 19 日，召开三届监事会第十四次会议，通报公司上半年经营情况与风险管理情况，讨论《2021 年上半年监事会调研报告》。

9 月 30 日，召开三届监事会第十五次会议，会议审查了三届董事会二十五次会议及 2021 年第三次（临时）股东大会议案，审议了《关于推荐第四届董事会独立董事候选人的议案》，同意推荐肖小和同志为公司第四届监事会候选人，同意修改《监事会议事规则》的议案。

12 月 6 日，召开三届监事会第十六次会议，会议听取公司 1—11 月财务及风险管理工作汇报，通报了 2021年度监事会工作计划完成情况；围绕监事会年度调研报告讨论向董事会及高级管理层提出意见建议；审议通过了《关于修订公司董事监事履职评价办法的议案》，同意提交股东大会审议。

3.2.4 高级管理人员履职情况

报告期内,公司高级管理人员按照《公司法》《信托法》《公司章程》及国家有关法律法规行使职责,认真执行股东大会、董事会决议,维护股东利益;深入学习贯彻党的十九大、十九大二中、三中、四中、五中、六中会议精神、深刻把握"立足新发展阶段、贯彻新发展理念、构建新发展格局"重大战略部署,积极落实国家宏观经济金融政策和监管要求,聚焦公司"十四五"发展规划,以"转型创新年"为主题,立足成为"高品质受托人"的发展定位,发挥金融服务实体经济高质量发展功能定位,坚持回归信托本源,紧紧围绕年度经营目标任务,统筹推进经营管理各项工作,转型发展取得新成效,风险防范和化解取得新进展,实现公司"十四五"良好开局。

4.经营管理

4.1 经营目标、方针、战略规划

4.1.1 经营目标

成为"备受信赖 专业领先 广获尊重的金融整合服务商"

4.1.2 经营方针

持续转型、优化组织、防化风险、稳健发展

4.1.3 战略规划

以实现可持续增长和高质量发展为目标,积极践行ESG理念,塑造另类投资、资产管理、资产服务和财富管理四大战略业务的核心能力与专业品牌,及与之相匹配的组织运营体系,通过智慧与资源的整合,为客户提供专业化、全方位的金融解决方案,实现客户、社会、股东和员工"四位一体"的分享型价值创造和价值增长。

4.2 所经营业务的主要内容

报告期内,公司主要开展业务分为信托业务和固有业务。其中,信托业务为主营业务,主要包括另类投资、资产管理和财富管理业务;固有业务主要包括贷款、金融产品投资和金融股权投资业务。

4.2.1 信托业务

4.2.1.1 另类投资业务

凭借对行业和领域的专业化认知与运营能力,通过设计产品结构,创设金融产品,并作为管理人控制风险,将募集资金投资运用于特定企业或项目,取得融资固定收益或分享企业成长收益。

4.2.1.2 资产管理业务

以金融资产为配置对象,按照一定的配置策略创设金融产品,对资产进行管理和运用,形成投资组合,为客户获取长期、稳定的收益回报。

4.2.1.3 财富管理业务

依托在账户管理、财产独立、风险隔离等方面的制度优势和服务能力,为高净值个人客户、金融机构及工商企业提供专业化的财富管理解决方案,以及资产管理服务以外的资产流转,资金结算,财产监督、保障、传承、分配等受托服务的信托业务。

4.2.2 固有业务

4.2.2.1 贷款

为优质企业提供固有资金贷款等综合金融服务,通过动产质押、房产抵押、土地抵押和连带责任担保等增信方式审慎开展贷款业务,提高公司固有资金使用效率和收益水平。

4.2.2.2 金融产品投资

主要以信托产品投资和债券交易业务为主。公司坚持稳健性原则,谨慎投资,在该类业务上保持平稳发展,逐步拓展投资范围,合理配置资金,满足流动性需求。

4.2.2.3 股权投资

均为金融股权投资,对公司优化固有资产配置、获得长期稳定投资收益、拓展信托业务合作、加强客户积累、提升品牌形象等方面发挥了积极的作用。

4.2.3 主要业务的资产组合与分布

4.2.3.1 固有资产运用与分布表

表4.2.3.1

金额单位:人民币万元

资产运用	金额	占比(%)	资产分布	金额	占比(%)
货币资产	342,775.58	17.45	基础产业	36,664.88	1.87
交易性金融资产	1,381,230.74	70.32	房地产业	245,214.26	12.49
贷款及应收款项等	87,164.21	4.44	证券市场	309,769.59	15.77
其他权益工具投资	78,919.96	4.02	工商企业	435,266.86	22.16
固定资产	48,302.41	2.46	金融机构	582,179.76	29.64
其他	25,675.07	1.31	其他	354,972.62	18.07
资产合计	1,964,067.97	100.00	资产合计	1,964,067.97	100.00

4.2.3.2　信托资产运用与分布表

表 4.2.3.2　　金额单位：人民币万元

资产运用	金额	占比(%)	资产分布	金额	占比(%)
货币资产	3,132,467.13	4.62	基础产业	2,342,531.12	3.46
贷款	9,979,557.63	14.73	房地产	9,384,769.27	13.85
交易性金融资产	6,168,796.09	9.11	证券市场	10,425,760.71	15.39
可供出售金融资产	19,790,107.25	29.21	实业	21,576,696.13	31.85
持有至到期投资	1,873,988.23	2.77	金融机构	7,818,310.62	11.54
长期股权投资	12,195,833.34	18.00	其他	16,199,015.16	23.91
其他	14,606,333.34	21.56	—	—	—
信托总资产	67,747,083.01	100.00	信托总资产	67,747,083.01	100.00

4.3　市场分析

4.3.1　宏观环境分析

2021年，我国从容应对百年变局和世纪疫情，奋力完成改革发展艰巨任务，实现"十四五"良好开局。经济发展依然保持全球领先地位，国家战略科技力量加快发展，产业链韧性和优势得到提升，改革开放向纵深推进。

2021年12月中央经济工作会议提出，2022年经济工作要稳字当头、稳中求进，"稳"是我国经济工作的着力点：在宏观政策层面，将以财政政策的精准性和货币政策的灵活性来保障经济稳定。产业政策层面，则仍以科技消费助力经济转型。房地产政策目标在于满足合理住房需求，促进行业健康发展。

从中长期看，在强大的国家治理能力以及庞大的国内市场潜力的基础上，我国经济长期向好的基本面保持不变。展望2022年，乃至整个"十四五"期间，转型是我国经济增长的长期关键词，我国经济将在"双循环"新发展格局下，构筑以共同富裕为核心、以科创和双碳为两翼的政策铁三角。

4.3.2　影响公司发展的因素

2021年是信托行业转型发展的关键一年，面对新冠肺炎疫情的持续影响，信托业克服了经济增速放缓、国际环境日趋复杂等困难，在监管部门持续压降通道规模、融资类信托规模以及房地产信托规模的要求下，积极谋求转型发展，行业受托资产规模逐渐企稳，信托公司主动管理能力不断提升，转型发展持续深入，经营业绩相对平稳。

展望2022年，疫情等不确定性因素仍将持续，宏观经济形势难以迅速扭转，行业监管预计更加严格，防范化解金融风险压力仍然较大，预计信托业的发展将在"稳"与"进"之间寻找平衡。面对信托行业步入回归本源、转型发展的"新常态"，公司需积极顺应新发展阶段新要求，主动融入新发展格局新征程，正确认识金融供给侧结构性改革目标任务，准确把握信托行业发展客观规律，找准发展路径，补足发展短板，积蓄发展势能，涵养发展后劲，提质增效，实现高质量发展。

4.4　内部控制

4.4.1　内部控制环境和内部控制文化

公司股东大会负责内控机制的顶层谋划；董事会及下设的五个专门委员会对内控管理进行全面领导；公司监事会对董事会建立与实施的内部控制情况进行监督；公司经营管理层及下设部门负责内部控制的日常运行。公司建立涵盖业务拓展、风险管理、合规管理、财务管理、行政管理、信息披露等较为健全的内控制度体系，建立分层次激励约束机制及问责机制，有效地保证了经营管理水平的不断提升和战略规划的实施。公司完善的法人治理结构为公司内部控制目标的实现提供了合理保证。

公司重视内部控制文化建设，始终以坚守风险合规底线和维护受托人利益为出发点，牢固树立"业务发展、内控先行"的文化理念，不断营造和培育"高度重视、全员参与、全面覆盖、全程控制"的内控环境和风险合规文化氛围；建立涵盖企业价值观、经营理念、运行原则、操守规范的文化体系；强调人本理念，注重权、责、利相结合，充分发挥员工积极性、主动性和创造性；注重制度约束，完善和落实问责制，在业务政策、操作程序上进行相应改进，通过风险、合规与监管的良性有效互动，营造良好的合规经营、风险防范的内部控制文化氛围。

4.4.2　内部控制措施

报告期内，公司持续加强业务部门承担管理、风险合规及运营部门推动支持、审计部门监督检查的分工与协作机制，内部控制有效实施。公司进一步健全完善规章制度管理体系，完善操作风险、内控管理、反洗钱管理、绩效考核管理、员工行为管理等机制，编制印发《内部控制管理办法》，开展内部规章制度全面梳理工作，形成系统完备、运行有效的内部控制制度体系；持续优化公司内部控制流程、系统及工具标准，提升管理水平，加强高风险事件管控，按照内控制度要求在重大经营事项决策和开展关键业务时开展专项风险评估，建立风险识别、监测、预警机制体制，定期开展季度风险评估，形成风险评估表,建立以监管周报、项目管理月报、专项报告为体系的项目运营情况报告体系,进一步促进内部控制有效实施;积极开展内控评价工作,如期完成公司层面控制、信托业务管理、财务管理与信息科技管理等流程的内控自评工作;同时,持续加强公司全面风险管理和合规管理体系建设工作,通过有效识别、评估以防范和化解内控风险,为公司的稳健经营提供保障。

4.4.3　信息交流与反馈

公司建立各项规章制度,明确自上而下的授权机制和自下而上的报告机制;通过召开总经理办公会、信托业务投资决策会、季度工作会、各部门工作例会和全体员工大会,确保公司决策层的战略、政策、制度及相关规定能够有效传达;建立有效信息交流、反馈机制和平台,在公司内部通过工作简报、专题会议、邮件、电子办公 OA 系统、企业即时通讯 APP 等渠道,及时、准确、有效地保证治理层、经营管理层和各部门之间信息交流顺畅,及时掌握与反馈公司经营动态和重大事项等。

公司按照监管要求,及时报送各类经营数据、专项报告、年度报告等各类数据,充分、完整地反映公司经营管理状况,并就内外部审计、风险管理等情况与监管机构进行充分沟通;积极履行受托人职责,做实过程监测与定期监督检查,及时、准确向监管机构、客户、中介机构披露相关信息;通过微信公众号、中航信托 APP、视频号、官方网站、媒体宣传等渠道,使内外部人员均能快速了解公司最新动态及最新产品的信息,确保公司对外交流的及时性、有效性、规范性。

4.4.4　监督评价与纠正

4.4.4.1　总体评价

公司现行的内部控制制度较为完整、合理及有效,能够适应管理的要求和发展的需要,能够较好地保证会计资料的真实性、合法性及完整性,能够确保财产物资的安全、完整,能够严格按照法律、法规和公司章程规定的信息披露内容和格式要求,真实、准确、完整、及时地报送及披露信息。

①随着内部控制环境与文化的不断完善,公司形成了较为健全的内部治理机制,形成了分工合理、职责明确、报告关系清晰的组织结构,员工拥有良好的职业操守和较强的诚信意识。

②内部控制职责分工合理、科学,各业务制度和程序全面、系统;各部门、各岗位之间职责分离、相互制约,特别是固有业务和信托业务之间相互独立相互分离的设置,能确保固有业务风险和信托业务风险的有效隔离;各种会计账表、统计信息控制真实、完整;应急制度及法律风险控制措施安全、有效。

③信息交流与沟通顺畅。信息共享、信息交流和信息反馈机制贯穿于公司管理和业务活动各环节,各部门、各岗位信息传递顺畅及时,真实可靠。

④监督与纠正机制有效。公司对内部控制整体有效性施行日常监督,通过内部和外部审计,及时发现经营管理中存在的问题和缺陷,并及时整改、纠正。

随着业务的不断发展,公司内控建设须审时度势、持续完善,特别是当前外部环境、相关政策变化较快,内控体系需要针对不断变化的形势进行相应的改进;内控制度执行个别环节需要加强;全员内控意识和专业能力需要持续提升等。今后,公司将主要从不断完善内控体系建设、提升内部控制制度执行力度、强化相关人员业务水平等方面加大力度,进一步健全完善内部控制。

4.5　风险管理

4.5.1　风险管理概况

公司注重风险控制管理,坚持积极稳健的经营原则,严守风险底线,回归信托本源,进一步强化全面风险管理体系建设,不断完善全面风险管理政策落实;持续深化对信用风险、流动性风险、市场风险和操作风险等大类风险的管理,提高风险防控意识,优化评审决策机制,构建合理高效的风险管控流程;进一步运用现代风险管理控制手段和技术,深度结合公司金融科技规划、着力提升智能风控水平,积极探索科技赋能为风险管理,不断改进和提高风险控制管理质量和水平。

按照“职责明确、功能健全、信息顺畅”的原则,公司建立运行有效的风险管理组织体系,搭建由股东大会、董事会、经营管理层和风险管理职能部门组成的风险管理防线并进行垂直管理,以应对公司经营中面对的各类风险。股东大会负责制定公司经营方针和经营目标,决定公司重大决策和重大方案;董事会及下设专门委员会负责风险管理战略和政策审议工作,授权内外部检查、监督和评价工作;经营管理层及下设委员会负责组织公司风险管理政策制定和战略执行;风险管理职能部门包括风险管理部、合规管理部、稽核审计部、运营管理部等中后台部门及业务部门,负责通过业务方案审核、过程监控、账务管理、证照及档案管理等方式进行风险管理与平行监控。

报告期内,公司加强全面风险管理,优化风险管理机制体制。年度新增 6 项基本风险管理制度,不断建立健全风险管理机制;编制 16 项另类投资、标品投资和家族财富管理业务指引,持续提升风险防控能力,促进公司总体战略及经营目标实现;修订 10 余项风险管理规定,进一步完善公司风险管理制度体系,贯彻落实风险管理政策要求。

4.5.2　风险状况

4.5.2.1　信用风险状况

信用风险是公司面临的主要风险之一,主要指交易对手因履约意愿或履约能力发生变化导致信托财产或公司财产遭受损失的风险,主要表现为在贷款、资产回购、后续资金安排、担保、履约承诺等交易过程中,借款人、担保人、保管人等交易对手不能或不愿履行合约承诺而使信托财产和固有财产遭受损失。

受新冠肺炎疫情和宏观经济下行的影响,公司部分工商企业交易对手经营情况、资金回流等受到影响,信用违约风险加大;年度房地产行业暴雷事件频发,部分交易对手出现不同程度的现金流紧张及流动性压力,房地产企业信用风险显著增加;政信业务新规出台密集,部分基础设施建设项目还款压力略有增大。

公司积极面对外部风险形势带来的不利影响和潜在挑战,加强投前尽职调查,做实项目风险评估,优化交易对手准入管理,持续关注交易对手,及时进行负面舆情监测;针对存在风险或潜在风险的存量项目,积极采取多举措化解风险,及时进行信息披露,必要时采取法律手段;利用科技赋能风险管理,搭建预警、项目管理、量化评价、投前决策四个系统,实现智能化管理。报告期内,公司信用风险总体可控。

4.5.2.2 市场风险状况

市场风险主要是指在开展资产管理业务过程中,市场价格或利率波动而导致的对金融工具的资产价值产生负面波动的风险。主要表现为由于股价、利率、汇率及其他价格因素变动而造成固有财产或信托财产损失的风险以及对公司盈利能力、财务状况的影响。

公司坚持稳健经营的策略,持续关注宏观政策导向与市场供求关系变化,充分深入调研,密切关注各类市场风险,注意控制投资规模和比例,实时监测产品投资管理情况,及时调整产品战略,设置限制性指标和止损限额,通过组合投资分散投资风险。报告期内,公司市场风险可控,未发生因市场风险造成的损失。

4.5.2.3 流动性风险状况

流动性风险是指公司短期内金融资产的流动性不确定变动,或资金周转困难无力偿付到期负债而造成损失或破产的风险。

在金融强监管、经济结构调整等宏观不确定性因素增多的背景下,公司对流动性风险持续保持高度重视,坚持以合规、审慎的原则,从风险识别、计量、监测和控制四个维度入手,落实流动性风险预警机制,采取月度管控、头寸管理、增加募资渠道、加大清收等方式强化流动性管理,保证流动性波动平稳。报告期内,公司各业务条线均未发生重大流动性兑付危机,流动性风险可控。

4.5.2.4 操作风险状况

操作风险是指由不完善或有问题的管理制度、内部程序、人员岗位和信息科技系统,以及外部事件所造成损失的风险。

公司通过规范各项业务流程、加强内控等手段、完善信息系统以管理操作风险,同时通过明确操作风险责任部门的方式,提升公司信托项目的独立管理能力,降低公司操作风险。报告期内,公司未发生因操作风险造成的损失。

4.5.2.5 其他风险状况

其他风险主要包括政策风险、合规风险和声誉风险等。政策风险是指宏观政策以及行业政策的变动对公司经营环境和发展所造成的影响。合规风险是指因未能遵循法律、监管规定、规则、自律性组织制定的有关准则以及适用于自身业务活动的行为准则而可能遭受法律制裁或重大监管处罚、重大财务损失或声誉损失的风险。声誉风险是指由公司行为、从业人员行为或外部事件等,导致利益相关方、社会公众、媒体等对公司形成负面评价,从而损害公司品牌价值、不利正常经营乃至影响市场和社会稳定的风险。报告期内,公司通过差异化管控措施,严控其他各类风险,未发生因其他风险造成的损失。

4.5.2.6 净资本管理状况

2021年末,公司各项净资本风险控制指标均符合监管政策要求。

指标	2021年末	预警范围
净资本(亿元)	149.78	≤2亿元
净资本/各项风险资本之和(%)	166.29%	≤100%
净资本/净资产(%)	86.19%	≤40%

4.5.3 风险管理措施

4.5.3.1 信用风险管理

公司严格履行受托人职责,积极面对外部风险形势带来的不利影响和潜在挑战,高度重视信用风险管理,加强信用风险防范,强化过程管理,加大风险预警处置力度,及时转移、释放和化解信用风险。具体措施包括:一是对固有贷款和信托业务实施“三查”制度,对交易对手信用资质和项目可行性进行尽职调查,提升风险管理部等中后台部门现场尽调比例,做实项目风险评估;二是年度新增制定16项业务操作指引,持续推进并优化各类业务交易对手的准入管理,加强交易主体信用管理,防范新增项目出现风险;三是进一步加强过程管理,建立投后风险督导台账,定期跟踪重点合作房企并对存续业务进行梳理,持续关注交易对手,及时进行负面舆情监测;四是利用科技赋能风险管理,搭建预警、项目管理、量化评价、投前决策四个系统,初步实现尽职管理智能化,目前正推进数据平台、尽职尽责系统等智能化平台建设;五是加大风险处置人员配置,成立困境资产业务部,丰富风险处置手段,加强行业处置交流,大力推进存量风险项目的清收处置工作。

4.5.3.2 市场风险管理

公司主要负责开展证券投资业务的部门为资产管理部,其固有业务未直接开展此类相关业务。公司一是加强关注国家宏观政策变化及市场风险水平,对宏观经济走势、政策变化、投资策略演变及其他影响市场变化的因素进行持续分析研究。二是严格实施资产入池管理要求并动态更新,密切关注历史数据中的不正常波动,采用分散化投资、优化资产组合、对冲久期管理等市场风险管理方法,以规避或降低市场风险。三是制定前、中后台相隔离的风险管理制度、证券投资池标准机制、风险限额指标以及风控系统等进行证券投资业务的风险管理,并设置专职风控人员进行风险管理。四是强化市场风险监测，关注证券市场运行趋势，根据对股价变动的判断确定投资交易时机和止盈止损幅度，严格控制股价变动风险。通过将市场风险拆分为利率、股票、汇率等细分风险资本，保持对行业、个股及市场行情的动态跟踪、研究，分散非系统性风险；五是依托公司数字化平台，有效加强公司风控、运营、合规等中后台部门的风控协同，提升了公司对证券投资类业务的风险管理水平。

4.5.3.3 流动性风险管理

年度公司进一步完善流动性风险管理体系，坚持全面性、审慎性、合规性等原则，从风险识别、计量、监测及控制方面细化管理程序，采取合理的流动性风险管控手段，具体措施包括：一是做好新增项目准入管控，持续健全完善包括限额管理、集中度管理和流动性风险监测在内的综合风险管理机制，采取严控期限错配、力争维持机构资金占比等风险管控措施，完善表内与表外风险隔离机制，继续加强存续项目的精细化管理，加强流动性风险的前瞻性管理。二是建立流动性风险与其他风险关联性监测和应对机制，对信托业务整体流动性风险状况进行定期监测，按季度及月度提前测算期限错配项目及风险资产项目资金端流动性缺口规模，采用优质流动性资产储备与动态现金流测算，监控信托产品资金端与资产端期限错配与现金流缺口情况，评估流动性风险容忍度，提前进行限额管理。三是通过拓宽临时性应急融资提升流动性贮备能力。通过向信保基金公司借款，向银行间同业拆借，与股东及关联方之间的流动性支持贮备流动性，在监管允许的前提下，一次性发行与底层项目剩余期限匹配的新产品续接，严格控制新产品发行规模在所续接的存量产品规模范围内，确保流动性缺口规模逐年降低。四是进一步通过加大底层资产回款力度、正常或提前结束信托项目等措施予以解决。持续做好贷后管理工作，在各个回款节点加强回款催收，针对可能出现风险因素、管理漏洞的项目，加强项目回访和现场监管，对于风险项目，综合运用司法诉讼、民事仲裁、谈判和解、资产重组等方式，加强跟踪督促、适时调整，从源头上推动信托项目风险有效化解。

4.5.3.4 操作风险管理

公司构建业务部门第一道防线、中台部门第二道防线、审计部门第三道防线的操作风险管理架构。持续完善内控制度体系，健全公司各项规章制度和操作流程，建立行之有效的内控制度和内控流程，切实加强执行力度；强调业务管理的过程控制，设置事前、事中和事后相互支持和制约的职责关系；强化内部制衡机制，明确划分相关部门之间、岗位之间的职责，建立职责分离、横向与纵向相互监督制约的运行机制，实施严格的复核和审批程序；进一步完善流程系统化数字化建设，将业务流程、风险指标、预警监测嵌入信息系统管理，设定严格的流程与使用权限，实现业务流程的线上运作，提高业务操作标准化和规范化程度，提升管理数字化、智能化水平。对现有制度执行情况和制度完备性进行定期的检查修订，年度全面梳理、修订、升级，累计新增、修订各类制度等共计200余项；定期加强员工教育和培训，制定出台《受托人尽职管理操作手册》，提高员工责任意识、风险意识，形成良好的内部受托管理文化氛围。

4.5.3.5 其他风险管理

公司通过加强对国家政策的分析和研究，准确把握政策变化趋势，根据监管政策和市场的变化，加强政策风险管理，适时调整发展战略和经营策略。

公司严格按照法律法规规定开展各项业务，项目严格执行业务合规审查标准，执行合规一票否决制；保持与监管部门的积极沟通，确保公司经营活动符合国家政策和监管要求；完善受托人尽职尽责体系建设，优化项目管理系统，进一步强化受托人投贷后管理能力。从完善公司治理、加强合规管理体系机制建设、培育良好合规文化等方面构建有效的合规风险管理机制。

公司成立新闻办公室，加强声誉风险管理的制度建设、舆情监测、媒体关系、应急处置等方面工作，根据《银行保险机构声誉风险管理办法（试行）》有关要求，将声誉风险纳入全面风险管理体系。年度内编制印发《声誉风险管理办法》，通过举证、沟通、投诉等方式，多次采用删除、更正失实报道，发布正面文章对冲等方式有效维护公司声誉。先后开展2次声誉风险全员培训，3次声誉风险排查，完成1次声誉风险应急演练，从源头上减少声誉风险触发因素，为公司发展创造良好的舆论环境。

4.6 绿色信托

2021年，公司始终坚持贯彻落实国家绿色发展理念，积极助力我国碳达峰与碳中和目标，围绕公司治理、专题研究、经营发展和信息披露持续构建“四位一体”的绿色信托工作体系。

公司治理层面，在制定公司“十四五”规划过程中，公司以实现可持续增长和高质量发展为目标，将ESG评价体系纳入战略制定与管理全流程，树立责任投资理念，保持战略定力，秉持长期主义价值观提升战略韧性，实现可持续发展，彰显战略价值。

专题研究层面，中航信托持续深耕绿色信托研究，在行业内首次系统性提出绿色信托理念，连续5年发布绿色信托专题研究报告。报告期内，公司成功发布《绿色建筑信托标准评价体系（2020－2021）》，旨在帮助信托公司建立绿色建筑信托的业务操作指引，赋能绿色建筑行业高质量发展。

经营发展层面，持续深化“绿色产业＋金融生态圈”发展路径，大力培育创新绿色领域的信托业务。公司设立的全国首单“碳中和”主题绿色信托计划，助力控排企业完成碳履约，为非控排企业提供全套碳中和服务，荣获主流媒体评选为“年度绿色投资项目”奖项。公司绿色生态慈善信托支持的保护此碧莲案例成功入选“生物多样性100＋全球典型案例”，汇编成册并在COP15大会期间广泛宣传。截至2021年底，公司绿色信托所投产业已覆盖《绿色产业指导目录(2019)》的六大分类,累计资产规模逾428.08亿元。此外,公司总部大楼航信大厦获得了由中国节能协会、中国质量认证中心、上海环境能源交易所三方分别颁发的《中航信托航信大厦2020年度碳中和证书》,中航信托也将以此为契机,继续努力向低碳零碳转型,切实履行央企金融机构的社会责任和担当。

信息披露层面,公司作为唯一一家信托公司代表,参与了中国人民银行《金融机构环境信息披露指南》标准的编制工作。公司结合ESG评级指标体系,科学、及时、有效地向社会公众开展信息披露,于2021年4月发布了首份《2020年度ESG报告》,披露公司在面对环境、社会责任与公司治理等责任领域的实践与绩效,以更加全面、综合的角度向社会各界传递公司在ESG领域的实践与成果,引导交易伙伴和客户共同融入低碳减排的绿色生产生活中,努力实现低碳、零碳转型。

4.7　企业社会责任

公司秉承航空报国、航空强国的股东文化,积极履行社会责任,以实际行动支持巩固脱贫攻坚、助力乡村振兴、疫情防控、慈善信托、爱心公益、绿色生态、维护金融稳定等事业,充分发挥信托制度优势支持实体经济发展,以信托融资、供应链金融等模式支持小微企业发展,大力发展绿色信托,主动践行ESG新主张,持续为社会、为客户、为股东创造价值。

有效做好脱贫攻坚与乡村振兴的衔接,一是重新组建驻村工作队,选派3名优秀青年干部分别担任驻村第一书记与工作队员,通过建立乡村振兴慈善信托、援建中草药种植基地、红薯干扶贫车间、蜜蜂产业、新时代文明示范点等,累计投入近100万元。与"善品公社"通力合作,继续开展"永新黄桃"线上推广,实现黄桃销售额超30万元,并通过消费帮扶采买"生态稻米"16万余元,为浆坑村拓展脱贫攻坚成果注入持续动能。二是整合社会力量,支持集团定点帮扶县贵州省紫云、关岭、镇宁、普定,陕西省西乡县,累计协调引入帮扶项目资金607余万元,用爱心包裹项目、高中自强班项目以及新农人培训助力乡村振兴。三是通过走访慰问、结对帮扶、党建调研、技术交流、产业指导、公益活动等方式,吸引社会帮扶力量到贫困地区,持续激发贫困群众内生发展动力。

主动投身社会公益实践,持续开展爱心捐赠、航空科普、夏日送清凉、无偿献血等各类扶贫助困献爱心活动,践行航空报国精神、弘扬社会正能量;公司"吴大观"志愿者与上栗县贫困学童开展结对帮扶;连续6年冠名善行者活动,连续5年组织员工和客户参加善行者公益徒步活动,累计倡导社会筹集善款1500余万元。

发挥信息化优势,着重扩大消保覆盖面,充分发挥微信公众号、手机应用程序(APP)等新型线上媒体平台的优势,利用网络直播覆盖面广、传播速度快、非接触的特点,邀请知名学者、行业专家相继推出《消费者享有的权益与法律责任保障》《警惕洗钱陷阱,保护自身利益》《信托登记对投资者保护、投资者服务的作用》《信托法二十年》等精彩纷呈、内容翔实的直播公开课,公开课累积近10000人次参与,进一步拓展消保宣传教育的广度、深度。

坚持以人为本,强化民主管理,通过建设多层次培训体系,完善职工晋升通道、丰富职工文体活动、强化职工健康保障等举措,不断提升职工的安全感、获得感和幸福感。突出文化赋能,深化企业文化建设,中航信托延续2020年信托文化建设主线,推出"蒲公英行动",寓意将"送文化"转变为"种文化",并将2021年文化建设工作确定为"1314"体系,打造1个年度品牌活动,树立3条常态化文化建设路径,每季度推出1个重点活动。依据"种"文化理念、时间顺序、重大节庆划分为4个文化建设板块,打出一套普及信托文化的"组合拳"。

5. 报告期末及上一年度末的比较式会计报表

5.1　固有资产

5.1.1　大华会计师事务所(特殊普通合伙)审计意见

中航信托股份有限公司财务报表在所有重大方面按照企业会计准则的规定编制,公允反映了中航信托股份有限公司2021年12月31日的财务状况以及2021年度的经营成果和现金流量。

5.1.2　资产负债表

金额单位:人民币万元

项目	2021年12月31日		2020年12月31日	
	合并	母公司	合并	母公司
货币资金	342,775.68	332,188.91	235,058.03	233,354.30
应收款项	615.03	615.03	2,788.79	2,788.79
预付款项	2,061.09	2,061.09	239.44	239.44
其他应收款	45,785.66	50,045.66	49,216.33	48,956.27
发放贷款和垫款	38,702.43	38,702.43	40,892.57	40,892.57
交易性金融资产	1,381,230.74	631,033.19	1,203,421.47	1,023,544.12

续表

项目	2021年12月31日		2020年12月31日	
	合并	母公司	合并	母公司
其他权益工具投资	78,919.96	78,919.96	111,200.00	111,200.00
投资性房地产	16,294.26	16,294.26	2,969.53	2,969.53
固定资产	24,580.61	24,580.61	2,932.27	2,932.27
使用权资产	10,448.67	10,448.67	6,956.77	6,956.77
无形资产	7,427.54	7,427.54	1,085.59	1,085.59
长期待摊费用	793.07	793.07	1,207.08	1,207.08
递延所得税资产	14,066.67	14,066.67	7,763.52	7,763.52
其他资产	366.55	613,832.83	934.38	169,146.66
资产总计	1,964,067.97	1,821,009.93	1,666,665.76	1,653,036.91

法定代表人:姚江涛　　主管会计工作的负责人:周祺　　会计机构负责人:刘燕

(二)资产负债表(续)

金额单位:人民币万元

项目	2021年12月31日		2020年12月31日	
	合并	母公司	合并	母公司
应付职工薪酬	1,759.35	1,759.35	11,303.06	11,303.06
应交税费	34,213.01	33,569.65	45,849.36	45,842.84
应付股利	16,890.92	16,890.92	105,323.08	105,323.08
其他应付款	20,522.62	12,581.56	71,221.33	70,834.96
合同负债	—	—	3,811.11	3,811.11
租赁负债	9,618.81	9,618.81	6,956.77	6,956.77
递延所得税负债	9,012.46	9,012.46	16,800.00	16,800.00
其他负债	134,473.62	—	13,235.97	—
负债合计	226,490.80	83,432.76	274,500.67	260,871.82
实收资本	646,613.23	646,613.23	465,726.71	465,726.71
资本公积	136,588.46	136,588.46	117,474.98	117,474.98
其他综合收益	27,037.39	27,037.39	50,400.00	50,400.00
盈余公积	141,303.91	141,303.91	124,426.44	124,426.44
一般风险准备	103,023.03	103,023.03	94,333.27	94,333.27
未分配利润	683,011.15	683,011.15	539,803.69	539,803.69
所有者权益合计	1,737,577.17	1,737,577.17	1,392,165.09	1,392,165.09
负债和所有者权益总计	1,964,067.97	1,821,009.93	1,666,665.76	1,653,036.91

法定代表人:姚江涛　　主管会计工作的负责人:周祺　　会计机构负责人:刘燕

5.1.3 利润表

金额单位：人民币万元

项目	2021年度		2020年度	
	合并	母公司	合并	母公司
一、营业总收入	348,804.35	348,680.22	376,851.91	376,462.14
利息净收入	3,778.98	3,778.98	-1,862.95	-1,869.58
利息收入	5,363.29	5,363.29	2,327.94	2,321.31
利息支出	1,584.31	1,584.31	4,190.89	4,190.89
手续费及佣金净收入	394,333.46	395,002.27	382,603.45	382,603.45
手续费及佣金收入	394,803.99	395,472.80	382,856.35	382,856.35
手续费及佣金支出	470.52	470.52	252.90	252.90
投资收益	38,682.79	22,206.90	69,733.94	66,485.84
公允价值变动收益	-88,833.47	-73,150.52	-73,742.71	-70,877.74
汇兑收益	-2.15	-2.15	-2.68	-2.68
其他业务收入	836.56	836.56	121.31	121.31
资产处置收益	8.17	8.17	1.54	1.54
二、营业总支出	127,419.62	127,295.49	114,715.97	114,326.20
税金及附加	2,432.36	2,432.36	2,642.95	2,642.95
业务及管理费	114,962.47	114,838.34	104,795.90	104,406.14
研发费用	4,743.36	4,743.36	488.29	488.29
信用减值损失	4,963.47	4,963.47	6,767.05	6,767.05
其他业务成本	317.96	317.96	21.78	21.78
三、营业利润	221,384.73	221,384.73	262,135.94	262,135.94
加:营业外收入	32.95	32.95	26.75	26.75
减:营业外支出	431.89	431.89	693.90	693.90
四、利润总额	220,985.78	220,985.78	261,468.79	261,468.79
减:所得税费用	53,098.91	53,098.91	63,390.47	63,390.47
五、净利润	167,886.88	167,886.88	198,078.32	198,078.32

法定代表人:姚江涛　　主管会计工作的负责人:周祺　　会计机构负责人:刘燕

5.1.4 所有者权益变动表

(一)所有者权益变动表(合并)

金额单位：人民币万元

项目	2021年度(合并)						
	股本	资本公积	其他综合收益	盈余公积	一般风险准备	未分配利润	所有者权益合计
一、上年年末余额	465,726.71	117,474.98	50,400.00	124,426.44	94,333.27	539,803.69	1,392,165.09
加:会计政策变更							

续表

项目	2021年度(合并)						
	股本	资本公积	其他综合收益	盈余公积	一般风险准备	未分配利润	所有者权益合计
二、本年年初余额	465,726.71	117,474.98	50,400.00	124,426.44	94,333.27	539,803.69	1,392,165.09
三、本年增减变动金额	180,886.52	19,113.48	-23,362.61	16,877.47	8,689.75	143,207.47	345,412.08
(一)综合收益总额			-22,474.79			167,886.88	145,412.08
(二)所有者投入和减少资本	63,411.54	136,588.46					200,000.00
1.所有者投入的普通股	63,411.54	136,588.46					200,000.00
(三)利润分配				16,788.69	8,689.75	-25,478.44	
1.提取盈余公积				16,788.69		-16,788.69	
2.提取一般风险准备					8,689.75	-8,689.75	
3.对所有者的分配							
(四)所有者权益内部结转	117,474.98	-117,474.98	-887.81	88.78		799.03	
1.资本公积转增股本	117,474.98	-117,474.98					
2.盈余公积转增股本							
5.其他综合收益结转留存收益			-887.81	88.78		799.03	
(五)其他							
四、本年末余额	646,613.23	136,588.46	27,037.39	141,303.91	103,023.03	683,011.15	1,737,577.17

法定代表人:姚江涛　　主管会计工作的负责人:周祺　　会计机构负责人:刘燕

(二)所有者权益变动表(合并)

金额单位：人民币万元

项目	2020 年度(合并)						
	股本	资本公积	其他综合收益	盈余公积	一般风险准备	未分配利润	所有者权益合计
一、上年年末余额	465,726.71	117,474.98	59,698.62	104,618.61	84,089.27	449,367.27	1,280,975.46
加：会计政策变更							
二、本年年初余额	465,726.71	117,474.98	59,698.62	104,618.61	84,089.27	449,367.27	1,280,975.46
三、本年增减变动金额			-9,298.62	19,807.83	10,244.00	90,436.41	111,189.63
(一)综合收益总额			-9,298.62			198,078.32	188,779.70
(二)所有者投入和减少资本							
1. 所有者投入的普通股							
(三)利润分配				19,807.83	10,244.00	-107,641.90	-77,590.07
1. 提取盈余公积				19,807.83		-19,807.83	
2. 提取一般风险准备					10,244.00	-10,244.00	
3. 对所有者的分配						-77,590.07	-77,590.07
(四)所有者权益内部结转							
1. 资本公积转增股本							
2. 盈余公积转增股本							
(五)其他							
四、本年末余额	465,726.71	117,474.98	50,400.00	124,426.44	94,333.27	539,803.69	1,392,165.09

法定代表人：姚江涛　　　　主管会计工作的负责人：周祺　　　　会计机构负责人：刘燕

(三)所有者权益变动表(母公司)

金额单位：人民币万元

项目	2021年度(母公司)						
	股本	资本公积	其他综合收益	盈余公积	一般风险准备	未分配利润	所有者权益合计
一、上年年末余额	465,726.71	117,474.98	50,400.00	124,426.44	94,333.27	539,803.69	1,392,165.09
加:会计政策变更							
二、本年年初余额	465,726.71	117,474.98	50,400.00	124,426.44	94,333.27	539,803.69	1,392,165.09
三、本年增减变动金额	180,886.52	19,113.48	-23,362.61	16,877.47	8,689.75	143,207.47	345,412.08
(一)综合收益总额			-22,474.79			167,886.88	145,412.08
(二)所有者投入和减少资本	63,411.54	136,588.46					200,000.00
1.所有者投入的普通股	63,411.54	136,588.46					200,000.00
(三)利润分配				16,788.69	8,689.75	-25,478.44	
1.提取盈余公积				16,788.69		-16,788.69	
2.提取一般风险准备					8,689.75	-8,689.75	
3.对所有者的分配							
(四)所有者权益内部结转	117,474.98	-117,474.98	-887.81	88.78		799.03	
1.资本公积转增股本	117,474.98	-117,474.98					
2.盈余公积转增股本							
5.其他综合收益结转留存收益			-887.81	88.78		799.03	
(五)其他							
四、本年末余额	646,613.23	136,588.46	27,037.39	141,303.91	103,023.03	683,011.15	1,737,577.17

法定代表人:姚江涛　　主管会计工作的负责人:周祺　　会计机构负责人:刘燕

（四）所有者权益变动表（母公司）

金额单位：人民币万元

项目	2020 年度（母公司）						
	股本	资本公积	其他综合收益	盈余公积	一般风险准备	未分配利润	股东权益合计
一、上年年末余额	465,726.71	117,474.98	59,698.62	104,618.61	84,089.27	449,367.27	1,280,975.46
加：会计政策变更							
二、本年年初余额	465,726.71	117,474.98	59,698.62	104,618.61	84,089.27	449,367.27	1,280,975.46
三、本年增减变动金额			-9,298.62	19,807.83	10,244.00	90,436.41	111,189.63
（一）综合收益总额			-9,298.62			198,078.32	188,779.70
（二）所有者投入和减少资本							
1. 所有者投入的普通股							
（三）利润分配				19,807.83	10,244.00	-107,641.90	-77,590.07
1. 提取盈余公积				19,807.83		-19,807.83	
2. 提取一般风险准备					10,244.00	-10,244.00	
3. 对所有者的分配						-77,590.07	-77,590.07
（四）所有者权益内部结转							
1. 资本公积转增股本							
2. 盈余公积转增股本							
（五）其他							
四、本年末余额	465,726.71	117,474.98	50,400.00	124,426.44	94,333.27	539,803.69	1,392,165.09

法定代表人：姚江涛　　主管会计工作的负责人：周祺　　会计机构负责人：刘燕

5.2 信托资产

5.2.1 信托项目资产负债表

表 5.2.1 金额单位:人民币万元

信托资产	2021年12月31日	信托负债和信托权益	2021年12月31日
信托资产:		信托负债:	
货币资金	3,132,467.13	交易性金融负债	0.00
拆出资金	0.00	衍生金融负债	0.00
存出保证金	0.00	应付受托人报酬	21,348.97
交易性金融资产	6,168,796.09	应付托管费	1,028.35
衍生金融资产	0.00	应付受益人收益	11,934.06
买入返售金融资产	658,795.82	应交税费	26,160.45
应收款项	572,804.41	应付销售服务费	35,407.79
发放贷款	9,979,557.63	其他应付款项	1,043,389.73
可供出售金融资产	19,790,107.25	预计负债	0.00
持有至到期投资	1,873,988.23	其他负债	959.36
长期应收款	729,828.88		
长期股权投资	12,195,833.34	信托负债合计	1,140,228.70
投资性房地产	0.00		
固定资产	0.00	信托权益:	
无形资产	0.00	实收信托	65,883,311.87
长期待摊费用	1,983.52	资本公积	51,284.30
其他资产	12,642,920.70	未分配利润	672,258.14
减:各项资产减值准备	0.00	信托权益合计	66,606,854.31
信托资产总计	67,747,083.01	信托负债及信托权益总计	67,747,083.01

注:实收信托合计金额是信托本金累计给付额。

5.2.2 信托项目利润及利润分配表

表 5.2.2 金额单位:人民币万元

项目	2021年度
1.营业收入	4,933,396.19
1.1 利息收入	2,373,637.43
1.2 投资收益(损失以"-"号填列)	1,978,100.52
1.2.1 其中:对联营企业和合营企业的投资收益	0.00
1.3 公允价值变动收益(损失以"-"号填列)	65,570.24
1.4 租赁收入	0.00
1.5 汇兑损益(损失以"-"号填列)	0.00
1.6 其他收入	516,088.01

续表

项目	2021年度
2.支出	746,140.34
2.1 营业税金及附加	12,107.29
2.2 受托人报酬	266,317.91
2.3 托管费	14,207.13
2.4 投资管理费	548.33
2.5 销售服务费	77,718.47
2.6 交易费用	952.48
2.7 资产减值损失	11,044.60
2.8 其他费用	363,244.13

续表

项目	2021 年度
3. 信托净利润(净亏损以"－"号填列)	4,187,255.85
4. 其他综合收益	－46,650.00
5. 综合收益	4,140,605.85
6. 加:期初未分配信托利润	330,589.28
7. 可供分配的信托利润	4,471,195.12
8. 减:本期已分配信托利润	3,798,936.98
9. 期末未分配信托利润	672,258.14

6. 会计报表附注

6.1　会计报表编制基准

6.1.1　会计报表不符合会计核算基本前提的说明

本公司报告期内会计报表无不符合会计核算基本前提的事项。

6.1.2　合并会计报表

根据2014年修订的《企业会计准则第33号—合并财务报表》的要求,公司将满足准则规定"控制"定义的24个结构化主体纳入合并财务报表范围,合并该等结构化主体对本公司于2021年12月31日的财务状况及截至2021年12月31日的经营成果及现金流量影响并不重大,因此,不对这些被合并主体的财务信息进行单独披露。

6.2　重要会计政策和会计估计说明

6.2.1　计提资产减值准备的范围和方法

本公司在资产负债表日判断长期资产是否存在可能发生减值的迹象。如果长期资产存在减值迹象的,以单项资产为基础估计其可收回金额;难以对单项资产的可收回金额进行估计的,以该资产所属的资产组为基础确定资产组的可收回金额。

资产可收回金额的估计,根据其公允价值减去处置费用后的净额与资产预计未来现金流量的现值两者之间较高者确定。

可收回金额的计量结果表明,长期资产的可收回金额低于其账面价值的,将长期资产的账面价值减记至可收回金额,减记的金额确认为资产减值损失,计入当期损益,同时计提相应的资产减值准备。资产减值损失一经确认,在以后会计期间不得转回。

资产减值损失确认后,减值资产的折旧或者摊销费用在未来期间作相应调整,以使该资产在剩余使用寿命内,系统地分摊调整后的资产账面价值(扣除预计净残值)。

6.2.2　金融资产的分类、确认和计量

本公司根据所管理金融资产的业务模式和金融资产的合同现金流量特征,将金融资产划分为以下三类:

(1)以摊余成本计量的金融资产。

(2)以公允价值计量且其变动计入其他综合收益的金融资产。

(3)以公允价值计量且其变动计入当期损益的金融资产。

金融资产在初始确认时以公允价值计量,但是因销售商品或提供服务等产生的应收账款或应收票据未包含重大融资成分或不考虑不超过一年的融资成分的,按照交易价格进行初始计量。

对于以公允价值计量且其变动计入当期损益的金融资产,相关交易费用直接计入当期损益,其他类别的金融资产相关交易费用计入其初始确认金额。

金融资产的后续计量取决于其分类,当且仅当本公司改变管理金融资产的业务模式时,才对所有受影响的相关金融资产进行重分类。

(1)分类为以摊余成本计量的金融资产

金融资产的合同条款规定在特定日期产生的现金流量仅为对本金和以未偿付本金金额为基础的利息的支付,且管理该金融资产的业务模式是以收取合同现金流量为目标,则本公司将该金融资产分类为以摊余成本计量的金融资产。本公司分类为以摊余成本计量的金融资产包括货币资金、应收票据、应收账款、其他应收款、其他债权投资、长期应收款等。

本公司对此类金融资产采用实际利率法确认利息收入,按摊余成本进行后续计量,其发生减值时或终止确认、修改产生的利得或损失,计入当期损益。除下列情况外,本公司根据金融资产账面余额乘以实际利率计算确定利息收入:

1)对于购入或源生的已发生信用减值的金融资产,本公司自初始确认起,按照该金融资产的摊余成本和经信用调整的实际利率计算确定其利息收入。

2)对于购入或源生的未发生信用减值、但在后续期间成为已发生信用减值的金融资产,本公司在后续期间,按照该金融资产的摊余成本和实际利率计算确定其利息收入。若该金融工具在后续期间因其信用风险有所改善而不再存在信用减值,本公司转按实际利率乘以该金融资产账面余额来计算确定利息收入。

(2)分类为以公允价值计量且其变动计入其他综合收益的金融资产

金融资产的合同条款规定在特定日期产生的现金流量仅为对本金和以未偿付本金金额为基础的利息的支付,且管理该金融资产的业务模式既以收取合同现金流量为目标又以出售该金融资产为目标,则本公司将该金融资产分类为以公允价值计量且其变动计入其他综合收益的金融资产。本公司对此类金融资产采用实际利率法确认利息收入。除利息收入、减值损失及汇兑差额确认为当期损益外,其余公允价值变动计入其他综合收益。当该金融资产终止确认时,之前计入其他综合收益的累计利得或损失从其他综合收益中转出,计入当期损益。

以公允价值计量且变动计入其他综合收益的应收票据及应收账款列报为应收款项融资,其他此类金融资产列报为其他债权投资，其中：自资产负债表日起一年内到期的其他债权投资列报为一年内到期的非流动资产，原到期日在一年以内的其他债权投资列报为其他流动资产。

(3)指定为以公允价值计量且其变动计入其他综合收益的金融资产

在初始确认时，本公司可以单项金融资产为基础不可撤销地将非交易性权益工具投资指定为以公允价值计量且其变动计入其他综合收益的金融资产。

此类金融资产的公允价值变动计入其他综合收益，不需计提减值准备。该金融资产终止确认时，之前计入其他综合收益的累计利得或损失从其他综合收益中转出，计入留存收益。本公司持有该权益工具投资期间，在本公司收取股利的权利已经确立，与股利相关的经济利益很可能流入本公司，且股利的金额能够可靠计量时，确认股利收入并计入当期损益。本公司对此类金融资产在其他权益工具投资项目下列报。

权益工具投资满足下列条件之一的，属于以公允价值计量且其变动计入当期损益的金融资产：取得该金融资产的目的主要是为了近期出售；初始确认时属于集中管理的可辨认金融资产工具组合的一部分，且有客观证据表明近期实际存在短期获利模式；属于衍生工具（符合财务担保合同定义的以及被指定为有效套期工具的衍生工具除外）。

(4)分类为以公允价值计量且其变动计入当期损益的金融资产

不符合分类为以摊余成本计量或以公允价值计量且其变动计入其他综合收益的金融资产条件、亦不指定为以公允价值计量且其变动计入其他综合收益的金融资产均分类为以公允价值计量且其变动计入当期损益的金融资产。

本公司对此类金融资产采用公允价值进行后续计量，将公允价值变动形成的利得或损失以及与此类金融资产相关的股利和利息收入计入当期损益。

本公司对此类金融资产根据其流动性在交易性金融资产、其他非流动金融资产项目列报。

6.2.3 投资性房地产核算方法

投资性房地产是指为赚取租金或资本增值，或两者兼有而持有的房地产，包括已出租的土地使用权、持有并准备增值后转让的土地使用权、已出租的建筑物。此外，对于本公司持有以备经营出租的空置建筑物，若董事会作出书面决议，明确表示将其用于经营出租且持有意图短期内不再发生变化的，也作为投资性房地产列报。

本公司的投资性房地产按其成本作为入账价值，外购投资性房地产的成本包括购买价款、相关税费和可直接归属于该资产的其他支出；自行建造投资性房地产的成本，由建造该项资产达到预定可使用状态前所发生的必要支出构成。

本公司对投资性房地产采用成本模式进行后续计量，按其预计使用寿命及净残值率对建筑物和土地使用权计提折旧或摊销。投资性房地产的用途改变为自用时，自改变之日起，本公司将该投资性房地产转换为固定资产或无形资产。自用房地产的用途改变为赚取租金或资本增值时，自改变之日起，本公司将固定资产或无形资产转换为投资性房地产。发生转换时，以转换前的账面价值作为转换后的入账价值。

当投资性房地产被处置，或者永久退出使用且预计不能从其处置中取得经济利益时，终止确认该项投资性房地产。投资性房地产出售、转让、报废或毁损的处置收入扣除其账面价值和相关税费后的金额计入当期损益。

投资性房地产是指为赚取租金或资本增值，或两者兼有而持有的房地产。包括已出租的土地使用权、持有并准备增值后转让的土地使用权、已出租的建筑物等。此外，对于本公司持有以备经营出租的空置建筑物，若董事会作出书面决议，明确表示将其用于经营出租且持有意图短期内不再发生变化的，也作为投资性房地产列报。

本公司的投资性房地产按其成本作为入账价值，外购投资性房地产的成本包括购买价款、相关税费和可直接归属于该资产的其他支出；自行建造投资性房地产的成本，由建造该项资产达到预定可使用状态前所发生的必要支出构成。

6.2.4 固定资产计价和折旧方法

(1)固定资产确认条件

固定资产指为生产商品、提供劳务、出租或经营管理而持有，并且使用寿命超过一个会计年度的有形资产。固定资产在同时满足下列条件时予以确认：

1)与该固定资产有关的经济利益很可能流入企业；

2)该固定资产的成本能够可靠地计量。

(2)固定资产初始计量

本公司固定资产按成本进行初始计量。

1)外购的固定资产的成本包括买价、进口关税等相关税费，以及为使固定资产达到预定可使用状态前所发生的可直接归属于该资产的其他支出。

2)自行建造固定资产的成本，由建造该项资产达到预定可使用状态前所发生的必要支出构成。

3)投资者投入的固定资产，按投资合同或协议约定的价值作为入账价值，但合同或协议约定价值不公允的按公允价值入账。

4)购买固定资产的价款超过正常信用条件延期支付，实质上具有融资性质的，固定资产的成本以购买价款的现值为基础确定。实际支付的价款与购买价款的现值之间的差额，除应予资本化的以外，在信用期间内计入当期损益。

(3)固定资产后续计量及处置

1)固定资产折旧

固定资产折旧按其入账价值减去预计净残值后在预计使用寿命内计提。对计提了减值准备的固定资产，则在未来期间按扣除减值准备后的账面价值及依据尚可使用年限确定折旧额；已提足折旧仍继续使用的固定资产不计提折旧。

本公司根据固定资产的性质和使用情况，确定固定资产的使用寿命和预计净残值。并在年度终了，对固定资产的使用寿命、预计净残值和折旧方法进行复核，如与原先估计数存在差异的，进行相应的调整。

各类固定资产的折旧方法、折旧年限和年折旧率如下：

类别	使用年限（年）	残值率（%）	年折旧率（%）
房屋及建筑物	20－50年	3	4.85
运输工具	4年	3	24.25
电子设备	3年	3	32.33
办公设备	5年	3	19.40

2）固定资产的后续支出

与固定资产有关的后续支出，符合固定资产确认条件的，计入固定资产成本；不符合固定资产确认条件的，在发生时计入当期损益。

3）固定资产处置

当固定资产被处置、或者预期通过使用或处置不能产生经济利益时，终止确认该固定资产。固定资产出售、转让、报废或毁损的处置收入扣除其账面价值和相关税费后的金额计入当期损益。

6.2.5　无形资产计价及摊销政策

无形资产是指本公司拥有或者控制的没有实物形态的可辨认非货币性资产，包括土地使用权、专利权及非专利技术等。

（1）无形资产的初始计量

外购无形资产的成本，包括购买价款、相关税费以及直接归属于使该项资产达到预定用途所发生的其他支出。购买无形资产的价款超过正常信用条件延期支付，实质上具有融资性质的，无形资产的成本以购买价款的现值为基础确定。

债务重组取得债务人用以抵债的无形资产，以该无形资产的公允价值为基础确定其入账价值，并将重组债务的账面价值与该用以抵债的无形资产公允价值之间的差额，计入当期损益。

在非货币性资产交换具备商业实质且换入资产或换出资产的公允价值能够可靠计量的前提下，非货币性资产交换换入的无形资产以换出资产的公允价值为基础确定其入账价值，除非有确凿证据表明换入资产的公允价值更加可靠；不满足上述前提的非货币性资产交换，以换出资产的账面价值和应支付的相关税费作为换入无形资产的成本，不确认损益。

以同一控制下的企业吸收合并方式取得的无形资产按被合并方的账面价值确定其入账价值；以非同一控制下的企业吸收合并方式取得的无形资产按公允价值确定其入账价值。

内部自行开发的无形资产，其成本包括：开发该无形资产时耗用的材料、劳务成本、注册费、在开发过程中使用的其他专利权和特许权的摊销以及满足资本化条件的利息费用，以及为使该无形资产达到预定用途前所发生的其他直接费用。

（2）无形资产的后续计量

本公司在取得无形资产时分析判断其使用寿命，划分为使用寿命有限和使用寿命不确定的无形资产。

使用寿命有限的无形资产

对于使用寿命有限的无形资产，在为企业带来经济利益的期限内按直线法摊销。使用寿命有限的无形资产预计寿命及依据如下：

类别	摊销年限（年）	摊销方法
土地使用权	40年	直线法
软件	5年	直线法

每期末，对使用寿命有限的无形资产的使用寿命及摊销方法进行复核，如与原先估计数存在差异的，进行相应的调整。

经复核，本期期末无形资产的使用寿命及摊销方法与以前估计未有不同。

对于使用寿命不确定的无形资产，在持有期间内不摊销，每期末对无形资产的寿命进行复核。如果期末重新复核后仍为不确定的，在每个会计期间继续进行减值测试。

6.2.6　长期待摊费用的摊销政策

长期待摊费用，是指本公司已经发生但应由本期和以后各期负担的分摊期限在1年以上的各项费用。长期待摊费用在受益期内按直线法分期摊销。

6.2.7　合并财务报表的编制方法

（1）合并范围

本公司合并财务报表的合并范围以控制为基础确定，所有子公司（包括本公司所控制的单独主体）均纳入合并财务报表。

（2）合并程序

本公司以自身和各子公司的财务报表为基础，根据其他有关资料，编制合并财务报表。本公司编制合并财务报表，将整个企业集团视为一个会计主体，依据相关企业会计准则的确认、计量和列报要求，按照统一的会计政策，反映本企业集团整体财务状况、经营成果和现金流量。

所有纳入合并财务报表合并范围的子公司所采用的会计政策、会计期间与本公司一致，如子公司采用的会计政策、会计期间与本公司不一致的，在编制合并财务报表时，按本公司的会计政策、会计期间进行必要的调整。

合并财务报表时抵销本公司与各子公司、各子公司相互之间发生的内部交易对合并资产负债表、合并利润表、合并现金流量表、合并股东权益变动表的影响。如果站在企业集团合并财务报表角度与以本公司或子公司为会计主体对同一交易的认定不同时,从企业集团的角度对该交易予以调整。

子公司所有者权益、当期净损益和当期综合收益中属于少数股东的份额分别在合并资产负债表中所有者权益项目下、合并利润表中净利润项目下和综合收益总额项目下单独列示。子公司少数股东分担的当期亏损超过了少数股东在该子公司期初所有者权益中所享有份额而形成的余额,冲减少数股东权益。

对于同一控制下企业合并取得的子公司,以其资产、负债(包括最终控制方收购该子公司而形成的商誉)在最终控制方财务报表中的账面价值为基础对其财务报表进行调整。

对于非同一控制下企业合并取得的子公司,以购买日可辨认净资产公允价值为基础对其财务报表进行调整

1)增加子公司或业务

在报告期内,若因同一控制下企业合并增加子公司或业务的,则调整合并资产负债表的期初数;将子公司或业务合并当期期初至报告期末的收入、费用、利润纳入合并利润表;将子公司或业务合并当期期初至报告期末的现金流量纳入合并现金流量表,同时对比较报表的相关项目进行调整,视同合并后的报告主体自最终控制方开始控制时点起一直存在。

因追加投资等原因能够对同一控制下的被投资方实施控制的,视同参与合并的各方在最终控制方开始控制时即以目前的状态存在进行调整。在取得被合并方控制权之前持有的股权投资,在取得原股权之日与合并方和被合并方同处于同一控制之日孰晚日起至合并日之间已确认有关损益、其他综合收益以及其他净资产变动,分别冲减比较报表期间的期初留存收益或当期损益。

在报告期内,若因非同一控制下企业合并增加子公司或业务的,则不调整合并资产负债表期初数;将该子公司或业务自购买日至报告期末的收入、费用、利润纳入合并利润表;该子公司或业务自购买日至报告期末的现金流量纳入合并现金流量表。

因追加投资等原因能够对非同一控制下的被投资方实施控制的,对于购买日之前持有的被购买方的股权,本公司按照该股权在购买日的公允价值进行重新计量,公允价值与其账面价值的差额计入当期投资收益。购买日之前持有的被购买方的股权涉及权益法核算下的其他综合收益以及除净损益、其他综合收益和利润分配之外的其他所有者权益变动的,与其相关的其他综合收益、其他所有者权益变动转为购买日所属当期投资收益,由于被投资方重新计量设定受益计划净负债或净资产变动而产生的其他综合收益除外。

2)处置子公司或业务

一般处理方法

在报告期内,本公司处置子公司或业务,则该子公司或业务期初至处置日的收入、费用、利润纳入合并利润表;该子公司或业务期初至处置日的现金流量纳入合并现金流量表。

因处置部分股权投资或其他原因丧失了对被投资方控制权时,对于处置后的剩余股权投资,本公司按照其在丧失控制权日的公允价值进行重新计量。处置股权取得的对价与剩余股权公允价值之和,减去按原持股比例计算应享有原有子公司自购买日或合并日开始持续计算的净资产的份额与商誉之和的差额,计入丧失控制权当期的投资收益。与原有子公司股权投资相关的其他综合收益或除净损益、其他综合收益及利润分配之外的其他所有者权益变动,在丧失控制权时转为当期投资收益,由于被投资方重新计量设定受益计划净负债或净资产变动而产生的其他综合收益除外。

分步处置子公司

通过多次交易分步处置对子公司股权投资直至丧失控制权的,处置对子公司股权投资的各项交易的条款、条件以及经济影响符合以下一种或多种情况,通常表明应将多次交易事项作为一揽子交易进行会计处理:

A. 这些交易是同时或者在考虑了彼此影响的情况下订立的;

B. 这些交易整体才能达成一项完整的商业结果;

C. 一项交易的发生取决于其他至少一项交易的发生;

D. 一项交易单独看是不经济的,但是和其他交易一并考虑时是经济的。

处置对子公司股权投资直至丧失控制权的各项交易属于一揽子交易的,本公司将各项交易作为一项处置子公司并丧失控制权的交易进行会计处理;但是,在丧失控制权之前每一次处置价款与处置投资对应的享有该子公司净资产份额的差额,在合并财务报表中确认为其他综合收益,在丧失控制权时一并转入丧失控制权当期的损益。

处置对子公司股权投资直至丧失控制权的各项交易不属于一揽子交易的,在丧失控制权之前,按不丧失控制权的情况下部分处置对子公司的股权投资的相关政策进行会计处理;在丧失控制权时,按处置子公司一般处理方法进行会计处理。

3)购买子公司少数股权

本公司因购买少数股权新取得的长期股权投资与按照新增持股比例计算应享有子公司自购买日(或合并日)开始持续计算的净资产份额之间的差额,调整合并资产负债表中的资本公积中的股本溢价,资本公积中的股本溢价不足冲减的,调整留存收益。

4)不丧失控制权的情况下部分处置对子公司的股权投资

在不丧失控制权的情况下因部分处置对子公司的长期股权投资而取得的处置价款与处置长期股权投资相对应享有子公司自购买日或合并日开始持续计算的净资产

份额之间的差额，调整合并资产负债表中的资本公积中的股本溢价，资本公积中的股本溢价不足冲减的，调整留存收益。

6.2.8　收入确认原则和方法

收入是本公司在开展日常业务活动过程中所取得的各项收入，主要包括：利息收入、手续费及佣金收入、投资收益及其他业务收入等。

在相关的经济利益能够流入及收入的金额能够可靠地计量时，本公司确认收入。

(1)利息收入

本公司利息收入主要为贷款利息收入、金融企业往来存款利息收入及拆借利息收入。

贷款利息收入是指公司发放自营贷款，按期计提利息所确认的收入。贷款利息收入按照实际利率法确认。实际利率与合同利率差异较小的，也可按合同利率计算。实际利率法，是指按照金融资产或金融负债的实际利率计算其摊余成本及各期利息收入或利息支出的方法。实际利率，是指将金融资产或金融负债在预期存续期间或适用的更短期间内的未来现金流量，折现为该金融资产或金融负债当前账面价值所使用的利率。在确定实际利率时，本公司在考虑金融资产或金融负债所有合同条款的基础上预计未来现金流量，但不考虑未来信用损失。本公司支付或收取的、属于实际利率组成部分的各项收费、交易费用及溢价或折价等，在确定实际利率时予以考虑。

金融企业往来存款利息收入在收到存款银行结息通知单时确认存款利息收入。

拆借利息收入按让渡资金使用权的时间和适用利率计算确定。

金融资产发生减值后，利息收入应当按照确定减值损失时对未来现金流量进行折现采用的折现率作为利率计算确认。

(2)手续费及佣金收入

本公司手续费及佣金收入主要为信托报酬收入、咨询业务收入等。手续费及佣金收入按权责发生制原则在服务已提供、风险和报酬已转移时，根据合同或协议价格的公允价值合理估算进行确认。

1)信托报酬收入：详见6.2.10

2)咨询业务收入：咨询业务收入在提供咨询服务的结果能够可靠估计的情况下，按合同或协议约定合理确认。

(3)其他服务收入

其他服务收入在相关的经济利益能够流入及提供服务的结果能够可靠地计量时，按合同或协议约定确认收入。

6.2.9　所得税的会计处理方法

本公司需要对某些交易未来的税务处理作出判断以确认所得税。本公司根据有关税收法规，谨慎判断交易对应的所得税影响并相应地计提所得税。递延所得税资产只会在有可能有未来应纳税利润并可用作抵销有关暂时性差异时才可确认。对此需要就某些交易的税务处理作出重大判断，并需要就是否有足够的未来应纳税利润以抵销递延所得税资产的可能性作出重大的估计。

6.2.10　信托报酬的确认原则和方法

信托报酬收入主要包括佣金收入，信托报酬收入依据信托文件规定或信托合同约定的计提方法和计提标准计算确认，在整个信托存续期间按权责发生制原则平均分摊并由信托项目承担，其中：佣金收入按照信托产品集中的信托资金比例计算并在提供相关服务时确认。

6.2.11　重要会计政策、会计估计的变更

本公司自2021年1月1日起执行财政部2018年修订的《企业会计准则第21号——租赁》("新租赁准则")。

在首次执行日，本公司选择不重新评估此前已存在的合同是否为租赁或是否包含租赁，并将此方法一致应用于所有合同，因此仅对上述在原租赁准则下识别为租赁的合同采用本准则衔接规定。

此外，本公司对上述租赁合同选择按照《企业会计准则第28号——会计政策、会计估计变更和差错更正》的规定采用不完整追溯调整法进行衔接会计处理，即调整首次执行本准则当年年初留存收益及财务报表其他相关项目金额，不调整可比期间信息，并对其中的经营租赁根据每项租赁选择使用权资产计量方法和采用相关简化处理，执行新租赁准则对2021年1月1日财务报表相关项目的影响列示如下：

报表项目	2020年12月31日(变更前)金额		2021年1月1日(变更后)金额	
	合并报表	公司报表	合并报表	公司报表
使用权资产			69,567,692.59	69,567,692.59
租赁负债			69,567,692.59	69,567,692.59

6.3　或有事项说明

本公司2021年将发行的信托计划《中航信托天资鸿府3号北大方正九锦颐和项目贷款集合资金信托计划》的底层资产转让给中国信托业保障基金有限责任公司(以下简称"信保基金公司")，转让价款41,016.00万元。信保基金公司同时委托本公司对底层资产进行管理

和清收。按照约定本公司对清收差额部分承担补足义务，资产负债表日本公司对该差额补足义务进行分析后判定，提供差额补足义务的可能性极小。

6.4 重要资产转让及其出售的说明

本公司报告期内未发生重要资产转让及出售事项。

6.5 会计报表中重要项目的明细资料

6.5.1 自营资产经营情况

6.5.1.1 信用风险资产五级分类情况

金额单位：人民币万元

信用资产五级分类	正常类	关注类	次级类	可疑类	损失类	信用风险资产合计	不良资产合计	不良率
期初数	1,458,669.70	170,433.66	12,142.00	—	—	1,641,245.36	12,142.00	0.74%
期末数	1,599,615.00	152,422.12	900.00	8,836.00	—	1,761,773.12	9,736.00	0.55%

不良资产合计 = 次级类 + 可疑类 + 损失类

6.5.1.2 资产减值准备情况

金额单位：人民币万元

项目	期初数	本期计提	本期转回	本期核销	期末数
贷款损失准备	350.00	40.00			390.00
一般准备	350.00	40.00			390.00
专项准备					
其他资产减值准备	9,063.57	4,923.48			13,987.05
持有至到期投资减值准备					
长期股权投资减值准备					
坏账准备	9,063.57	4,923.48			13,987.05
投资性房地产减值准备					

6.5.1.3 固有股票投资、基金投资、债券投资、长期投资等投资情况

金额单位：人民币万元

	自营股票	基金	债券	长期投资	其他投资	合计
期初数	—	—	1,000.00	317,398.94	984,557.45	1,302,956.39
期末数	78,919.96	—	1,195.88	196,475.49	1,046,828.11	1,323,419.44

6.5.1.4 长期投资的前五名

金额单位：人民币万元

企业名称	占被投资企业权	益的比例	主要经营活动 投资收益
中国信托业保障基金有限责任公司	8.70%	保障基金管理	5,700.00
天风证券股份有限公司	2.25%	证券服务	
南昌农村商业银行股份有限公司	4.42%	银行服务	1,023.12
新余农村商业银行股份有限公司	4.42%	银行服务	567.10
中国信托登记有限责任公司	3.33%	信托登记	—

6.5.1.5　固有贷款项目

金额单位:人民币万元

企业名称	占贷款总额的比例	还款情况
重庆融创津滴房地产经纪有限公司	48.72%	正常
爱康健康科技集团有限公司	25.64%	正常
湖南棕榈浔龙河生态城镇发展有限公司	25.64%	正常

6.5.1.6　表外业务的期初数、期末数

报告期内,本公司未开展除信托业务以外的表外业务及担保、代理等其他业务。

6.5.1.7 公司当年的收入结构

金额单位:人民币万元

收入结构	合并		母公司	
	金额	占比	金额	占比
手续费及佣金收入	394,803.99	112.52	395,472.80	112.76
其中:信托手续费收入	394,803.99	112.52	395,472.80	112.76
投资银行业务收入				
利息收入	5,363.29	1.53	5,363.29	1.53
其他业务收入	836.56	0.24	836.56	0.24
投资收益	38,682.79	11.03	22,206.90	6.33
其中:股权投资收益	8,772.67	2.50	8,772.67	2.50 31
证券投资收益				
其他投资收益	29,910.12	8.53	13,434.23	3.83
公允价值变动收益	-88,833.47	-25.32	-73,150.52	-20.86
汇兑收益	-2.15	0.00	-2.15	0.00
资产处置收益	8.17	0.00	8.17	0.00
收入合计	350,859.18	100.00	350,735.05	100.00

6.5.2.披露信托资产管理情况

6.5.2.1 信托资产的期初数、期末数对比分析

金额单位:人民币万元

信托资产	2021年12月31日	2020年12月31日	增减变动额	增减幅度(%)
集合	47,813,750.74	47,110,320.61	703,430.13	0.01
单一	7,690,118.48	15,276,538.70	-7,586,420.22	-0.50
财产权	12,243,213.80	4,266,157.26	7,977,056.54	1.87
合计	67,747,083.01	66,653,016.57	1,094,066.44	0.02

6.5.2.1.1 主动管理型信托业务的信托资产期初数、期末数对比分析

金额单位：人民币万元

主动管理型信托资产	2021年12月31日	2020年12月31日	增减变动额	增减幅度(%)
投资类	41,197,186.74	37,874,623.04	3,322,563.70	0.09
融资类	12,700,546.06	16,219,460.19	-3,518,914.13	-0.22
事务管理类	—	—	—	—
合计	53,897,732.80	54,094,083.23	-196,350.43	0.00

6.5.2.1.2 被动管理型信托业务的信托资产期初数、期末数对比分析

金额单位：人民币万元

被动管理型 信托资产	2021年12月31日	2020年12月31日	增减变动额	增减幅度(%)
投资类	—	—	—	—
融资类	—	—	—	—
事务管理类	13,849,350.21	12,558,933.34	1,290,416.87	0.10
合计	13,849,350.21	12,558,933.34	1,290,416.87	0.10

6.5.2.2 本年已清算结束的信托项目情况

6.5.2.2.1 本年度已清算结束的集合类、单一类资金信托项目和财产管理类信托项目情况

已清算结束信托项目	项目个数	实收信托合计金额（人民币万元）	加权平均实际年化收益率(%)
集合	325	34,326,350.62	6.04
单一	191	15,608,110.74	6.3
财产权	29	3,500,596.05	5.25

6.5.2.2.2 本年度已清算结束的主动管理型信托项目情况

已清算结束信托项目	项目个数	实收信托合计金额（人民币万元）	加权平均实际年化报酬(%)	加权平均实际年化收益率(%)
投资类	242	26,442,327.54	0.64	5.52
融资类	121	8,657,886.50	1.13	8.09
事务管理类	—	—	—	—

6.5.2.2.3 本年度已清算结束的被动管理型信托项目情况

已清算结束信托项目	项目个数	实收信托合计金额（人民币万元）	加权平均实际年化报酬(%)	加权平均实际年化收益率(%)
投资类	—	—	—	—
融资类	—	—	—	—
事务管理类	182	18,334,843.37	0.18	5.89

6.5.2.3 本年度新增的集合类、单一类资金信托项目和财产管理类信托项目情况

新增信托项目	项目个数	实收信托合计金额(人民币万元)
集合	365	12,518,409.48
单一	631	1,503,763.81
财产权	161	9,952,117.68
合计	1157	23,974,290.98
其中:主动管理型	589	14,245,700.39
被动管理型	568	9,728,590.59

6.5.2.4 信托业务创新成果和特色业务有关情况

报告期内,中航信托在转型创新发展方面迈出了更大的步伐,启动转型升级"五大攻坚工程",持续完善敏捷型组织建设,建立"揭榜挂帅"机制,在绿色信托、服务信托、航空供应链、家族信托等创新业务领域取得新突破。一是金融助力航空主业发展。依托数字化平台,推出"订单贷+应收账款流转"模式,通过供应链金融方式专项支持航空工业体系内核心企业的各级供应商,为其提供系统性融资支持,报告期内累计准入一级供应商72家,服务航空供应链上企业规模近8000万元。二是积极发展绿色信托,与中国节能协会碳交易产业联盟、上海宝碳新能源联合设立了全国首单"碳中和"主题绿色信托计划,投资绿色产业发展,通过信托服务帮助所投企业运用绿色循环经济生产模式扩大稀散金属产能,报告期末,公司管理绿色信托资产规模159亿元,取得了较好的经济效益与社会效益。三是创新开拓服务信托业务。形成"揭榜挂帅"机制、建立敏捷组织、支持服务信托业务创新发展,报告期内成功落地国内首单社区发展基金管理服务信托和"双受托制"物业管理服务信托,助力社区发展与共治。四是以财富管理服务促进"共同富裕"。报告期内,成功落地永续型开放式慈善信托产品"君子伙伴慈善信托",将慈善信托和家族信托相衔接,推动慈善模式从点到面、从个人到平台的升级;以"鲲账户"为载体,在行业首推鲲瓴养老信托、鲲晟股权信托、天鲲企业财富管理信托等受托服务,聚焦养老保障、财产隔离、事务管理等需求,让客户畅享一站式的财富管理解决方案;发布"航殊恒爱特殊需要信托",致力于通过受托服务模式创新为失能失智、心智障碍等特殊需要人群家庭提供综合解决方案。五是以客户为中心,积极提升资产配置能力,推出并迭代"指北针"资产配置体系,深耕"中航严选·私募证券"、"中航研选·长期股权"两大资产配置子品牌,通过短周期和长周期资产的组合配置,为投资者创造长期稳健的财富价值。六是不断推进本土家族信托的创新与发展。依托鲲鹏家族办公室,先后开拓了股权信托、不动产信托、慈善信托、员工福利信托等家族信托新领域,创新性地满足了家族客户多元金融与服务需求,为企业(家族)提供一站式家企综合服务解决方案。报告期内新增家族信托服务规模125.25亿元,同比增长108%。

6.5.2.5 本公司履行受托人义务情况及因公司自身责任而导致的信托资产损失情况:

报告期内,未发生因公司自身责任导致信托资产损失及赔付等情况。

6.5.2.6 信托赔偿准备的提取、使用和管理情况

公司从2021年税后利润中提取5%的信托赔偿准备金8,394.34万元,累计提取70,607.56万元。报告期内公司未使用信托赔偿准备金。

6.6 关联方及其交易的披露

6.6.1 关联交易方的数量、关联交易的总金额及关联交易的定价原则等

固有业务关联方情况

	关联交易数量	关联交易金额(人民币万元)	定价政策
合计	11	11,555.75	按市场价格交易,或按公允原则,以不优于对非关联方同类交易的条件定价

信托业务关联方情况

	关联交易数量	关联交易金额(人民币万元)	定价政策
合计	6	146,549.56	按市场价格交易,或按公允原则,以不优于对非关联方同类交易的条件定价

6.6.2 关联交易方与本公司的关系性质、关联交易方的名称、法定代表人、注册地址、注册资本及主营业务等

关系性质	关联方名称	法定代表人	注册地址	注册资本（人民币万元）	主营业务
母公司	中航投资控股有限公司	姚江涛	北京市朝阳区望京东园四区2号中航资本大厦42层4218室	1,202,152.68	实业投资;股权投资;投资咨询等
同一母公司	中航证券有限责任公司	丛中	江西省南昌市红谷滩新区红谷中大道1619号南昌国际金融大厦A栋41层	363,357.26	证券投资咨询;与证券交易、证券投资活动有关的财务顾问等
同一实际控制人	深圳市中航城商业发展有限公司	钟宏伟	深圳市福田区华强北街道华航社区华富路1006号航都大厦3B－2	38,000.00	自有物业租赁、物业管理等
同一实际控制人	中航物业管理有限公司	陈海照	深圳市福田区华强北街道华航社区振华路163号飞亚达大厦A座801	5,000.00	物业管理、房地产经纪、自有房屋租赁等
同一实际控制人	南京中航工业科技城发展有限公司	董文强	南京市秦淮区中山东路518号	96,000.00	航空科技产品研发、技术服务、咨询、风险投资、科技成果转让、房屋租赁、物业管理、房地产开发经营等
同一实际控制人	南京中航金城物业管理有限公司	董文强	南京市秦淮区龙蟠中路216号－2	600.00	物业管理;酒店管理;房产经纪;家政服务;停车场管理服务;会务服务等
同一实际控制人	中国航空技术厦门有限公司	骆桂忠	厦门市思明区环岛东路1801号中航紫金广场40层、41层	55,000.00	其他技术推广服务、经营各类商品和技术的进出口、自有房地产经营活动等
同一实际控制人	中航航空产业投资有限公司	贾福青	北京市朝阳区望京东园四区2号中航资本大厦42层4220室	190,000.00	项目投资;投资咨询
同一实际控制人	中航投资大厦置业有限公司	杨建	北京市朝阳区望京东园四区2号楼4层401号02室	110,000.00	物业管理;房地产开发;项目投资;投资管理;投资咨询等

续表

关系性质	关联方名称	法定代表人	注册地址	注册资本（人民币万元）	主营业务
同一实际控制人	中航文化有限公司	蔡二雨	北京市朝阳区南郎家园 18 号楼 102 室	49,234.00	组织文化艺术交流活动;销售日用杂货、工艺品、礼品、文化体育用品等
同一实际控制人	北京神剑文化有限责任公司	刘柱	北京市朝阳区京顺路 5 号 7 号楼 C 座 4 层 C407 室	400.00	广播电视节目制作;组织文化艺术交流活动(不含演出);销售工艺品等

6.6.3　公司与关联方的重大交易事项

6.6.3.1　固有财产与关联方:贷款、投资、租赁、应收账款、担保、其他方式等期初汇总数、本期发生额汇总数、期末汇总数

金额单位:人民币万元

	期初数	借方发生额	贷方发生额	期末数
贷款	—	—	—	—
投资	—	—	—	—
租赁	—	2,710.51	2,710.51	—
担保	—	—	—	—
其他应收款		—	—	
其 他	—	8,845.24	8,845.24	—
合计	—	11,555.75	11,555.75	—

注:固有财产与关联方关联交易主要是咨询费和业务收入。

6.6.3.2　信托与关联方交易情况

金额单位:人民币万元

	期初数	借方发生额	贷方发生额	期末数
贷款	97,331.36	12,723.2	15,000.00	95,054.56
投资	—	—	—	—
租赁	—	—	—	—
担保	—	—	—	—
其他应收款		—	—	
其他	57,783.50	—	6,288.50	51,495.00
合计	155,114.86	12,723.2	21,288.50	146,549.56

6.6.3.3　固有财产和信托财产之间的交易金额期初汇总数、本期发生额汇总数、期末汇总数。

金额单位：人民币万元

固有财产与信托财产相互交易			
项目	期初数	本期发生额	期末数
合计	883,548.73	76,238.06	959,786.79

6.6.4　关联方逾期未偿还本公司资金的详细情况以及本公司为关联方担保发生或即将发生垫款的情况：

报告期内本公司无关联方逾期未偿还本公司资金的情况，没有为关联方提供担保。

6.7　会计制度的披露

公司固有业务、信托业务均按照财政部于2006年2月15日及以后期间颁布的《企业会计准则——基本准则》、各项具体会计准则及相关规定编制。

7. 财务情况说明书

7.1　利润实现和分配情况

公司2021年初未分配利润539,803.69万元，2021年实现净利润167,886.87万元，从其他综合收益结转未分配利润799.03万元，计提法定盈余公积金16,788.69万元，计提信托赔偿准备8,394.34万元，计提一般准备295.41万元，截至2021年12月31日，公司未分配利润为683,011.15万元。

7.2　主要财务指标

指标名称	合并	母公司	计算公式
净资产收益率	10.73%	10.73%	净利润/所有者权益平均数＊100%
信托报酬率	0.66%		[Σ项目合同总收入（信托报酬＋财务顾问收入）/信托项目总月份＊12]信托资产总规模
人均利润（人民币万元）	579.75	579.75	利润总额/年平均人数

7.3　对本公司财务状况、经营成果有重大影响的其他事项

报告期内无。

8. 特别事项揭示

8.1　前五大股东变动情况及原因

报告期内无。

8.2　董事、监事及高级管理人员变动情况及原因

因个人工作安排原因，林文坚先生于2021年2月不再担任本公司董事、董事会信托与金融消费者权益保护委员会委员；王克于于2021年2月担任本公司董事。

因董事会换届，程炼先生、苏中兴先生于2022年1月1日起担任本公司独立董事，朱武祥先生因任期届满不再担任本公司独立董事及董事会专门委员会委员。

因监事会换届，并优化监事会成员构成，肖小和先生2022年1月1日起担任公司外部监事。

8.2.2　高级管理人员变动情况及原因

因充实公司高级管理人员，何唐兵先生于6月30日起正式履职公司副总经理。因工作岗位变动，叶海涛女士于12月24日起不再担任公司运营总监。

8.3　变更注册资本、住所或公司名称、公司分立合并事项

6月30日，根据《江西银保监局关于中航信托股份有限公司注册资本及股权结构变更的批复》（赣银保监复〔2021〕199号）以及江西省市场监督管理局核准，公司注册资本变更为646613.2311万元。

8.4　重大诉讼事项

报告期内无。

8.5　公司及其董事、监事和高级管理人员受到处罚情况

报告期内无。

8.6　对银保监会及其派出机构对公司检查后提出的整改意见简要说明整改情况

报告期内，公司高度重视并认真落实监管部门的监管意见要求，及时向江西银保监局报告了公司资管新规整改、"两压一降"、房地产信托业务管控、证券业务排查等多方面的工作措施及成效。报告期内，银保监会及其派出机构未对公司开展现场检查。

8.7　银保监会及其省级派出机构认定的其他有必要让客户及相关利益人了解的重要信息

报告期内无。

8.8　报告期内重大事项临时报告

8 月 4 日，公司在《证券时报》B002 版刊登《中航信托股份有限公司关于变更注册资本的公告》；

12 月 14 日，公司在《证券时报》B002 版刊登《中航信托股份有限公司关于变更公司章程的公告》。